Eva Kuda/Jürgen Strauß (Hrsg.)
Arbeitnehmer als Unternehmer?

D1724005

Ingrid Drexel, Dr.; Institut für sozialwissenschaftliche Forschung (bis Ende 2001), München.

Michael Ehrke, Dr.; Gewerkschaftsreferent beim Vorstand der IG Metall, Ressort Bildungs- und Qualifizierungspolitik.

Michael Faust, Dr.; Soziologisches Forschungsinstitut, Göttingen.

Gerd Gidion, Dr.; Fraunhofer Institut für Arbeitswirtschaft und Organisation (IAO), Stuttgart.

Wilfried Kruse, Dr.; Landesinstitut Sozialforschungsstelle Dortmund.

Eva Kuda; Gewerkschaftsreferentin beim Vorstand der IG Metall in Frankfurt, Ressort Bildungs- und Qualifizierungspolitik.

Stefan Kühl, Dr.; Dozent am Institut für Soziologie, Universität München, selbständiger Organisationsberater und Moderator.

Klaus Lang, Dr.; Bereichsleiter beim Vorstand der IG Metall, Koordination der Vorstandsarbeit.

Hans J. Pongratz, Dr.; Leiter des Instituts für sozialwissenschaftliche Information und Forschung (ISIFO e.V) in München.

Jürgen Strauß, Diplomsoziologe; Landesinstitut Sozialforschungsstelle Dortmund.

G. Günter Voß, Prof. Dr.; Institut für Soziologie, Technische Universität Chemnitz.

Eva Kuda/Jürgen Strauß

Arbeitnehmer als Unternehmer?

Herausforderungen für Gewerkschaften und berufliche Bildung

VSA-Verlag Hamburg

www.vsa-verlag.de

© VSA-Verlag 2002, St. Georgs Kirchhof 6, 20099 Hamburg
Alle Rechte vorbehalten
Druck- und Buchbindearbeiten: Druckerei Runge, Cloppenburg
ISBN 3-87975-883-2

▌ Inhalt

▋ Vorwort der Herausgeber

Die Idee zu diesem Buch entstand im Verlauf einer Workshop-Reihe, geplant und veranstaltet im Rahmen eines Projektes zwischen IG Metall Vorstand, Ressort Bildungs- und Qualifizierungspolitik und der Sozialforschungsstelle Dortmund, Landesinstitut zur Thematik »Neue Leitbilder von Facharbeit und berufliches Arbeitshandeln«.

In den Workshops debattierten Neuordnungsexperten, Wissenschaftler und Berufsbildungspraktiker über ausgewählte Leitbilder von Facharbeit – prozesskompetente Facharbeit, erfahrungsgeleitete Facharbeit und Facharbeit von »Arbeitskraftunternehmern« – und deren praktische Bedeutung für die Weiterentwicklung beruflicher Bildung. Wie zu erwarten, erweist sich, zumal in einem den Gewerkschaften nahestehendem Kreis, das Konzept des »Arbeitskraftunternehmers« und gar die Frage, inwieweit es ein Leitbild darstellen könnte, als besonders umstrittenes Feld. Der Zukunftsreport der IG Metall bestätigt: Das Konzept ist in der gewerkschaftlichen Diskussion angekommen und wird äußerst kontrovers diskutiert. Das verwundert nicht, wird doch der Typus des Arbeitskraftunternehmers als tief in die Persönlichkeit eingreifend beschrieben und geht mit besonders starken »Zumutungen« an die Arbeitnehmer, ihr Arbeitsverhalten zu verändern, einher.

Ziel und Absicht unseres Buches »Arbeitnehmer als Unternehmer – Herausforderungen für die Gewerkschaften und die berufliche Bildung« ist es, einen klärenden Beitrag zur Kontroverse um das Konzept des Arbeitskraftunternehmers zu leisten – allgemein bezogen auf künftige Entwicklungspfade bei der Gestaltung der Zukunft der Arbeit, speziell in Bezug auf Folgen für die Beruflichkeit von Arbeit und die berufliche Bildung.

Dabei handelt es sich um einen ersten Versuch, vorhandene Kontroversen um das Konzept des Arbeitskraftunternehmers zu bündeln – zumindest ist uns nichts Ähnliches bekannt. Die Schwächen dieses Versuchs – das Verharren in einer männlichen Perspektive und das gelegentliche Abgleiten in abstrakte Fachsprache – bitten wir zu entschuldigen. Wir sind gleichwohl sicher, mit diesem Buch zur Verständigung über neue Leitbilder von Facharbeit und deren praktische Reichweite für gewerkschaftliches Handeln beitragen zu können.

Eva Kuda
Jürgen Strauß

Hans J. Pongratz
Erwerbstätige als Unternehmer ihrer eigenen Arbeitskraft?
Konzepte, Diskussionen und Anforderungen an Gewerkschaften

Es ist viel von einem neuen Unternehmertum die Rede, wenn aktuelle Entwicklungen der Erwerbsarbeit diskutiert werden (siehe Moldaschl 2002). Dabei geht es nicht im klassischen Sinne (etwa von Schumpeter) um den kapitalistischen Unternehmer als Betriebsleiter; dessen Funktion wird inzwischen zumeist von einem professionalisierten Management wahrgenommen. Im Mittelpunkt der Aufmerksamkeit steht vielmehr ein neuartiges »*Unternehmertum der Arbeit und des Lebens*«. So bezeichnet der Begriff des Intrapreneurs den Anspruch an Beschäftigte, als »Unternehmer im Unternehmen« ihren Arbeitsbereich wie eine selbständige Firma zu organisieren (siehe Faust/Jauch/Notz 2000). Konzepte von Selbst-GmbH oder Ich-AG postulieren in der Personalpolitik die Anforderung an Erwerbstätige, die eigene Arbeitskraft am Markt der Arbeitsaufträge und Beschäftigungsverhältnisse strategisch zu positionieren. Die Zunahme von Ein-Personen-Unternehmen wird als Ausdruck einer »neuen Selbständigkeit« gewertet. Und im Konzept der »Lebensunternehmerin« (Lutz 1997) dehnt sich der Vermarktungs- und Organisationsanspruch auch auf das Privatleben aus. Solche Konzepte stoßen auf bemerkenswerte gesellschaftliche Resonanz – und auf verständliche Skepsis nicht nur bei den Gewerkschaften (vgl. Kühl 2000).

Mit der These vom *Arbeitskraftunternehmer als neuem Typus von Arbeitskraft* habe ich zusammen mit Günter Voß (Voß/Pongratz 1998, Pongratz/Voß 2000) zur Kennzeichnung eines grundlegenden Wandels von Erwerbsarbeit ebenfalls auf den Unternehmerbegriff zurückgegriffen. Von den eben genannten Konzepten unterscheidet sich unsere These vor allem in zwei Punkten. Erstens handelt es sich um eine theoretische Perspektive, welche den veränderten Stellenwert der Warenform von Arbeitskraft in der Vermittlung zwischen Person und Betrieb mit industriesoziologischen Kategorien analytisch systematisch zu bestimmen versucht. Diese Perspektive ist umfassender und grundlegender angelegt als die angeführten Ansätze und zielt darauf ab, die allgemeine Entwicklungsdynamik hinter verschiedenen Einzelmomenten zu ermitteln. Zweitens enthält die These beschreibende und prognostische Elemente, aber keine normative Position. Wir konstatieren wachsende Anforderungen an Erwerbstätige, als Unternehmer der eigenen Arbeitskraft zu agieren, ohne sie vorab bewerten (oder propagieren) zu wollen. Diese These hat eine kontroverse Fachdiskussion ausgelöst, die über die Industriesoziologie hinaus Beachtung findet (siehe z.b. Bosch 2000, Deutschmann 2001, Pickshaus 2000, Welti 2000). Der erste Teil dieses Beitrags wiederholt in geraffter Form, was wir unter dem Typus des Arbeitskraftunternehmers verstehen; im zweiten Abschnitt wird eine Einschätzung von Reichweite und Folgen dieser Entwicklung vorgenommen unter Bezugnahme auf wichtige, in der industriesoziologischen Diskussion formulierte Einwände (diese beiden Teile wurden erstmals veröffentlicht in Pongratz/Voß 2001). Der dritte Teil enthält Vorschläge, wie die Gewerkschaften auf die Anforderungen des Typus des Arbeitskraftunternehmers reagieren können. Gesellschaftsdiagnostischer Hintergrund dieser Überlegungen ist die Vermutung, dass wir derzeit keineswegs das gelegentlich postulierte »Ende der Arbeitsgesellschaft« erleben. Was sich abzeichnet, ist vielmehr der Übergang zu einer flexibilisierten Hyperarbeitsgesellschaft, die mehr denn je von Erwerbsarbeit geprägt sein wird – aber einer Erwerbsarbeit, die neue Formen annimmt und deren absehbare Auswirkungen höchst problematisch erscheinen.

1. Vom Arbeitnehmer zum Arbeitskraftunternehmer

Strukturwandel der betrieblichen Arbeitsorganisation

In den letzten Jahren vollziehen sich in fast allen Bereichen der Wirtschaft *Reorganisationsprozesse* in einer bisher nicht bekannten Qualität. Durch verschärfte Wettbewerbsbedingungen sieht sich das betriebliche Management zu einem massiven Kostenabbau und zur Erweiterung der betrieblichen Reaktionsmöglichkeiten veranlasst. Die bisher in vielen Bereichen vorherrschende Strategie von Betrieben zur Nutzung von Arbeitskraft durch eine rigide Detailsteuerung des Arbeitshandelns (oft auf Basis sog. tayloristischer Prinzipien) wird zunehmend als Hindernis gesehen. Stattdessen wird nun (nicht überall, aber doch an vielen Stellen) versucht, im Zuge einer Flexibilisierung und »Entgrenzung« von Arbeit (vgl. Minssen 2000) die Verantwortlichkeiten von Arbeitenden zu erhöhen.

Arbeitsformen mit erweiterten Erfordernissen an eine »Selbstorganisation« der Beschäftigten sind vielgestaltig (siehe Übersicht 1), quantitativ aber nur schwer abzuschätzen. Nordhause-Janz und Pekruhl (2000, S. 49) beispielsweise ermitteln für Deutschland im Jahr 1998 einen Gesamtanteil der Gruppenarbeit von knapp 12%, wovon allerdings die »teilautonome Gruppenarbeit« nur gut ein Viertel ausmacht (beides freilich mit steigender Tendenz). Wir gehen von einem quantitativ und qualitativ bedeutsamen Wandel aus, weil das Verhältnis von Betrieb und Arbeits-

Übersicht 1
Formen der Steuerung von Arbeit
mit erweiterter »Selbstorganisation« der Beschäftigten

Im Rahmen *konventioneller*
Beschäftigungsverhältnisse:
- Gruppen- und Teamarbeit
- Führung durch Zielvereinbarung
- Center-Konzepte (Profit-Center),
  Intrapreneur-Modelle
- Hoch flexibilisierte Arbeitszeiten
- Neue Formen computervermittelter
  Heim- und Mobilarbeit usw.

Im Rahmen *betriebsübergreifender*
Kooperationsbeziehungen:
- Auslagerung auf Scheinselbständige
  oder Arbeitnehmerähnliche
- Kooperation mit Selbständigen
  (Freiberufler, Kleinstbetriebe u.a.)
- Virtuelle Betriebe usw.

kraft bei sog. »neuen Arbeitsformen« auf eine veränderte Grundlage gestellt wird: An die Stelle einer detaillierten Durchstrukturierung von Tätigkeiten treten zunehmend marktähnliche Auftragsbeziehungen (vgl. Moldaschl 1998).

Für die Arbeitskräfte bedeutet dies, dass sie ihre Arbeit tatsächlich teilweise »selbstorganisiert« gestalten können, dies aber auch tun müssen. Eine solche (mehr oder weniger weitgehende) *»Autonomisierung« von Arbeit* bringt deshalb nicht immer wirklich neue Freiheiten für die Arbeitenden mit sich. Es geht vielmehr meistens um begrenzte Spielräume, die im Sinne betrieblicher Ziele genutzt werden müssen und oft mit erheblich steigendem Leistungsdruck einhergehen.

Dazu ein kurzer theoretischer Exkurs: Industriesoziologen haben schon früh erkannt, dass Betriebe durch die Anstellung von Mitarbeitern genau genommen nur das Recht erwerben, für eine definierte Zeit deren Potenzial von Arbeitsfähigkeiten zu nutzen. Dieses im Arbeitsvertrag festgeschriebene Recht sichert jedoch noch nicht, dass die gewünschte Arbeitsleistung auch tatsächlich erbracht wird. Betriebe stehen deshalb vor dem grundsätzlichen Problem, vermittels gezielter Anweisungs- und Überwachungsmaßnahmen (»Kontrolle«) das erworbene Arbeits-Potenzial in konkrete Arbeits-Leistung zu »transformieren«. Lange Zeit galten rigide Formen von technischer und organisatorischer Kontrolle theoretisch wie praktisch (bis auf Ausnahmen) als optimale Transformationsstrategien. Diese stoßen in einzelnen Arbeitsbereichen schon seit längerem an Grenzen, da der Kontrollaufwand nicht nur beträchtliche Kosten verursacht, sondern auch die Innovationsfreudigkeit und Flexibilität der Arbeitenden behindert.

Heute erleben wir in vielen Wirtschaftsbereichen jedoch eine regelrechte Kehrtwende, in der mit der gezielten *Reduzierung von Kontrolle* und der *Förderung von Selbstorganisation* oft das Gegenteil von dem propagiert wird, was bisher Leitlinie war. Damit wird keineswegs auf zentrale Steuerung verzichtet: Vielmehr ist die Rücknahme von direkter Arbeitskontrolle in der Regel von einer systematischen Ausweitung indirekter Steuerung begleitet, z.B. durch die strategische Vorgabe von Leistungsbedingungen und Leistungszielen (Kosten, Umsatz, Qualität usw.). Doch wird mit dieser Entwicklung das komplizierte Geschäft der »Transformation« von Arbeitspotenzial in konkrete Leistung zunehmend den Erwerbstätigen zugewiesen; die bisherigen Managementfunktionen der Arbeitssteuerung und Kontrolle werden gewissermaßen von den Arbeitenden selbst übernommen.

Der Arbeitskraftunternehmer als neuer Typus von Arbeitskraft

Sollte sich diese Verlagerung des Transformationsproblems auf die Seite der Beschäftigten mit neuen Arbeitsformen ausweiten (und vieles deutet darauf hin), dürfte das nicht nur Folgen für einzelne Gruppen von Erwerbstätigen haben, sondern dies könnte (so unsere zentrale Annahme) eine *Veränderung der generellen Verfassung von Arbeitsvermögen* in unserer Gesellschaft nach sich ziehen. Bisher dominiert ein Typus von Arbeitskraft, der darauf ausgerichtet und dazu ausgebildet ist, seine Arbeitsfähigkeit pauschal nach genormten beruflichen Mustern einem Betrieb gegen Entgelt zur Verfügung zu stellen, um sich dort eher passiv Anweisungen und Kontrollen zu unterwerfen. Nunmehr beobachten wir eine regelrechte Umkehrung dieser Logik: immer weniger Erfüllung fremdgesetzter Anforderungen bei geringen Gestaltungsspielräumen und fixen Ressourcen, sondern aktive Selbststeuerung im Sinne allgemeiner Unternehmenserfordernisse, die oft erst im Detail definiert und für die nicht selten Ressourcen erst beschafft werden müssen. Aus dem eher reaktiv agierenden bisherigen »*Arbeitnehmer*« (so die zentrale Kategorie des Arbeitsrechts) wird ein neuer aktiver Typus von Arbeitskraft, der sich nicht nur auf dem Arbeitsmarkt, sondern auch innerhalb des Betriebs kontinuierlich zur Leistung anbietet und im Arbeitsprozess gezielt selbst organisiert. Wir bezeichnen diesen neuen Typus als »*Arbeitskraftunternehmer*«, weil er eine quasi-unternehmerische Entwicklung und Vermarktung der eigenen Arbeitskraft als Ware erfordert. Seine Eigenschaften lassen sich mit drei idealtypisch zugespitzten Thesen umreißen (siehe Übersicht 2).

Die Auslagerung des Transformationsproblems auf die Arbeitenden bedeutet eine folgenreiche Veränderung der Verausgabung und Nutzung von Arbeitsvermögen: Die Arbeitspersonen steuern und überwachen nun selber den Prozess der Umformung des Fähigkeits-Potenzials in konkrete Arbeits-Leistung. Damit wird jedoch die Ware Arbeitskraft um ein entscheidendes Element bereichert: Die bisher vom Betrieb zu übernehmende »Kontrolle« von Arbeit ist nun zunehmend in neuer Qualität Teil der gekauften Arbeitskraft. Dies zeigt sich letztlich in allen Dimensionen von Arbeit: bei der »Selbstorganisation« der sachlichen Durchfüh-

Übersicht 2
Merkmale des Typus Arbeitskraftunternehmer

Selbst-Kontrolle
Verstärkte selbständige Planung, Steuerung und Überwachung der eigenen Tätigkeit

Selbst-Ökonomisierung
Zunehmend aktiv zweckgerichtete »Produktion« und »Vermarktung« der eigenen Fähigkeiten
und Leistungen – sowohl auf dem Arbeitsmarkt wie innerhalb von Betrieben

Selbst-Rationalisierung
Wachsende bewusste Durchorganisation von Alltag und Lebensverlauf
und Tendenz zur Verbetrieblichung von Lebensführung

rung der Arbeit, bei der Flexibilisierung von Arbeitszeiten, in der Lockerung räumlicher Bindungen der Arbeit, in der Ausdünnung von Vorgaben für die soziale Kooperation oder in Erwartungen an eine verstärkte Eigenmotivation. Die neue Devise der Betriebe im Umgang mit Erwerbstätigen heißt dabei: »Wie Sie die Arbeit machen ist uns egal – Hauptsache das Ergebnis stimmt!« Die Ware Arbeitskraft wird dadurch zu einem substanziell höherwertigen Produktionsfaktor: durch erweiterte *Selbst-Kontrolle* der Arbeitsperson schon weitgehend zur konkreten Tätigkeit vorbereitete Arbeitsfähigkeit.

Im Zuge eines solchen Prozesses muss sich das Verhalten der Beschäftigten nicht nur in ihrer Arbeit ändern, sondern auch im Verhältnis zur eigenen Arbeitskraft als Ware. Aus einem nur gelegentlich und dabei im Prinzip eher passiv auf dem Arbeitsmarkt agierenden Arbeitskraftbesitzer wird zunehmend ein auf neuer Stufe strategisch handelnder Akteur – ein Akteur, der sein einziges zur Erwerbssicherung nutzbares »Vermögen«, nämlich das Vermögen zu arbeiten, hochgradig gezielt und kontinuierlich auf eine potenzielle wirtschaftliche Nutzung hin entwickelt und aktiv verwertet (auf dem Arbeitsmarkt wie innerhalb von Beschäftigungsverhältnissen). Auch hier drückt eine neue betriebliche Devise aus, worum es geht: »Sie bleiben nur so lange, wie Sie nachweisen und sicherstellen, dass Sie gebraucht werden und Profit erwirtschaften!« Eine solche Anforderung bedeutet eine neue Stufe der *Selbst-Ökonomisierung* von Arbeitskraft – und zwar in doppelter Hinsicht: Zum einen müssen Arbeitskräfte in autonomisierten Arbeitsformen ihre Fähigkeiten und Leistungen gezielt aktiv herstellen und betreiben – und damit immer mehr eine bewusste »Produktionsökonomie« ihrer Arbeitsvermögen. Zum anderen müssen sie sich zunehmend auf betrieblichen und überbetrieblichen Märkten für Arbeit aktiv anbieten, d.h. in Form einer individuellen »Marktökonomie« sicherstellen, dass ihre Fähigkeiten gebraucht, gekauft und effektiv genutzt werden. Aus passiven Arbeitnehmern werden damit auch im engeren ökonomischen Sinne »Unternehmer ihrer selbst«.

Betreiben Arbeitskräfte in diesem Sinne zunehmend eine aktive »Produktion« und »Vermarktung« ihrer Fähigkeiten und Leistungen, so zieht dies einschneidende Veränderungen für die Betroffenen nach sich. Erforderlich wird eine zweckgerichtete, alle individuellen Ressourcen gezielt nutzende Durchgestaltung des gesamten Lebenszusammenhangs, der in neuer Qualität systematisch auf den Erwerb ausgerichtet wird. Ein bezeichnendes Indiz dafür ist die drastische Zunahme privater Organisations- und Kommunikationsmittel (nicht nur bei Managern). Und auch hier gilt dann eine neue Devise: nicht mehr: »Dienst ist Dienst und Schnaps ist Schnaps«, sondern: »Wir brauchen Sie voll und ganz und zu jeder Zeit – und dazu müssen Sie Ihr Leben im Griff haben!« Was die Produzenten und Verkäufer von Arbeitskraft auf einer solchen neuen Stufe der *Selbst-Rationalisierung* ihres Lebens tun, gleicht dem Vorgehen der Anbieter von anderen Waren, wenn sie die Herstellung und Vermarktung ihrer Produkte von einer eher unorganisierten Form in eine gezielte Koordination überführen: Sie entwickeln und unterhalten eine Art »Betrieb«. Dieser Betrieb des Arbeitskraftunternehmers ist natürlich kein Betrieb im gewohnten Sinne; hier geht es um die Herstellung und Vermarktung eines besonderen Produkts unter besonderen Bedingungen, nämlich von Arbeitskraft im Rahmen privater Lebensführung.

Proletarier, Arbeitnehmer, Arbeitskraftunternehmer – historische Typen von Arbeitskraft

Der Arbeitskraftunternehmer ist der mögliche neue Leittypus von Arbeitskraft für eine posttayloristische und verstärkt marktorientierte Betriebsorganisation. Frühere Phasen der industriegesellschaftlichen Entwicklung beruhten dagegen auf anderen Basistypen. In grober Typisierung lassen sich drei Arbeitskrafttypen unterscheiden (siehe Übersicht 3).

Übersicht 3
Historische Typen von Arbeitskraft

Proletarisierter Lohnarbeiter (Frühindustrialisierung)
■ rohes Arbeitsvermögen
■ rigide direkte Kontrolle der Arbeit
■ harte Ausbeutung, kein sozialer Schutz

Verberuflichter Arbeitnehmer (Fordismus)
■ standardardisierte Qualifikationen, rudimentäre Arbeitstugenden
■ verwissenschaftlichte, strukturelle Kontrolle der Arbeit
■ gedämpfte Ausbeutung, hoher staatlicher Schutz

Verbetrieblichter Arbeitskraftunternehmer (Postfordismus)
■ individidualisierte Qualifikationen
■ systematische Selbst-Kontrolle der Arbeit
■ Selbstausbeutung, unklarer sozialer Schutz

In der Frühphase des modernen Kapitalismus dominierte bekanntermaßen eine sehr restriktive Form der damals erst systematisch zur Ware auf Arbeitsmärkten gewordenen Arbeitskraft. Es wurden vorwiegend aus feudalen Verhältnissen freigesetzte, bäuerlich-handwerkliche Arbeitskräfte mit geringer Qualifikation für die ersten Industrien genutzt. Die Arbeitsfähigkeit dieses Typus des *proletarisierten Lohnarbeiters* war quasi »roh«. Vor allem die Fähigkeit zur disziplinierten Arbeit in großbetrieblichen Strukturen war begrenzt. Betriebe versuchten daher mit rigider Herrschaft eine kontinuierliche Arbeitskraftnutzung regelrecht zu erzwingen. Industriearbeitskräfte bildeten im engeren Sinne jene oft zitierte »Reservearmee« von proletarisierten Lohnabhängigen. Ihr Alltag war durch eine höchst unsichere und verschleißende Veräußerung ihrer Arbeitsfähigkeiten geprägt, neben der nur noch eine sehr reduzierte Erholung möglich war.

Mit der Etablierung sozialstaatlicher Institutionen der sozialen Sicherung, der beruflichen Bildung und der industriellen Beziehungen bildet sich auch eine neue Form von Arbeitskraft aus, die durch systematische Ausbildung eine wesentlich erhöhte und weitgehend standardisierte Fachqualifikation erlangt. Diese als »Beruf« zu bezeichnende Qualifikationsform schließt grundlegende allgemeine Arbeitstugenden (Fleiß, Ordnung, Pünktlichkeit etc.) ein. Betrieblich wird repressive Herrschaft meist durch eine strukturelle technische und organisatorische Kontrolle ersetzt. Zunehmend wird bei diesem Typus des *verberuflichten Arbeitnehmers* zudem auf eine gewisse innere Disziplinierung vertraut – und mit psychosozialen Führungstechniken unterstützt. Grundlage dieser Form von Arbeitskraftnutzung im sog. fordistischen Produktionsregime ist eine ausgebaute soziale Absicherung bei steigenden Löhnen und sinkenden Arbeitszeiten – sowie nicht zuletzt eine Arbeitsteilung der Geschlechter, die Frauen dominant darauf verweist, den erwerbstätigen Männern in Haushalt und Familie zuzuarbeiten. Es entsteht eine Alltagsform, die durch die bürgerliche Kleinfamilie und eine konsumorientierte »Freizeit« im modernen Sinne geprägt ist.

Diese bis heute in den westlichen Industriegesellschaften vorherrschende berufliche Form von Arbeitskraft könnte nunmehr durch das neue Modell des *verbetrieblichten Arbeitskraftunternehmers* nach und nach als Leittypus verdrängt werden. Aus betrieblicher Fremd-Kontrolle wird dabei zunehmend individuelle Selbst-Kontrolle. Die im Arbeitnehmer-Modell bereits angelegte Fähigkeit zur Selbstdisziplinierung und Selbstintegration in den Betrieb wird zur zentralen Anforderung und Qualifikation. Fachliche Fähigkeiten sind nach wie vor zentral, aber neue überfachliche Kompetenzen (wie die zur aktiven Produktion und Vermarktung der eigenen Arbeitskraft und zur Verbetrieblichung des Lebens) werden zur Voraussetzung des Erwerbserfolgs (Plath 2000). Aus der relativ starren Qualifikationsform des standardisierten Berufs, wie wir ihn bisher gewohnt sind, geht so etwas wie ein »individueller Beruf« hervor (Voß 2001): persönliche Muster spezifischer Kompetenzen und Erfahrungen, die in einem rationalisierten Alltag und in individualisierten Lebensformen verankert sind.

2. Reichweite und Folgen der skizzierten Entwicklung

In der arbeits- und industriesoziologischen Diskussion wird eingewendet (z.b. von Bosch 2000, Deutschmann 2001), dass es zwar einzelne Arbeitsformen geben mag, die dem Typus des Arbeitskraftunternehmers entsprechen, dass diese aber nicht weit verbreitet seien und der Typus deshalb eher als gesellschaftliches Randphänomen zu betrachten sei. Im Hinblick auf die gegenwärtige Arbeitswelt ist diese Kritik verständlich, dennoch wird sie dem Charakter der These als einer typisierenden Prognose, wie im Folgenden in sechs Punkten näher begründet werden soll, nicht gerecht.

Der Arbeitskraftunternehmer als Idealtypus

Die drei historischen Arbeitskraft-Typen sind *Idealtypen*, d.h. zugespitzte Verdichtungen von Merkmalen, welche empirisch-alltäglich zumeist in vielfältig wechselnden Kombinationen anzutreffen sind. Auch beim Typus des Arbeitskraftunternehmers handelt es sich insofern nicht um eine Beschreibung von Wirklichkeit, sondern um ein analytisch pointiertes Modell, das der Wirklichkeit im Einzelfall mehr oder weniger nahe kommt. Der Idealtypus »Arbeitskraftunternehmer« verbindet in verschiedenen Zusammenhängen beschriebene Elemente neuer Formen der Nutzung und Verausgabung von Arbeitskraft mit einer theoretischen Rekonstruktion der Logik eines verstärkt unternehmerischen Umgangs mit der eigenen Arbeitskraft im Rahmen einer sich transformierenden kapitalistischen Wirtschaftsordnung.

Wenn die empirische Beobachtung in verschiedenen Erwerbsbereichen nur einzelne Elemente des Typus aufzeigt, so widerlegt das nicht die Analysekraft der Kategorie, solange diese Elemente in *typischen Kombinationen* auftreten. In einer qualitativen empirischen Untersuchung (Pongratz/Voß 2002) haben wir zu ermitteln versucht, in welcher Weise Erwerbsorientierungen von Arbeiterinnen und Arbeitern in Gruppenarbeit und von Angestellten in Projektarbeit dem Typus des Arbeitskraftunternehmers entsprechen. Die deutlichsten Elemente finden sich in der Dimension der Selbst-Kontrolle, während die Ausprägungen von Selbst-Rationalisierung schwächer und die von Selbst-Ökonomisierung am geringsten sind.

Die Breite empirischer Indizien

Zum analytischen Instrument taugt ein Idealtypus nur, wenn er sich auf ein breites Spektrum von realen Fällen beziehen lässt. Empirische Hinweise auf eine tatsächliche Verbreitung des Arbeitskraftunternehmer-Typus finden sich zwar bisher nur in einzelnen Arbeitsfeldern, doch sind diese Beispiele so *breit gestreut* über verschiedene Erwerbsbereiche zu finden, dass man auf eine generelle Entwicklung schließen kann. *Ausgeprägte Formen* des Typus Arbeitskraftunternehmer sind in unterschiedlichen Erwerbsbereichen festgestellt worden, vor allem in der stark projektförmig organisierten Kommunikations- und Informationstechnologiebranche (Baukrowitz/Boes 2000) sowie in Medien- und Kulturberufen mit diversen Mischformen von abhängiger und selbständiger Beschäftigung, zum Beispiel im Journalismus oder bei Fernsehproduktionen (Geesterkamp 2000, Gottschall/Schnell 2000). Augenfällig sind ähnliche Entwicklungen im Weiterbildungssektor, in der Organisationsberatung oder in der New Economy.

Offenbar eignet sich der Typus des Arbeitskraftunternehmers aktuell vor allem zur Beschreibung *wichtiger zukunftsträchtiger Erwerbsfelder*; dabei handelt es sich oft um hochqualifizierte und prestigeträchtige Aufgaben, die insbesondere für junge Hochschulabsolventen attraktiv sind. Auch wenn der Typus des verberuflichten Arbeitnehmers über weite Strecken der Erwerbsarbeit noch vorherrschend ist, sind doch Wandlungstendenzen auch innerhalb der Bereiche der »Normalarbeit« in Industrie und Dienstleistungssektor unverkennbar (siehe Pongratz/Voß 2002). Gegenbewegungen in einzelnen Bereichen beispielsweise durch »Retaylorisierung« (Springer 1999) widerlegen die Prognose nicht, zeigen aber, dass nicht von einem ungehinderten und gleichmäßigen Prozess auszugehen ist. Das Ausmaß und die Geschwindigkeit der Entwicklung sind offen.

Der Arbeitskraftunternehmer als Leittypus

Die Arbeitskraftunternehmer-These ist formuliert als *Prognose*, dass dieser Typus über den Bereich unmittelbarer Umsetzung hinaus langfristig vor allem dadurch besondere Bedeutung erlangt, dass er als *normativer Leittypus* für die Veränderung von Arbeits- und Erwerbsbedingungen wirksam wird. So werden Elemente des Typus des Arbeitskraftunternehmers *in Managementkonzepten als Zukunftsmodelle* angepriesen (vgl. Bröckling 2000, Deutschmann 2001). Ein besonders prägnantes (aber auch problematisches) Beispiel sind jene aktuellen Entwürfe der betrieblichen Personalentwicklung, die unter dem Stichwort »Selbst GmbH« von Personalmanagern namhafter Firmen propagiert werden (vgl. auch Buchtitel wie »Ich-AG« oder »Ich-Aktie«).

Da solche Managementkonzepte die damit möglichen Probleme und Gefahren kaum thematisieren, liefern sie eher ideologisch stilisierte Leitbilder als abwägende Beschreibungen oder Analysen. Sie fügen sich ein in generelle Tendenzen der *Ideologisierung von Erfolg und Leistung*, wie sie im Umfeld betrieblicher Reorganisationsmaßnahmen in den neunziger Jahren zu beobachten sind. Möglichkeiten zu beruflicher Selbständigkeit und zu Eigenverantwortung in der Arbeit werden als Erfolgsmodelle angepriesen, die allen Willigen und Fähigen offen stehen – nach dem Motto:»Jeder ist seines Glückes Schmied«. Umgekehrt werden berufliche Misserfolge und Rückschläge, obwohl in weiten Bereichen aus strukturellen Gründen unvermeidlich, mehr denn je als individuelles Versagen und damit als Legitimation sozialer Ungleichheit gedeutet.

Ambivalenz der Folgen
Eine vorläufige Beurteilung der möglichen *Folgen* des Typus des Arbeitskraftunternehmers fällt *ambivalent* aus: Erwerbstätige, die über die nötigen personalen, sozialen und ökonomischen Ressourcen verfügen, mögen durchaus zu»Erfolgsunternehmern« ihrer eigenen Arbeitskraft taugen; bei ungünstigeren Ausgangssituationen aber können die Nachteile einer verringerten sozialen Regulierung von Arbeit kumulieren und zu einer (vermutlich nicht kleinen) Schicht neuartiger»Arbeitskraft-Tagelöhner« führen. Im Durchschnitt dürften die neuen Arbeitsformen aufgrund der ungünstigeren, weil vereinzelten, Marktmacht der betroffenen Erwerbstätigen gegenüber den Unternehmen eher zur Verschlechterung der Erwerbslagen beitragen. *Chancen und Gefahren* des Typus Arbeitskraftunternehmer bleiben eng verknüpft mit den bekannten Ungleichheitsfaktoren, insbesondere mit Bildung, Besitz, sozialen Beziehungen, nationaler oder sozialer Herkunft und Geschlecht. Als wichtige neue Ungleichheitsdimension könnte sich die Verteilung von Fähigkeiten zur Bewältigung der spezifischen Dilemmata selbstorganisierten Arbeitens erweisen (siehe Plath 2000).

Charakteristisch für den Typus des Arbeitskraftunternehmers ist der *Wechsel unterschiedlicher Erwerbslagen* im Verlauf des Berufslebens. Während das für den Arbeitnehmer typische Berufsverlaufsmodell von einem kontinuierlichen»Aufstieg« (z.B. im Hinblick auf Machtposition, Einkommen und Arbeitsplatzsicherheit) ausgeht, müssen Erwerbstätige in flexibilisierten Arbeitsverhältnissen mit wiederholten Phasen von Auf- und Abstieg kalkulieren. Die Vermarktlichung der Arbeitsbeziehungen führt zu stets neuen Bewährungssituationen, zum Beispiel in Projektteams oder bei der Auftragsakquisition, in denen sich Erfolg oder Fehlschlag immer wieder von neuem entscheiden. Diese Bedingungen mögen in unterschiedlichen Lebensphasen ganz verschieden erlebt und bewältigt werden; vor allem in späteren Erwerbsperioden bergen sie erhebliche existenzielle Risiken in sich.

Der Arbeitskraftunternehmer als »Unternehmer«

Der »Unternehmer«-Begriff soll in diesem Rahmen verdeutlichen, dass eine *neue Stufe der Ökonomisierung von Arbeitskraft* erreicht wird, die mit spezifischen, von der Situation selbständiger Erwerbstätiger bekannten Gefahren von Selbstausbeutung und Scheitern verbunden ist. Auch in kapitalistischen Industriegesellschaften umfasst der Begriff des Unternehmers mehr als die ideologisch überhöhten Modelle erfolgreicher Großindustrieller oder trendiger »Start-up-Gründer«: nämlich jene Selbständigen in Landwirtschaft, Freien Berufen, Handwerk und Kleinhandel, die insgesamt ca. 11% der Erwerbstätigen stellen. Innerhalb dieser Gruppen zeigt sich, dass Unternehmertum nicht einfach Macht und Erfolg bedeutet, sondern häufig lange Arbeitszeiten bei geringem Ertrag und hohen finanziellen Belastungen mit sich bringt – und dass Existenzangst unternehmerische Aktivitäten oft über lange Zeit begleitet.

Der Begriff Arbeitskraftunternehmer ist nicht bloß metaphorisch gemeint, sondern drückt eine *teilweise Entsprechung* mit anderen Kategorien von Unternehmern aus: Die wirtschaftliche Rentabilitätskalkulation, wie sie im Vordergrund des unternehmerischen Umgangs mit Produkten und Dienstleistungen als Waren steht, wird auch für Erwerbstätige im Umgang mit ihren eigenen Fähigkeiten und Fertigkeiten relevant. Diese Analogie soll über Unterschiede nicht hinwegtäuschen: Selbständige gründen ihre Aktivitäten häufig auf finanzielle Ressourcen, auf berufsständische Rechte (z.B. Ärzte, Apotheker) und in begrenztem Maße auf den Kauf fremder Arbeitskraft; kapitalistische Unternehmer errichten ein betriebliches Herrschaftssystem, mit dem sie die gezielte Verwertung fremder Arbeitskraft zu Gewinnzwecken organisieren. Der Widerspruch zwischen Kapital und Arbeit verschwindet nicht mit dem Typus des Arbeitskraftunternehmers, sondern er wandelt sich in einen strukturellen Widerspruch zwischen Unternehmern unterschiedlicher Art.

Vielfältige Ursachen der Entwicklung

Eine Begrenzung der Risiken und Probleme gestaltet sich nicht zuletzt deshalb schwierig, weil die *Ursachen der Entwicklung* – auch wenn die Dynamik vor allem von den Reorganisationsstrategien der Unternehmen ausgeht – *vielfältig sind.* Auf Seiten der Erwerbstätigen sind vor allem (die seit Mitte der siebziger Jahre zu beobachtenden) Tendenzen eines generellen *Wertewandels* sowie die *Individualisierung* der Lebensformen als maßgebliche Einflussfaktoren zu nennen. Gesellschaftspolitisch ist im Gefolge von *Globalisierung* und *Neoliberalismus* eine Aufweichung jener Bedingungen des »Normalarbeitsverhältnisses« zu verspüren, die die Stabilität des Typus des verberuflichten Arbeitnehmers ausmachen. Doch nicht in allen Punkten laufen diese Entwicklungen aufeinander zu: Gegentendenzen einer verstärkten direkten Kontrolle werden nicht nur für einige Produktionsbereiche beschrieben (Springer

1999), sondern machen auch vor neu geschaffenen Dienstleistungsaufgaben (z.b. im Call Center) nicht halt und führen dort zum Teil sogar zu frühkapitalistisch anmutenden Arbeitsbedingungen.

In der Folge zeichnet sich mittelfristig eher ein breites Spektrum von Arbeits- und Erwerbsformen zwischen verberuflichtem Arbeitnehmer und Arbeitskraftunternehmer ab, dessen Pole sich zunächst durchaus behaupten mögen – und damit Raum schaffen für eine *neue Vielfalt unterschiedlicher Arbeitsbedingungen und Erwerbsmuster.* Pauschale Aussagen über Arbeitskraftunternehmer hier oder verberuflichte Arbeitnehmer dort können dann nur als grobe Orientierungsmarken dienen. Im Einzelfall wird es nötig, genau auf die jeweiligen Zwischenformen und deren Bedingungskonstellationen zu achten, die differenzierte Gestaltungsmaßnahmen erfordern.

3. Pluralität der Erwerbsformen als Herausforderung für die Gewerkschaften

Die Arbeit von Gewerkschaften und Betriebsräten ist eng am Typus des verberuflichten Arbeitnehmers ausgerichtet. Die Politik von Sozialdemokratie und Gewerkschaftsbewegung im 19. und 20. Jahrhundert hat diesen Typus von Arbeitskraft mitgeschaffen und damit proletarische Arbeits- und Lebensbedingungen weitgehend überwunden. Entwicklungen in Richtung Arbeitskraftunternehmer bedrohen dieses über viele Generationen gewachsene Selbstverständnis: Nimmt die Bedeutung des Typus des verberuflichten Arbeitnehmers ab, so schwindet damit zugleich der Einflussbereich der Gewerkschaften. Mittelfristig zeichnet sich eine Parallelität unterschiedlicher Arbeitskraft-Typen ab (siehe Pongratz/Voß 2002) – und wirft für die Gewerkschaften die Frage auf, wie weit sie ein *derart erweitertes Spektrum von Erwerbsarbeit* abdecken wollen und können.

Bleiben sie in der Interessenvertretung auf den Typus des verberuflichten Arbeitnehmers fixiert, so droht ihnen die Beschränkung ihrer gesellschaftlichen Relevanz auf schrumpfende Kernsegmente von industrieller Facharbeit und einfacher Angestelltentätigkeit. In den neuen Segmenten der Erwerbsarbeit konnten sie indes noch kaum Fuß fassen: Hochqualifizierte und Teilzeitbeschäftige – als stark wachsende Beschäftigtengruppen – sind nur schwach in ihrer Mitgliedschaft vertreten.

Die Gewerkschaften stehen damit vor der *strategischen Entscheidung,* wie konsequent sie sich »neuen Arbeitnehmergruppen« und »neuen Selbständigen« öffnen wollen (vgl. Trautwein-Kalms 1995). Die Zeit drängt angesichts des Vertrauensverlustes bei relevanten Erwerbsgruppen, des beschleunigten Wandels in den Unternehmen und der wachsenden Pluralisierung der Arbeitskulturen. Eine gewerkschaftliche Interessenvertre-

tung für Erwerbstätige, die in hohem Maße dem Typus des Arbeitskraftunternehmers entsprechen, steht vor folgenden *Anforderungen*:

■ *Pluralisierung:* Mit der Pluralisierung der Erwerbsbedingungen wächst
der Anspruch, unterschiedlichen Erwerbskonstellationen mit differenzierten und flexibilisierten Lösungen gerecht zu werden. Das bedeutet nicht
den Verzicht auf kollektive Regelungen und Mindeststandards, setzt aber
eine offene Auseinandersetzung mit individualisierten Interessenlagen
voraus: Welche unterschiedlichen Erwerbsinteressen sind zu berücksichtigen? Wo liegen Gemeinsamkeiten und Differenzen? Wie sind kollektive Interessenlagen neu zu bestimmen?

■ *Erfahrungsaustausch*: Neue Arbeits- und Erwerbsformen sind mit in-
tensiven Erfahrungen von Eigenverantwortung und Leistungsfreude einerseits und von Stress und Arbeitsüberlastung andererseits verbunden
(zur zeitlichen Belastung siehe z.B. Pickshaus/Schmitthenner/Urban
2001). Die Betroffenen finden kaum Raum und Gelegenheit, diese widersprüchliche und paradoxe Situation und ihre Konsequenzen zu re-
flektieren und systematisch angemessene Bewältigungsstrategien zu
entwickeln. Für die gewerkschaftliche Interessenvertretung eröffnet sich
ein wichtiges Feld zur Organisation von Erfahrungsaustausch und zur
Solidarisierung in induvidualisierten Erwerbskonstellationen (siehe Gliß-
mann/Peters 2001).

■ *Innovative Organisationsformen*: Mit den traditionellen Instrumenten
der Interessenvertretung sind neue Arbeitnehmergruppen (oder gar Selbständige) nicht mehr in ausreichender Weise zu erreichen. Vereinzelte
Initiativen (wie das Projekt connexx.av der Dienstleistungsgewerkschaft
ver.di oder die Online-Gewerkschaft//syndikat in der Schweiz) zeigen,
wie sich Erwerbstätige auch überbetrieblich unter Nutzung moderner
Kommunikationstechnologien mit unbürokratischen Beratungsangebo-
ten ansprechen lassen. Innovative Organisationsformen setzen Experi-
mentierbereitschaft und die Förderung von »Initiativen von unten« voraus.

■ *Arbeit und Leben*: Wird das »ganze Leben« zum Gegenstand der betrieblichen Nutzung von Arbeitskraft, dann ist zu fragen, inwieweit es
auch Gegenstand kollektiver Interessenvertretung werden soll. Diese
Anforderung verweist auf die Frühzeit der Arbeiterbewegung, in der sich
eine Fülle von Selbsthilfeeinrichtungen um Gefährdungen und Bedürfnisse in allen Bereichen der Arbeiterexistenz kümmerten: Unterstützungs-
kassen und Konsumvereine, Arbeiter-Sportvereine und Kultur- und Bil-
dungsorganisationen u.v.a. Das Verhältnis von Arbeit und Leben wird
mit steigenden Anforderungen an eine »reflexive Lebensführung« (vgl.
Hildebrandt 2000) in neuer Weise zum Thema der gewerkschaftlichen
Interessenvertretung.

■ *Leitkonzepte*: Da grundlegende Strategieoptionen zur Debatte stehen,
wird eine Auseinandersetzung um neue Leitlinien der Gewerkschaftsarbeit kaum zu umgehen sein. Als Leitkonzepte, welche den veränderten

Arbeits- und Erwerbsformen (und damit auch den Bedingungen des Typus Arbeitskraftunternehmer) gerecht werden könnten, werden im Gewerkschaftsumfeld vor allem Employability und Flexicurity diskutiert (siehe z.b. Pfarr 2000). Der Interessenvielfalt der Erwerbstätigen (und der Parallelität der Arbeitskraft-Typen) können sie nur gerecht werden, wenn sie Wandel und Mobilität ermöglichen, ohne sie zu erzwingen.

Das theoretische Konstrukt des Arbeitskraftunternehmer-Typus eignet sich *nicht* als Leitbild gesellschaftspolitischer Gestaltung (jedenfalls nicht im Sinne einer wünschenswerten Zukunftsvision). Der Typus ist konzipiert als analytisches Instrument, mit dem sich aktuelle Veränderungen im Zusammenhang beschreiben und mögliche künftige Entwicklungsdynamiken abschätzen lassen. Insofern er grundlegende Strukturmerkmale und Folgeprobleme aktueller Entwicklungen benennt, verweist er allerdings auf relevante Handlungsfelder für die Gewerkschaften. Angesichts der sich abzeichnenden gravierenden Konsequenzen eines strukturellen Umbruchs von Erwerbsarbeit für Erwerbstätige und Betriebe ist der *gesellschaftspolitische Gestaltungsbedarf* offenkundig. Mit dem Typus des Arbeitskraftunternehmers sind bisherige Regulierungsformen (z.b. des Tarifrechts, der Berufsbildung oder der sozialen Sicherung) keineswegs als obsolet zu betrachten, denn er baut in vielfältiger Weise darauf auf. Vielmehr sind durch die *systematische Ausweitung, Flexibilisierung und Ergänzung institutioneller Regelungen* weitgehende Anpassungen möglich – unter gezielter Berücksichtigung unterschiedlicher Erwerbsinteressen (vgl. Urban 2001).

Die Aufgaben einer Interessenvertretung der Erwerbstätigen werden nicht notwendig weniger, in jedem Fall aber vielfältiger. Für die Gewerkschaften stellt sich die Grundfrage nach der Einheit kollektiver Interessenvertretung mit neuer Brisanz. Bei allen Individualisierungstendenzen ist auch der Typus des Arbeitskraftunternehmers als (in neuer Weise) kollektive Erwerbs- und Interessenlage zu verstehen. Welche Instanzen in welchen Formen den veränderten Vertretungsbedarf erfüllen werden, ist eine offene Frage. Falls sich die Gewerkschaften konsequent in diesem Bereich engagieren wollen, könnte eine *doppelte Erweiterung ihres Vertretungsanspruchs* hilfreich sein (siehe Pongratz/Voß 2002): zum einen die *inhaltliche* Ausdehnung auf das gesamte Feld der Erwerbstätigkeit (und des Zusammenhangs von Arbeit und Leben), zum anderen die *institutionelle* Erweiterung zur organisatorischen Absicherung der Wandlungs- und Mobilitätsfähigkeit von Arbeitskraft (z.b. im Sinne von Employability und Flexicurity). Eine derartige Erweiterung braucht den Unternehmer-Begriff nicht zu scheuen (vgl. Bude 2000). So wichtig es bleibt, Interessengegensätze im Spannungsfeld von Kapital und Arbeit klar zu benennen, so fraglich ist es, ob dafür weiterhin eine pauschale Entgegensetzung von Unternehmer und Arbeitnehmer hinreicht. Es wurde bereits darauf hingewiesen, dass sie zumindest der Lage selbständiger Erwerbstätiger als Kleinunternehmer nicht gerecht wird. Vielleicht sollten wir im Zusammenhang mit neuen Arbeits- und Erwerbsformen statt von Unternehmern genauer von unternehmerischem Handeln sprechen (siehe verschiedene Beiträge in diesem Band). Die Besonderheit *unternehmerischen Handelns* liegt in der Kalkulation von Voraussetzungen, Mitteln und Folgen eines eigenverantwortlichen Vorhabens unter unsicheren Rahmenbedingungen. Es kann sich auf Erwerbszwecke (kleinere und größere Arbeitsprojekte) ebenso richten wie auf private Anliegen (z.b. Reisen oder Hausbau). Damit wird die Frage aufgeworfen, wie sich unternehmerisches Handeln sinnvoll für unterschiedliche Erwerbsinteressen einsetzen lässt – und wie es wiederum von Betrieben für kapitalistische Verwertungsinteressen vereinnahmt wird. Die Gewerkschaften könnten dann die Erwerbstätigen darin unterstützen, den Nutzen ihres unternehmerischen Handelns zu realisieren.

Literatur

Baukrowitz, Andrea; Boes, Andreas: Ein neuer Arbeitskrafttyp entsteht. Die Informations- und Telekommunikationsindustrie bringt neue Arbeitsformen hervor. Frankfurter Rundschau, 2.3.2000.

Bosch, Gerhard: Entgrenzung der Erwerbsarbeit. Lösen sich die Grenzen zwischen Erwerbs- und Nichterwerbsarbeit auf? In Minssen, a.a.O. (S. 249-268). Berlin 2000.

Bröckling, Ulrich: Totale Mobilmachung. Menschenführung im Qualitäts- und Selbstmanagement. In Bröckling, Ulrich/Krasmann, Susanne/Lemke, Thomas (Hrsg.), Gouvernementalität der Gegenwart. Studien zur Ökonomisierung des Sozialen (S. 131-167). Frankfurt/Main 2000.

Bude, Heinz: Was kommt nach der Arbeitnehmergesellschaft? In Beck, Ulrich (Hrsg.), Die Zukunft von Arbeit und Demokratie (S. 121-134). Frankfurt/Main 2000.

Deutschmann, Christoph: Die Gesellschaftskritik der Industriesoziologie – ein Anachronismus? Leviathan, Jg. 29, 2001, 58-69.

Faust, Michael/Jauch, Peter/Notz, Petra: Befreit und entwurzelt: Führungskräfte auf dem Weg zum »internen Unternehmer«. München, Mering 2000.

Gesterkamp, Thomas: »Coole Leute mit heißen Jobs«. Neue Selbständige in einer Vorreiterbranche. Blätter für deutsche und internationale Politik, Heft 3/2000, 350-357.

Glißmann, Wilfried/Peters, Klaus: Mehr Druck durch mehr Freiheit. Die neue Autonomie in der Arbeit und ihre paradoxen Folgen. Hamburg 2001.

Gottschall, Karin/Schnell, Christine: »Alleindienstleister« in Kulturberufen. Zwischen neuer Selbständigkeit und alten Abhängigkeiten. WSI-Mitteilungen, Jg. 53, 2000, 804-810.

Hildebrandt, Eckart (in Zusammenarbeit mit Gudrun Linne) (Hrsg.): Reflexive Lebensführung. Zu den sozialökologischen Folgen flexibler Arbeit. Berlin 2000.

Kühl, Stefan: Grenzen der Vermarktlichung. Die Mythen um unternehmerisch handelnde Mitarbeiter. WSI-Mitteilungen, Jg. 53, 2000, 818-828.

Lutz, Christian: Der Arbeitnehmer ist tot – es lebe die Lebensunternehmerin. In Hensch, Chr./Wismer, U. (Hrsg.), Zukunft der Arbeit (S. 129-135). Stuttgart 1997.

Minssen, Heiner (Hrsg.): Begrenzte Entgrenzungen. Wandlungen von Organisation und Arbeit. Berlin 2000.

Moldaschl, Manfred: Internalisierung des Marktes. Neue Unternehmensstrategi-
en und qualifizierte Angestellte. In IfS, INIFES, ISF, SOFI (Hrsg.), Jahrbuch
sozialwissenschaftliche Technikberichterstattung '97 (S. 197-250). Berlin 1998.

Moldaschl, Manfred: Ökonomien des Selbst. Subjektivität in der Unternehmergesellschaft. In Klages, Johanna/Timpf, Siegfried (Hrsg.), Facetten der Cyberwelt.
Subjektivität, Eliten, Netzwerke, Arbeit, Ökonomie (S. 29-62). Hamburg 2002.

Nordhause-Janz, Jürgen/Pekruhl, Ulrich: Managementmoden oder Zukunftskon-
zepte? Zur Entwicklung von Arbeitsstrukturen und von Gruppenarbeit in
Deutschland. In Dies. (Hrsg.), Arbeiten in neuen Strukturen? (S. 13-68). München, Mering 2000.

Pfarr, Heide: Soziale Sicherheit und Flexibilität: Brauchen wir ein »Neues Normalarbeitsverhältnis«? WSI-Mitteilungen, Jg. 53, 2000, 279 - 283.

Pickshaus, Klaus: Das Phänomen des »Arbeitens ohne Ende«. Eine Herausforderung für eine gewerkschaftliche Arbeitspolitik. In Pickshaus, Klaus/Peters,
Klaus/Glißmann, Wilfried (Hrsg.), »Der Arbeit wieder ein Maß geben.« Supple-
ment der Zeitschrift Sozialismus 2/2000 (S. 1-19). Hamburg 2000.

Pickshaus, Klaus/Schmitthenner, Horst/Urban, Hans-Jürgen (Hrsg.): Arbeiten
ohne Ende. Neue Arbeitsverhältnisse und gewerkschaftliche Arbeitspolitik.
Hamburg 2001.

Plath, Hans-Eberhard: Arbeitsanforderungen im Wandel, Kompetenzen für die
Zukunft. Mitteilungen aus der Arbeitsmarkt- und Berufsforschung, Jg. 33, 2000,
583-593.

Pongratz, Hans J./Voß, G. Günter: Vom Arbeitnehmer zum Arbeitskraftunternehmer. Zur Entgrenzung der Ware Arbeitskraft. In Minssen, a.a.O. (S. 225-247).
Berlin 2000.

Pongratz, Hans J./Voß, G. Günter: Erwerbstätige als »Arbeitskraftunternehmer«.
Sowi – Sozialwissenschaftliche Informationen, Jg. 30, Heft 4/2001, 42-52.

Pongratz, Hans J./Voß, G. Günter: ArbeiterInnen und Angestellte als Arbeitskraftunternehmer? Erwerbsorientierungen in entgrenzten Arbeitsformen. Forschungsbericht an die Hans-Böckler-Stiftung. München, Chemnitz 2002.

Schumann, Michael: Das Lohnarbeiterbewusstsein des »Arbeitskraftunternehmers«. SOFI-Mitteilungen, Jg. 27, 1999, 59-63.

Springer, Roland: Rückkehr zum Taylorismus? Arbeitspolitik in der Automobilin-
dustrie am Scheideweg. Frankfurt/Main, New York 1999.

Trautwein-Kalms, Gudrun: Ein Kollektiv von Individualisten? Interessenvertretung
neuer Beschäftigtengruppen. Berlin 1995.

Urban, Hans-Jürgen: Sozialpolitik für »Arbeitskraftunternehmer«?! In: Pickshaus/
Schmitthenner/Urban, a.a.O. (S. 237-253). Hamburg 2001.

Voß, G. Günter: Auf dem Weg zum Individualberuf? Zur Beruflichkeit des Arbeitskraftunternehmers. In Kurtz, Thomas (Hrsg.), Aspekte des Berufs in der
Moderne (S. 287-314). Opladen 2001.

Voß, G. Günter/Pongratz, Hans J.: Der Arbeitskraftunternehmer. Eine neue Grundform der Ware Arbeitskraft? Kölner Zeitschrift für Soziologie und Sozialpsychologie, Jg. 50, 1998, 131-158.

Welti, Felix: Formwandel der Arbeitskraft im flexibilisierten Kapitalismus. spw
Zeitschrift für Sozialistische Politik und Wirtschaft, Heft 2/2000, 33-37.

Klaus Lang
Zukunft der Arbeit und Arbeitskraftunternehmer

In der Zukunftsdebatte der IG Metall geht es in einem, wenn nicht dem zentralen Schwerpunkt um die Zukunft der Arbeit. Das ist das bedeutendste Handlungsfeld der Gewerkschaften: auf betrieblicher Ebene, in der tarifpolitischen Gestaltung und in der politischen Einflussnahme. In der Gestaltung der Erwerbsarbeit – und natürlich in Verbindung damit auch der Arbeit und des Lebens jenseits der Erwerbsphäre – haben Gewerkschaften ihre unbestrittene, spezifische Kompetenz.

Die Expertisen und Berichte, die Befragungen und Erhebungen im Rahmen der Zukunftsdebatte bestätigen, dass die *Erwerbsarbeit keineswegs an Bedeutung verloren* hat. Ganz im Gegenteil, unsere Gesellschaft ist unverändert, ja sogar steigend auf Erwerbsarbeit zentriert. Aber die äußeren Erscheinungsformen und die innere Gestaltung der Erwerbsarbeit verändern sich deutlich. Dies hat mit den geänderten technischen und logistischen Möglichkeiten der Organisation von Produktion und Arbeit, aber auch mit dem Wandel im Selbstverständnis und Qualifikationsniveau der Erwerbstätigen zu tun. Digitalisierung der Arbeits- und Produktionskonzepte und Individualisierung im Selbstverständnis der Arbeitnehmerinnen und Arbeitnehmer gehen hier teilweise Hand in Hand und verstärken sich wechselseitig in den Wirkungen. Selbständigkeit in der Arbeit ist produktionstechnisch und arbeitsorganisatorisch eher möglich und aufgrund geänderten Selbstverständnisses und Qualifikationsniveaus der Arbeitnehmerschaft auch erstrebenswerter geworden.

Dieser Wandel, der einzelne Arbeitnehmergruppen sehr unterschiedlich betrifft, hat Licht- und Schattenseiten: *größere Freiheits- und Gestaltungsgrade für den einzelnen auf der einen Seite, aber auch weniger Schutz- und Gestaltungsmöglichkeiten im Interesse der Betroffenen durch kollektive Regelungen auf der anderen Seite.* Selbständigkeit in der Erwerbsarbeit – sowohl was die Rechtsform, in der Erwerbsarbeit erbracht wird, aber auch was die innere Gestaltung der Arbeit betrifft – ist eine Schlüsselkategorie für die Zukunft der Arbeit. Dies kann in der Tat zu mehr befreiender Selbstorganisation führen, was von vielen Menschen gewollt wird, aber auch mehr Selbstausbeutung bedeuten. Gerade die jüngsten Vorschläge und Diskussionen um die Reform der Arbeitsmarktpolitik (Hartz-Kommission) machen die Chancen, aber auch die problematischen Dimensionen von mehr Selbstständigkeit (in) der Erwerbsarbeit in zugespitzter Weise deutlich.

Zukunft und Wandel der Arbeit

Das seit Anfang der 1980er Jahre immer wieder vorausgesagte »Ende der Arbeitsgesellschaft« oder »Ende der Erwerbsarbeit« hat keinen Rückhalt in der Realität. 1982 hat Ralf Dahrendorf anhaltende und wachsende Arbeitslosigkeit als das unvermeidliche Schicksal entwickelter Industriegesellschaften vorausgesagt und in der Formulierung zugespitzt: »Wenn der Arbeitsgesellschaft die Arbeit ausgeht«. In der »Zukunftskommission« der Freistaaten Bayern und Sachsen wurde das Thema ebenso aufgegriffen, wie in dem Bericht an den Club of Rome von O. Giarini und Patrick M. Liedtke und in den Veröffentlichungen von Jeremy Rifkin und Frithjof Bergman.

Das prognostizierte »Ende der Erwerbsarbeit« stützt sich auf die Überzeugung, dass durch neue arbeitssparende Technologien weniger »lebendige Arbeit« – also ein sinkendes Arbeitsvolumen – erforderlich sei, um die notwendige Menge an Gütern und Dienstleistungen zu produzieren. Dem steht aber ein weltweit deutlich steigender Bedarf an Gütern und Dienstleistungen, eine gesunkene Beschäftigungsschwelle und höhere Beschäftigungsintensität des Wirtschaftswachstums als Grundlage für ausreichende Erwerbsarbeit gegenüber. Die tatsächlichen Gegebenheiten über Erwerbsorientierung und Erwerbstätigkeit in den entwickelten Industrie- und Dienstleistungsgesellschaften weisen daher auch in eine andere Richtung. Die Zahl der Erwerbstätigen ist in Deutschland über Jahrzehnte hinweg kontinuierlich gestiegen, trotz eines leicht rückläufigen Arbeitsvolumens, nicht zuletzt aufgrund von Verkürzung und anderer Verteilung der Erwerbsarbeitszeit.[1] Allerdings hat sich in vielen, nicht in allen, entwickelten Industrie- und Dienstleistungsgesellschaften Arbeitslosigkeit auf einem hohen Niveau verfestigt. Dies ist zumindest in Deutschland bis heute vor allem die Folge des ständig steigenden Angebots an Arbeitskräfte aufgrund der demographischen Entwicklung und Migration.

Auch wenn kein »Ende der Arbeitsgesellschaft oder der Erwerbsarbeit« trotz erschreckend hoher Arbeitslosigkeit in Sicht ist – *ein radikaler Wandel ist aber eindeutig*. Die Arbeitsgesellschaft ist zum einen durch unverändert ca. 4 Millionen Arbeitslose, einschließlich der stillen Reserve durch ca. 6 bis 7 Millionen Arbeitsuchende gekennzeichnet, zum anderen durch eine steigende Frauenerwerbstätigkeit, die steigende Nachfrage nach Service- und Dienstleistungstätigkeiten, aber auch durch das im Durchschnitt höhere Qualifikationsniveau des Arbeitskräftepotenzials. Aber Arbeitsverhältnisse, Arbeitsinhalte und -anforderungen sowie

---

[1] Vgl. dazu IG Metall-Zukunftsreport, Frankfurt 2001, S. 14f.; Zukunft der Arbeit. Bericht der Projektgruppe »Zukunft der Arbeit« des SPD-Parteivorstandes, Berlin 2001, S. 8-21.

Arbeitsformen unterliegen einem tiefgreifenden Wandel. Dazu tragen auch die anhaltend hohe Arbeitslosigkeit und die politisch-gesellschaftlichen Reaktionen darauf bei.[2] Diese Änderungen haben eine *externe und eine interne Dimension*. Die *externe Dimension* bezieht sich auf die Entwicklung der Arbeitsverhältnisse. Das unbefristete Vollzeitarbeitsverhältnis wird ergänzt oder ersetzt durch mehr Teilzeit, befristete Beschäftigung, Leiharbeit und geringfügige Beschäftigung. So hat der Anteil der unbefristet Vollzeitbeschäftigten in den letzten 25 Jahren von über 75% auf rund 62% abgenommen, die Zahl der Teilzeitbeschäftigten ist auf fast vier Millionen gestiegen. Mehr als drei Millionen Beschäftigte haben nur befristete Verträge, die Zahl der Leiharbeitnehmer ist auf fast eine halbe Million gestiegen, und fast fünf Millionen haben eine geringfügige Beschäftigung. Gleichzeitig nimmt die Zahl der Erwerbstätigen in rechtlich selbständiger Form außerhalb der Landwirtschaft deutlich und stetig zu, von zwei Millionen 1980 auf über drei Millionen Anfang des neuen Jahrhunderts.

Bei steigender Erwerbstätigkeit und damit auch Erwerbszentrierung der Gesellschaft muss also mit einer weiteren *Polarisierung der Arbeitsverhältnisse* gerechnet werden. Insofern stehen eine (Re-)Qualifizierungs- und eine Polarisierungsthese nicht im Gegensatz zueinander. Insgesamt werden sich die Arbeitsverhältnisse polarisieren – zwischen einem immer noch deutlich überwiegenden, aber geringer werdenden Anteil von im durchschnittlichen Niveau höher qualifizierten Vollzeit- und Teilzeitbeschäftigten (über 60% der Erwerbspersonen), und einem steigenden Anteil von anderen Beschäftigungsverhältnissen. Aber auch diese Arbeitsverhältnisse sind keineswegs automatisch unqualifizierte Beschäftigung, da im Rahmen von rechtlicher Selbständigkeit alter und insbesondere neuer Art, von befristeter Beschäftigung und Leiharbeit auch – sogar mit steigender Tendenz – qualifizierte Arbeit vergeben und geleistet wird. Gerade der steigende Anteil von so genannten »sekundären Dienstleistungen« wie Forschung, Entwicklung, Management, Beratung, Information, Aus- und Weiterbildung, Vertrieb und Service, wird vielfach in Form neuer Arbeitsverhältnisse gefordert und erbracht werden. Neue Formen der Arbeits- und vor allem der Arbeitszeitorganisation (Telearbeit, Arbeitsplatzvernetzung, Teilzeit, Gleitzeit, Vertrauenszeit) lösen den »Arbeitsplatz« als räumlich definierte Größe auf und machen die Grenzen zwischen abhängiger Beschäftigung und Selbständigkeit in der äußeren Erscheinungsform und der Rechtsförmigkeit immer fließender. Somit ist auch die einfache Gegenüberstellung: unbefristete Vollzeitar-

---

[2] Vgl. dazu den Bericht der Kommission »Moderne Dienstleistungen am Arbeitsmarkt« (Hartz-Kommission) vom 16. August 2002.

beit ist qualifizierte und befristete oder Leiharbeit ist unqualifizierte Beschäftigung, in Zukunft immer weniger zutreffend.

Die *interne Dimension* der Veränderung bezieht sich auf die andere Organisation von Produktion und Arbeit. Festzustellen ist zum einen der stetige Rückgang der unmittelbaren Produktionstätigkeiten, während primäre Dienstleistungen (Verwaltung, Vertrieb, Verkauf) stagnieren, aber sekundäre Dienstleistungen wie Forschung und Entwicklung, Marketing und Beratung, Information sowie Aus- und Weiterbildung eher zunehmen dürften. In diesen Sektoren der »Angestelltentätigkeiten« ist seit jeher ein anderes Arbeitsverständnis und mehr Selbständigkeit üblich, weil diese Tätigkeiten in der Regel höhere Qualifikation, Kreativität, planerische Fähigkeiten und soziale Kompetenzen fordern.

Innerhalb der Produktion gibt es schon seit mindestens zwei Jahrzehnten Tendenzen einer neuen Art betrieblicher Rationalisierung, verbunden mit neuen Mustern der Arbeit. Das alte tayloristische Konzept von Arbeitsorganisation, Leistungssteigerung und Lohnanreiz war Ende der 1970er Jahre an seine Grenzen gekommen. Es beruhte auf fortschreitender Arbeitsteilung, geringen Arbeitsinhalten mit kurzzyklischen Tätigkeiten und restriktiven Arbeitsbedingungen (Zeitvorgaben). In der »starren Massenproduktion« des fordistischen Zeitalters sollten festgelegte »Normalleistungen« möglichst hoch übertroffen werden.

Andere Technik ermöglichte und andere Marktökonomie und Konsumentenwünsche erforderten nicht nur höhere Produktivität, sondern auch andere Flexibilität und Innovationsfähigkeit des Produktionsprozesses. Denn in den entwickelten Industrieländern geht es nicht in erster Linie darum, massenhaft standardisierte Industrieprodukte herzustellen, sondern differenzierte und individuelle Konsumbedürfnisse zunächst zu wecken und dann zu befriedigen. Von daher kam es zur »flexiblen Massenfertigung« mit anderen Anforderungen an Arbeitsinhalte und -abläufe, Qualifikation der Arbeitnehmer und Fähigkeit zur Organisation der Arbeit. Insgesamt läuft die Entwicklung hin auf einen anderen Einsatz der menschlichen Arbeitskraft bei gleichzeitig anderen Informations-, Kontroll- und Steuerungsmöglichkeiten aufgrund digitalisierter Technik. An Stelle der überkommenen Formen taylorisierter Arbeit trat wieder die Ausweitung des Aufgabenspektrums durch die Reintegration planender, instandhaltender und ausführender Tätigkeiten in den Produktionsprozess. Dadurch sollte das menschliche Arbeitsvermögen, sollten brachliegende Qualifikationen und Leistungsreserven neu erschlossen werden. Gruppenarbeit in ihren verschiedensten Formen weist schon seit den 1970er Jahren in diese Richtung einer veränderten Produktions- und Arbeitsorganisation mit höherer Selbständigkeit, Selbstverantwortung und Selbststeuerung. Dabei ist das Spektrum zwischen autonomer, teilautonomer bis hin zu standardisierter Gruppenarbeit mit restriktiven Bedingungen sehr breit. Kompetenzen und Entscheidungen werden dezentralisiert, an Stelle der direkten imperativen Steuerung von oben tritt zunehmend die Delegation von Verantwortlichkeit an die Arbeitskräfte selbst bzw. an Teams von Arbeitskräften. So beschreibt es die SPD-Arbeitsgruppe »Zukunft der Arbeit«: »Unter diesen Bedingungen werden viele Aufgaben, die früher von abhängig Beschäftigten ausgeübt wurden, aus den Unternehmen ausgelagert und in Form von Selbständigkeit (auch Scheinselbständigkeit oder arbeitnehmerähnlicher Selbständigkeit) erledigt.«[3]

Hinzuzufügen ist, dass dies auch in Form »selbständiger« abhängiger Arbeit organisiert sein kann: »Die berufliche Realität vieler Arbeitnehmer und Arbeitnehmerinnen nähert sich an die der Selbständigen an: Sie haben wachsende Verantwortung und größere Entscheidungsspielräume, aber sie müssen auch hinsichtlich der Arbeitsinhalte, der Arbeitsbedingungen und der Arbeitszeit erheblich mehr Flexibilität aufbringen, größere Risikobereitschaft zeigen und höhere psychosoziale Belastungen tragen.«[4]

Stellenwert des Arbeitskraftunternehmers

Damit ist auch schon in Ansätzen der Stellenwert des »Arbeitskraftunternehmers« bzw. der Debatte darüber beschrieben. Heinrich Klinkhammer, Arbeitsdirektor der Deutschen Telekom, fasst die wichtigsten Aspekte des Wandels der Arbeitsverhältnisse in folgender Weise zusammen:

▓ »Die Flexibilisierung der Arbeitszeit richtet sich an Kunden- und Mitarbeiterbedürfnissen aus.

▓ Die Erforderlichkeit betrieblicher Anwesenheit verliert an Bedeutung.

▓ Dezentrale und auch virtuelle Betriebsformen nehmen zu.

▓ Der Arbeitnehmerstatus verändert sich aufgrund neuer Arbeitsbedingungen (Stichwort: Weg von Dienstverträgen/Honorierung der Anwesenheit und hin zu Arbeitsbedingungen mit werkvertraglichem Charakter/Honorierung von Ergebnissen).

▓ Aufgrund umfassender Verfügbarkeit des Produktionsfaktors Information verschieben sich die betrieblichen Hierarchien, Arbeitsabläufe, Arbeitsinhalte und die räumliche Allokation von Arbeit.

▓ Der Betriebs als Ort sozialer Kommunikation verliert an Bedeutung.

▓ Das selbstverantwortliche lebenslange Lernen nimmt an Bedeutung zu.

▓ Die Selbstorganisation von Arbeitabläufen und Prozessen gehört zu den Anforderungen künftiger Beschäftigter.

---

[3] Zukunft der Arbeit, Bericht der Projektgruppe, a.a.O., S. 26.
[4] ebd.

■ Unternehmensumwandlungen, Abspaltungen, Ausgründungen und Teilbetriebsübergänge reduzieren betriebliche Mitbestimmungsmöglichkeiten.

■ Die strategische Partnerschaft mit dem Sozialpartner gewinnt an Bedeutung.«[5]

Das ist nicht nur eine abstrakte Kennzeichnung einer Entwicklung, sondern beschreibt auch das konkrete Programm zur Gestaltung der Arbeitsverhältnisse und Arbeitsbedingungen bei der Deutschen Telekom.

Auch in der Auseinandersetzung um das VW-Projekt 5000x5000 ging und geht es darum, inwieweit der Typ des »Arbeitskraftunternehmers« bzw. Elemente daraus in Zukunft im Produktions- und Beschäftigungskonzept in Deutschland Platz haben sollen. Von Seiten des VW-Managements und seines Arbeitsdirektors Peter Hartz war das Konzept ursprünglich auf die weitgehende Verwirklichung des »Arbeitskraftunternehmers« angelegt: Im Gewand des Arbeitsvertrages sollte letztlich faktisch ein »Werkvertrag« stehen, in dem das zu erbringende Werk (Produktionssoll) und das dafür zu erbringende Honorar (DM 5000,00 monatlich) feststeht, für die notwendige Qualifikation und die aufzuwendende Arbeitszeit der »Unternehmer seiner Arbeitskraft« weitestgehend allein verantwortlich ist.

Allein diese beiden Beispiele zeigen zur Genüge, dass die Auseinandersetzung um den »Arbeitskraftunternehmer« als neuen Typ industrieller Arbeit sehr konkret ist. Natürlich geht es dabei auch um Tendenzen, die schon in der Produktionstechnik und Arbeitsorganisation der 1970er und 80er Jahre ein Rolle gespielt haben und kritisch diskutiert wurden. So habe ich selbst die Rückkehr vom Arbeitsvertrag zum Dienst- und Werkvertrag und die Rund-um-die-Uhr-Verfügbarkeit der Arbeitskraft als Kennzeichen des japanischen Produktionsmodells skizziert und kritisiert – als viele darin noch fast ausschließlich das Ende der Arbeitsteilung und die Requalifizierung der Arbeitskraft sahen.[6]

Aber diese Tendenzen verdichten sich heute und durchdringen mit einigen Elementen eine immer größere Zahl so genannter Normalarbeitsverhältnisse, wie die Beispiele Telekom und VW zeigen. Sowohl von den technischen und ökonomischen Veränderungen her als auch vom mentalen Wandel in der Einstellung und im (Selbst-)Bewusstsein der Beschäftigten ergibt sich eine Situation, die das herkömmliche Arbeitsverhältnis und seine sozial- wie arbeitsrechtliche Regelung massiv verändern, ja auch sprengen kann.

---

[5] H. Klinkhammer, Überlegungen zur »Zukunft der Arbeit«, in: Welche Zukunft hat die Erwerbsarbeit?, Projektgruppe »Zukunft der Arbeit« beim SPD-Parteivorstand, o.O.u. J. (Berlin 1999), S. 92.

[6] K. Lang, K. Ohl, Lean production. Herausforderungen und Handlungsmöglichkeiten, Köln 1994.

Dementsprechend wurde auch im IG Metall-Zukunftsreport das Thema aufgegriffen und formuliert:»In der gesellschaftlichen und Teilen der wissenschaftlichen Debatte nimmt der ›Arbeitskraftunternehmer‹ eine zentrale Rolle ein. In ihm fokussieren sich alle Tendenzen des Wandels der Arbeitsgesellschaft, der Arbeitsorganisation ebenso wie der Arbeitsverhältnisse. Kennzeichnend für diesen Arbeitnehmertyp ist

■ die hohe Eigenverantwortung für die ständige Qualifikation der eigenen Arbeitskraft,

■ hohe Bereitschaft zu Flexibilität und Mobilität im Arbeitseinsatz,

■ die Verwischung der Grenzen zwischen Arbeitszeit und Freizeit sowie

■ die weitgehende oder ausschließliche Verantwortung für ein zu erbringendes Arbeitsergebnis, das letztlich auch die Grundlage der Bezahlung ist.«[7]

Schon lange, bevor Hans J. Pongratz und G. Günter Voß die These vom »Arbeitskraftunternehmer als neuem Typus der Arbeitskraft« formuliert haben,[8] und er z.B. von A. Baukrowitz und A. Boes insbesondere für die IT-Industrie zu Recht identifiziert wurde,[9] ist der Wandel im Verständnis und Selbstverständnis der Arbeitskraft als Teil einer veränderten Form des Kapitalismus thematisiert und beschrieben worden. Denn es geht bei den Tendenzen, die im Stichwort vom »Arbeitskraftunternehmer« zusammengefasst werden, um weit mehr als einen neuen Typ des Arbeitnehmers oder eine neue Grundform der Ware Arbeitskraft. Es geht auch um eine andere Form des Kapitalismus, um eine andere Form der Gesellschaft, wie es zugespitzt z.B. von R. Hank als Weg in die »Gesellschaft der Selbständigen« beschrieben wird.[10] Andreas Zielcke bezieht z.B. auch die Entwicklung zum Outsourcing und Franchising in die Analyse ein und formuliert und beschreibt den Entwicklungstrend wie folgt: »Er löst das Großunternehmen im idealtypischen Grenzfall in so viele Einzelunternehmen auf, wie es Arbeitende beschäftigt, und stellt den gesamtbetrieblichen Zusammenhang als wesentlich komplexeren und variableren Verbund von individuellen Initiativ- und Profitcentern her.«[11]

Zielcke beschreibt auch sehr klar die arbeitsrechtlichen und machtpolitischen Konsequenzen:»Ihr Rechtsverhältnis zum Betriebsinhaber

[7] IG Metall Zukunftsreport, a.a.O., S. 18.

[8] G.G. Voß, H.J. Pongratz, Der Arbeitskraftunternehmer. Eine neue Grundform der Ware Arbeitskraft? Kölner Zeitschrift für Soziologie und Sozialpsychologie, Jg. 550,1998, S. 131-158.

[9] A. Baukrowitz, A. Boes, Forschungsprojekt ARB-IT, Zwischenbericht in: Frankfurter Rundschau vom 2. März 2000.

[10] R. Hank, Arbeit. Die Religion des 20. Jahrhunderts, Frankfurt 1997.

[11] A. Zielcke, Der neue Doppelgänger. Die Wandlung des Arbeitnehmers zum Unternehmer – Eine zeitgemäße Physiognomie, Frankfurter Allgemeine Zeitung, 20. Juli 1996.

wird sich grundsätzlich ändern. Statt an Pflichterfüllung werden sie nicht anders als schon jetzt ihre leitenden Kollegen an Erfolg und Wertschöpfung gemessen werden. Darum werden die üblichen Dienstverträge, die bis heute als fundamentales Ordnungsprinzip das rechtliche Verhältnis zwischen Kapital und Arbeit strukturieren, tendenziell von oben bis unten durch Werkverträge oder Geschäftsbesorgungsverträge abgelöst werden.«[12] »Kapitalismus ohne Arbeit« bedeutet dann, dass das Kapital überhaupt keine Arbeit mehr erwerben möchte, sondern Arbeitsergebnisse,»dass es in seinem Betrieb keinen Arbeitszusammenhang mehr organisieren will, sondern einen Entscheidungskreislauf, dass es Beschäftigte künftig dafür bezahlt, sich an seiner Stelle den Kopf zu zerbrechen und sich die Probleme der konkreten Arbeitserledigung, der Verfügung, der Optimierung und Qualifizierung des Arbeitseinsatzes zu eigen zu machen.« Während die Besitzer der Ware Arbeitskraft (Arbeitnehmer) durch Arbeitsrecht und Arbeitsvertrag, durch gemeinsame Aktion und kollektive Verträge als der strukturell Schwächere geschützt waren, sind in der »Unternehmergesellschaft« alle formal und rechtlich gleichgestellt, was den ungeregelten Kampf frei gibt zwischen Schwergewicht und Federgewicht in ein- und demselben Ring »Markt«.[13]

Ein Jahr später formuliert Christian Lutz nahezu euphorisch »Der Arbeitnehmer ist tot – es lebe die Lebensunternehmerin!«[14] Er beschreibt die Entwicklung folgendermaßen:»Formal werden sicher auch in der Lebensunternehmerwelt noch lange Zeit die meisten Beschäftigten Arbeitnehmerstatus haben. Aber gleichzeitig verlagern sich unternehmerische, eigenständig gestaltende Funktionen an jeden einzelnen Arbeitsplatz. Immer mehr Arbeitsbedingungen sind nicht mehr vorgegeben vom Arbeitgeber oder durch Kollektivverträge, sondern Gegenstand individueller Aushandlung oder eigener Selbstbestimmung: Arbeitsort, Arbeitszeit, Bezahlungsmodus, Arbeitsinhalt, organisatorische Einbindung ... Für Präsenzzeiten honoriert werden nur noch Nachtwächter und andere, bei denen es wirklich darauf ankommt. Demgegenüber geben Leistung, Erfolg oder auch einfach Verfügung über Qualitäten, Beziehungsnetze immer häufiger den Ausschlag. Gleichzeitig wandeln sich die Arbeitsverhältnisse, beispielsweise durch Outsourcing: Aus Intrapreneurs werden Auftragnehmer, Zulieferer, die sich andere Märkte erschließen und zu selbständigen Unternehmern werden, und sei es nur als Ein-Mann- oder Ein-Frau-Unternehmen.«[15]

---

[12] Ebd.
[13] Ebd.
[14] Chr. Lutz, Der Arbeitnehmer ist tot – es lebe die Lebensunternehmerin! Referat anlässlich der Internationalen GDI-Konferenz »Zukunft der Arbeit« vom 26. März 1997, Vortragsmanuskript.
[15] Ebd.

Mit einer eindeutig politisch-konservativen Stoßrichtung wird die Thematik dann schließlich von der »Kommission für Zukunftsfragen der Freistaaten Bayern und Sachsen« aufgegriffen. Sie formuliert als einen zentralen Punkt ihrer »Erneuerungsstrategie« im Rahmen der Empfehlungen zur Verbesserung der Beschäftigungslage: »Eine durchgreifende
Verminderung der Beschäftigungs- und der mit ihnen einhergehenden
Einkommens- und Vermögensprobleme ist nur durch eine Aktivierung
aller kreativen und innovativen, d.h. im umfassendsten Sinn unternehmerischen Kräfte sowie durch mehr Eigeninitiative und Selbstverantwortung möglich. Zwar wird auch in absehbarer Zukunft die Mehrheit der
Erwerbsbevölkerung ganz oder teilweise abhängig beschäftigt sein. Doch
darf das Leitbild des Arbeitnehmers nicht im bisherigen Umfang bewusst-
seinsprägend bleiben. Vielmehr ist das Leitbild der Zukunft der Mensch
als Unternehmer seiner Arbeitskraft und Daseinsvorsorge.«[16]

Gestaltungsherausforderungen für die Gewerkschaften

Angesichts der wissenschaftlich-gesellschaftlichen Debatte, aber vor
allem angesichts der empirischen Befunde ist es müßig zu fragen, ob es
sich hier nur um Ideologie, d.h. wenig Wahres in viel Falschem,[17] oder
um reale Entwicklungen handelt, die auch geänderte Gestaltungskonzepte erfordern. Die realen Entwicklungen finden statt, in unterschiedlichen industriellen und dienstleistenden Sektoren und für die verschiedenen Arbeitnehmergruppen mit unterschiedlicher Reichweite.

Der Report der SPD-Arbeitsgruppe »Zukunft der Arbeit« beschreibt
sehr deutlich das Zusammenwirken von Wandlungsprozessen in der
ökonomisch-technischen Entwicklung einerseits und Veränderungen der
gesellschaftlichen Bewusstseinslagen und individuellen Einstellungen
andererseits: »Die Grenze zwischen abhängigem Beschäftigungsverhält-
nis und Selbständigkeit wird fließend. Ein größer werdendes Segment
des gesellschaftlichen Arbeitsvolumens wird sich nicht mehr im Rahmen des Arbeitsvertragsverhältnisses bewegen. Die Abgrenzung zwischen abhängiger Beschäftigung und selbständiger Tätigkeit wird – wie
die Schwierigkeiten der Gesetzgebung zur Scheinselbständigkeit zeigen – immer schwieriger und in einigen Jahrzehnten vielleicht gar nicht
mehr möglich sein. Die Flexibilisierung und die Verflüchtigung der Gren-

---

[16] Kommission für Zukunftsfragen der Freistaaten Bayern und Sachsen, Erwerbstätigkeit und Arbeitslosigkeit in Deutschland, Teil III, Maßnahmen zur Verbesserung der
Beschäftigungslage, S. 7, Bonn 1997.
[17] Vgl. I. Drexel, Arbeitskraftunternehmer – ein Leitbild für Berufsbildung?, in: IG
Metall (Hrsg.), Facharbeit als unternehmerisches Arbeitshandeln. Tagungsbericht,
o.O.u.J.

ze zwischen Abhängigkeit und Selbständigkeit verändern ihrerseits das Bewusstsein vieler Erwerbstätiger. Es ist immer mehr – häufig ungeachtet der objektiven sozialen und ökonomischen Situation – nicht mehr vom Gefühl der Abhängigkeit und kollektiven Zusammengehörigkeit geprägt, sondern von persönlicher Verantwortung und dem Vertrauen in die eigene individuelle Durchsetzungskraft. Diese Veränderung der Mentalitäten begünstigt dann wieder den Trend zur Flexibilisierung und zu neuen Arbeitsformen, sodass sich eine sich selbst verstärkende Rückkoppelung ergibt.«[18]

Zu einem ähnlichen Ergebnis kommt der IG Metall-Zukunftsreport: »Die empirischen Befunde der Befragungen und Erhebungen deuten an, dass Teile dieses Konzepts bei den Beschäftigten nicht auf Widerstand stoßen. Dies zeigen die Auffassungen zur Qualifizierung, zu Arbeitszeitregelungen, die hohe Wertorientierung der Befragten in Bezug auf Berufsarbeit und die in der Regel hohe Arbeitszufriedenheit in den verschiedensten Bereichen.«[19]

In den »Zuspitzungen und Diskussionsanreizen« des Zukunftsreports wird dementsprechend auch die Schlussfolgerung formuliert: »Die Arbeitnehmerinnen und Arbeitnehmer nehmen den Strukturwandel der Arbeitswelt sehr deutlich wahr und akzeptieren ihn auch weitgehend. Dies gilt insbesondere für jüngere Arbeitnehmerinnen und Arbeitnehmer. Neue Anforderungen an Arbeitnehmerinnen und Arbeitnehmer verlangen, dass sie sich selbst um die Qualifikation ihrer Arbeitskraft und damit ihre ›employability‹ (Arbeitsfähigkeit) kümmern, ihre Arbeit selbst organisieren und größere Verantwortung für die Ergebnisse ihrer Arbeit übernehmen. Auch zunehmende Aufgeschlossenheit gegenüber Selbständigkeit muss in diesem Zusammenhang gesehen werden. Diese Tendenzen werden in der wissenschaftlichen Diskussion in dem Begriff ›Arbeitskraftunternehmer‹ auf den Punkt gebracht und zum Teil auch heftig kritisiert.«[20] Der »Diskussionsanreiz« folgert daraus: »Die IG Metall muss sich mit dem Konzept des ›Arbeitskraftunternehmers‹, der immer stärker qualifizierte Facharbeit und Angestelltentätigkeit abzulösen droht, auseinander setzen und Gestaltungskonzepte entwickeln. Für größere Selbstorganisation der Arbeit und mehr Ergebnisverantwortung müssen Konzepte entwickelt werden, die die Selbständigkeit in der Arbeit fördern, aber entgrenzte Arbeit(szeit), Einkommensunsicherheiten und die Verlagerung von Unternehmerrisiken auf die Arbeitnehmerinnen und Arbeitnehmer verhindern.«[21]

---

[18] Zukunft der Arbeit, Bericht der Projektgruppe, a.a.O., S. 27.
[19] IG Metall-Zukunftsreport, a.a.O., S. 19.
[20] A.a.O., S. 84.
[21] B. Keller, H. Seifert, »Flexicurity – Das Konzept für mehr soziale Sicherheit flexibler Beschäftigung«, WSI-Mitteilungen 5/2000, S. 284-300.

Mit dem Begriff des »Arbeitskraftunternehmers« werden Tendenzen in der Entwicklung der Erwerbsarbeit, insbesondere der abhängigen Erwerbsarbeit, zugespitzt und plakativ umschrieben. Diese Tendenzen gehen z.T. auf Veränderungsprozesse zurück, die schon zwei Jahrzehnte andauern und mit der Absage an die fordistische und tayloristische Massenproduktion begonnen haben. Sie beinhalten eine Veränderung der kapitalistischen Produktionsweise mit anderen Steuerungs- und Kontrollmechanismen über den Produktionsprozess und die produzierenden Erwerbstätigen, rechtliche Änderungen in der Gestaltung der Erwerbsarbeit mit dem Trend zu mehr rechtlicher Selbständigkeit und Änderungen in der abhängigen Erwerbsarbeit hin zu mehr Selbstverantwortung in der Gestaltung der Arbeitszeit und der Arbeitsbedingungen, aber auch für das Arbeitsergebnis. Diese Tendenzen dringen in Teilaspekten in immer mehr Arbeitsverhältnisse ein, betreffen aber die einzelnen Wirtschaftsbereiche und Arbeitnehmergruppen noch sehr unterschiedlich. Sie wurden möglich und erweitern sich aufgrund der Digitalisierung der Produktions- und Informationstechnik mit den neuen Automatisierungs-, Vernetzungs-, Steuerungs- und Kontrollmöglichkeiten, dem höheren Qualifikationsniveau und Selbstbewusstsein der Erwerbspersonen und – last but not least – der Dauerkrise abhängiger Arbeit in Form skandalöser Massenarbeitslosigkeit.

Diese Entwicklung bringt für die *Gewerkschaften eine organisationspolitische und gestaltungspolitische Herausforderung* mit sich, beinhaltet vor allem auch eine *enorme gesamt- und gesellschaftspolitische Herausforderung* zur anderen Gestaltung und Regulierung der industriellen Arbeit und der sozialen Sicherungssysteme. Das Flexicurity-Konzept des WSI greift solche Ansätze auf.[22] Eine allein oder primär auf Verhinderung und Abwehr gerichtete Strategie im Umgang mit den genannten Entwicklungslinien ist angesichts der Massenarbeitslosigkeit, des gesellschaftlichen Bewusstseinswandels und der ökonomisch-technischen Veränderungen zum Scheitern verurteilt. Wie bei der Einführung des Taylorismus und der Akkordarbeit, der Computerisierung und Digitalisierung von Verwaltung und Produktion – alles gravierende Veränderungen innerhalb der kapitalistischen Produktionsweise mit jeweils erheblichen Risiken für Arbeitsbedingungen und Beschäftigung – muss eine »Gestaltungsoption«, die natürlich auch Abwehrelemente enthält, an Stelle einer Verhinderungsoption treten.

Wenn es also in der Tat einen gesellschaftlichen Entwicklungstrend hin zu einer »Gesellschaft der Selbständigen« gibt, kann diese Entwicklung unterschiedlich gestaltet werden. Sie kann entweder eher repressiv ausgestaltet werden und die Abhängigkeiten unzähliger »kleiner Selb-

---

[22] Vgl. dazu auch den »Flexicuritiy«-Ansatz des WSI.

ständiger« gegenüber dem »Großkapital« verstärken.[23] Sie kann aber auch emanzipatorisch gestaltet werden, mit mehr Rechtsansprüchen für die Individuen und neuen Regelungsmechanismen für soziale Sicherheit und den Schutz der Betroffenen im »Werkvertragsverhältnis«.

Für die Gewerkschaften ergeben sich daraus zunächst *organisationspolitische Herausforderungen*. Sie sollten sich für »Selbständige« öffnen. Eine Kultur der »Selbständigkeit« mit Risikobereitschaft und hoher Selbstmotivation darf in der Organisationskultur der Gewerkschaften nicht diffamiert werden. Schon heute organisiert die Gewerkschaft ver.di in der Tradition der früheren IG Medien gerade im Medien- und Kulturbereich auch Selbständige.

Wenn dieser Status von Erwerbsarbeit auch in anderen Bereichen häufiger Platz greift, werden sich alle Gewerkschaften in Produktions- und Dienstleistungsbereichen überlegen müssen, Selbständige als Mitglieder zu organisieren und ihre Belange zu vertreten. Das geht von der Erarbeitung von Musterregelungen für Werk- und Honorarverträge über Veröffentlichung und Beeinflussung der Honorierung bestimmter Dienstleistungen, Rechts- und Qualifizierungsberatung für die Betroffenen bis hin zur politischen Einflussnahme auf die gesetzlichen und administrativen Rahmenbedingungen für Selbständigkeit. Wichtig ist auch, dass die »Eigenwilligkeit der Einzelgänger« in einer Gewerkschaft Platz erhält und neue Formen des Verhältnisses von Individualität und Solidarität eine Chance bekommen.

Die wichtigste Aufgabe für die Gewerkschaften liegt aber darin, die entsprechenden Veränderungen in der abhängigen Erwerbsarbeit in Richtung auf mehr Selbstorganisation der Arbeit zu gestalten. In »Offensive 2010«, dem Entwurf des IG Metall-Zukunftsreportes, heißt es dazu: »Neue Konzepte der Produktion und Arbeitsorganisation und steigende Ansprüche der Beschäftigten haben dazu beigetragen, dass auch Selbstorganisation und Selbständigkeit in der Erwerbsarbeit wichtiger werden. Diese wollen wir fördern und konstruktiv mitgestalten. Dadurch wird die IG Metall dem Anspruch gerecht, Anwalt für »gute Arbeit« zu sein und die Interessen der Menschen auch in modernen Arbeitssituationen zu vertreten. Es ist durch Tarifverträge möglich, die Arbeitsorganisation, die Technikgestaltung, die Leistungsabforderung und die Ergebnisverantwortung so zu regeln, dass die Arbeit für einzelne und für Gruppen attraktiver wird. In diesem Zusammenhang halten wir auch eine Neubewertung von Arbeit und Leistung, einschließlich leistungs- und ergebnisbezogener Entgeltsysteme für notwendig. So können die verständlichen Wünsche nach Selbstorganisation und Selbständigkeit in der Arbeit

---

[23] Vgl. R. Hank, Arbeit – die Religion des 21. Jahrhunderts. Auf dem Weg in die Gesellschaft der Selbständigen. Frankfurt a.M. 1995.

gefördert, die negativen Elemente, die das Bild des ›Arbeitskraftunternehmers‹ prägen, aber ausgeschlossen werden.«[24] Dies bezieht sich zunächst einmal auf die *Arbeitszeit*. Auf der Grundlage einer nach wie vor tarifvertraglich geregelten Dauer der individuellen regelmäßigen Arbeitszeit wird es darauf ankommen, die individuellen Anspruchs- und Gestaltungsrechte über Beginn und Ende der Arbeitszeit in Tarifverträgen festzuschreiben. Aus der Debatte um die »Vertrauenszeit« müssten die Gewerkschaften die Schlussfolgerung ziehen, die autonomen Gestaltungsmöglichkeiten des Einzelnen als tariflichen Rechtsanspruch zu formulieren. Das könnte z.b. zu folgender Tarifforderung führen: »Die individuelle regelmäßige wöchentliche Arbeitszeit beträgt 35 Stunden. *Über Anfang und Ende der täglichen Arbeitszeit, über die Anwesenheit an einzelnen Tagen, über die gleichmäßige oder ungleichmäßige Verteilung der Arbeitszeit im Rahmen des Ausgleichszeitraums entscheidet die Arbeitnehmerin/der Arbeitnehmer eigenständig.* Die individuelle regelmäßige durchschnittliche wöchentliche Arbeitszeit ist innerhalb eines Ausgleichzeitraums von 12/26/52 ....Wochen/Monaten zu erbringen.«

Parallel dazu müsste tarifvertraglich gesichert werden, dass die Arbeitszeiten vollständig erfasst werden und der Betriebsrat über die Arbeitszeiten informiert wird. Wird das Selbstbestimmungsrecht des Einzelnen in Sachen Arbeitszeit aufgrund betrieblicher Erfordernisse eingeschränkt, hat der Betroffene das Recht, den Betriebsrat einzuschalten.

Bei der *Reform der Entgeltsysteme* und der tariflichen Leistungsbedingungen werden schon heute Möglichkeiten eröffnet, die »Ergebnisverantwortung« zu honorieren. Neue tarifpolitische Ansätze ermöglichen sehr wohl, auch »Zielvereinbarungen« oder erzielte Arbeitsergebnisse zur Grundlage einer ergebnisabhängigen Bezahlung zu machen. Wichtig bleibt dabei allerdings, dass die Randbedingungen, unter denen das Ergebnis erbracht wird, definiert werden. Dazu gehört z.b. die geforderte Qualifikation ebenso wie die zu leistende Arbeitszeit. Auszuschließen ist, dass Unternehmerrisiken, wie z.b. die Pünktlichkeit der Zulieferung von Waren oder Dienstleistungen und die Qualität des Zugelieferten oder der Vormaterialien jeder Art, auf den Arbeitnehmer verlagert werden.

Einen großen Stellenwert spielt für den »Unternehmer der eigenen Arbeitskraft« schließlich der Gesamtbereich von *Aus- und Weiterbildung*. Die Diskussion um die ausschließliche Kostenbelastung der Unternehmen für Aus- und Weiterbildung geht an der Realität angesichts der eigenständigen Qualifizierungsleistungen, die Arbeitnehmerinnen und

---

[24] IG Metall, Offensive 2010. Entwurf des IG Metall-Zukunftsmanifestes, Frankfurt 2002, S. 17.

Arbeitnehmer schon Jahr und Tag erbringen, vorbei. Insofern ist auch die Eigenverantwortung der Arbeitnehmerinnen und Arbeitnehmer für ihre »employability« nicht grundsätzlich neu. Deshalb stellt der Entwurf des IG Metall-Zukunftsmanifestes zu Recht fest: »Die Beschäftigten betrachten es zu Recht auch als ihre individuelle Verantwortung, durch Qualifizierung ihre Beschäftigungsfähigkeit zu erhalten. Sie qualifizieren sich vielfältig beruflich weiter; auch in ihrer Freizeit und auf eigene Kosten.«[25]

Entscheidend ist, dass berufliche Bildung ein ständiger Prozess wird und in jeder Phase der Aus- und Weiterbildung nicht nur »berufliche« Inhalte, sondern die Fähigkeit zu lernen, Arbeit selbst zu organisieren und die eigenen Rechte zu vertreten, vermittelt wird. Wichtig ist, dass die lebenslangen Ansprüche der Arbeitnehmerinnen und Arbeitnehmer auf Weiterbildung tarifvertraglich geregelt und ein Bundesrahmengesetz für berufliche Weiterbildung zustande kommt. Entscheidend sind aber auch neue Ansprüche an die inhaltliche Gestaltung von Aus- und Weiterbildung: Die Befähigung zur Selbständigkeit, zur autonomen Gestaltung von Arbeit und Arbeitszeit muss auch in der Aus- und Weiterbildung gelehrt und gelernt werden.

Letztlich ist aber die Entwicklung zu einer Gesellschaft der Selbständigen eine *enorme gesellschaftspolitische Herausforderung*: Wenn es eine Entwicklung zu mehr Selbständigkeit gibt und sie auch gesellschaftlich gewollt ist oder hingenommen wird, dann sind auch konkrete *gesetzliche Mindestbedingungen und Schutzrechte* zur Gestaltung von (abhängiger) Selbständigkeit erforderlich. Es reicht dann wohl nicht aus, »Scheinselbständigkeit« zu verbieten oder »arbeitnehmerähnliche Verhältnisse« möglichst umfassend zu definieren. Wichtig ist, Mindesterfordernisse an einen »Werk- oder Honorarvertrag« gesetzlich zu definieren, insbesondere solange ungeklärt ist, ob kollektivrechtliche Regelungen der Bedingungen selbständiger Arbeit faktisch und rechtlich möglich sind. Es kann nicht sein, das die Arbeits- und Bezahlungsbedingungen der »alten« Selbständigen (Rechtsanwälte, Ärzte, Architekten etc.) durch das Kammerwesen hoch reguliert und geschützt sind, neue Selbständigkeit aber nur abhängige Ausbeutung ermöglicht, ohne gesetzliche Mindestrechte und kollektiven Schutz für die Betroffenen. Neben gesetzlichen Schutzvorschriften für Form und Inhalt von Werk- oder Honorarverträgen muss vor allem aber auch die kollektive Interessenvertretung von »Selbständigen« z.B. durch Gewerkschaften möglich werden.

Eine Entwicklung zu mehr Selbständigkeit verlangt aber schließlich und nicht zuletzt auch eine *Änderung der sozialen Sicherungssysteme*, weil eine steigende Zahl Selbständiger ohne Verpflichtung zur Versiche-

---

[25]A.a.O., S. 18.

rung für den Fall der »Auftragslosigkeit«, der Krankheit, der Pflegebedürftigkeit und des Alters ansonsten ohne soziale Absicherung wäre. Eine gesetzliche Versicherungspflicht für diese Fälle, ähnlich der Autohaftpflicht, die Ausgestaltung bestimmter Sicherungssysteme hin zu einer »Erwerbstätigenversicherung« mit Beitragspflicht und Leistungsanspruch für alle Erwerbstätigen, oder ein steuerfinanziertes soziales Sicherungssystem – alle diese Möglichkeiten sind zu prüfen, wenn die Gesellschaft der Selbständigen nicht zur Gesellschaft der Schutzlosen werden soll.

Die ganze Frage der gesellschaftlichen Entwicklung hinsichtlich der Erwerbsarbeit und ihrer Zukunft hat aktuell durch die Vorschläge der so genannten Hartz-Kommission eine deutliche Zuspitzung erfahren. Denn zweifellos will die Kommission mit einem wesentlichen Teil ihrer Vorschläge durch mehr Selbständigkeit im unmittelbaren und mittelbaren Sinn Arbeitslosigkeit überwinden und neue Arbeitslosigkeit vermeiden: unmittelbar, indem die Selbständigkeit in Form der Ich- und Familien-AG als Alternative zur Arbeitslosigkeit propagiert und gefördert werden soll; mittelbar, indem mehr Selbständigkeit die Einstellung und das Handeln der Arbeitslosen beim Bemühen um einen Arbeitsplatz bestimmen sollen. Gerade bei der Umsetzung der Vorschläge der »Hartz-Kommission« werden die Gewerkschaften sehr darauf zu achten haben, ob für die Arbeitsgesellschaft damit der Weg in eine schutzlose oder in eine emanzipierte Selbständigengesellschaft beschritten wird.

Die Veränderungen der Struktur von Erwerbsarbeit und innerhalb der abhängigen Erwerbsarbeit zu verdrängen, wäre in der Tat ideologisch. Mit der begrifflichen Benennung bestimmter Entwicklungstendenzen ist keineswegs ihre Akzeptanz oder Propagierung verbunden. Aber es wäre falsch, die langfristig doch einen sehr grundlegenden Wandel der Erwerbsarbeit und der Erwerbsgesellschaft signalisierenden Faktoren zu negieren oder zu verharmlosen. Gewerkschaftliche Gestaltungskraft kann doch erst entwickelt werden, wenn Gefahrenpotenziale und Chancen erkannt werden, um gezielt tarifliche Gestaltung durchzusetzen und politische Regulierung einzufordern.

Gerd Gidion
»Nebenbei auch Unternehmer sein«
Unternehmerisches Handeln bei abhängig beschäftigten Fachkräften

Leitbild unternehmerisches Handeln – Spiegel der Unternehmertätigkeit?

Zur Beantwortung der Frage, ob unternehmerisches Handeln sich als wesentliches Element in der Tätigkeit von Arbeitnehmern findet und ausbreitet, muss zunächst geklärt werden, welche Vorstellungen hinter dem Begriff des unternehmerischen Handelns stehen. Gemeinhin werden u.a. folgende Aspekte hervorgehoben:

■ die Eigenständigkeit und Selbststeuerung im Handeln;
■ die Verantwortlichkeit und Risikofähigkeit (auch bezogen auf Eigenkapital);
■ die Übernahme von Führung und die Entscheidungskraft;
■ das strategische Planen und Vorgehen;
■ die Kooperations- und Marktorientierung.

Es stellt sich als zweites die Frage, inwiefern die Arbeitsrealität der Unternehmer sich im Schwerpunkt aus diesen Aspekten zusammensetzt. Untersuchungen aus den letzten Jahren und die weiter unten angesprochenen Fallstudien weisen auf einige Diskrepanzen hin. Sie berichten (z.B. in Arbeiten von Schreyögg oder Goecke/Pribilla/Reichwald) von stark fragmentierten Arbeitsabläufen, die durch viele wechselnde Themen und Interventionen geprägt sind. Die Unternehmer werden vor allem zu bestimmten Höhepunkten von Aktivitäten und Projekten kurzzeitig hinzugezogen und sind selten in der Lage, sich intensiv in einzelne Aufgaben zu vertiefen. Zudem erscheint der Arbeitsalltag in höchstem Maße von Fremdsteuerungen geprägt, die durch Anfragen verschiedenster Seiten ausgelöst werden.

Es kann an dieser Stelle nicht erörtert werden, welche Aspekte die Arbeitsrealität von Unternehmern prägen. Allerdings muss die Frage gestellt werden, ob sich das unternehmerische Handeln der Arbeitnehmer als Abbildung der Phänomenologie der Unternehmertätigkeit oder entsprechend einem konzeptionellen Leitbild zeigen soll, das eher mit den oben genannten fünf Aspekten zusammenpasst.

Spurensuche nach unternehmerischem Handeln in der Facharbeit

Im Rahmen der Untersuchungen zur Früherkennung von neuen Anforderungen an die Menschen aus der jeweiligen Arbeitsaufgabe heraus wurden Fallstudien durchgeführt, in denen ausgehend von einzelnen Personen und deren Arbeitsauftrag die diese umgebenden Arbeitssysteme und Geschäftsprozesse erkundet wurden. Auf dieser Grundlage wurden wesentliche Merkmale und Trends herausgearbeitet. Dies soll an einem Beispiel erläutert werden. Es geht dabei um den Arbeitsplatz eines Graveurs in einem Unternehmen, das kleinformatige Metallerzeugnisse herstellt und vertreibt. Diese Tätigkeit hat sich in den letzten Jahren stark verändert. Während früher klare Arbeitsinhalte nach Anweisung auszuführen waren, muss die Fachkraft heute mit vielen anderen Bereichen im Betrieb selbständig zusammenarbeiten. Die Abstimmung mit anderen Personen erfolgt nicht mehr nur über den Vorgesetzten und nicht als Einwegkommunikation, sondern in einem ständigen Kooperationszusammenhang. Die Fachkraft handelt vergleichsweise eigenständig, etwa wenn bei dem Auftrag, eine Bohrstange zu fertigen, ungeklärte Punkte auch mit Hilfe der Kompetenz der Fachkraft gelöst werden, um den Kundenwunsch erfüllen zu können.

In einem Arbeitsprofil lassen sich wesentliche Merkmale darstellen. Das erstellte Arbeitsprofil verwendet die Kategorien früher, heute und künftig als zeitliche Zuordnung. Dabei zeigen sich folgende Tendenzen:

Das Arbeitsvermögen umfasst die generell bei der Fachkraft vorgehaltenen beruflichen Kompetenzen, die über den konkreten einzelnen Arbeitsauftrag hinaus vorhanden sein müssen, um die Arbeitsanforderungen adäquat zu erbringen. Hier wird angenommen:

■ Die Entwicklung einer persönlichen, spezifischen Kompetenz hat bislang zugenommen, wird jedoch künftig relativ zu einer übergreifenden, flexiblen Kompetenz etwas zurückgehen.

■ Technologiekenntnis und -beherrschung sind in dem Bereich obligatorisch, spielen jedoch nicht mehr die ausschließliche Rolle wie in der Vergangenheit.

■ Dagegen gewinnt die Methodenbeherrschung derzeit eine vorrangige Bedeutung, d.h. die Kompetenz zur Lösung neuer und offener Arbeitsaufgaben. Mit der Professionalisierung dieser neuen Anforderungen wird deren Bedeutung jedoch wieder etwas zurückgehen.

■ Erwartet wird ein kontinuierliches Ansteigen der Anforderungen hinsichtlich des Wissens über das Umfeld sowohl innerhalb der Produktion, als auch in Querschnitts- (Qualität, Logistik, Dokumentation, Kosten) sowie vorgelagerten Bereichen (Vertrieb, Konstruktion).

Die Arbeitsleistung betrifft die tatsächlich abgeforderte Tätigkeit und die darauf bezogenen Arbeitskompetenzen. In der Summe sind vier Bündel von Anforderungen zu deuten, die – ebenso wie bei den anderen

vier Kategorien – tendenziell einen gleichbleibenden Wert ergeben sollten, es sei denn, es wird eine reale Steigerung bzw. Senkung der Qualifikationsanforderungen erwartet. Die einzelnen Aspekte sind:

■ Die aufgabenbezogene Arbeit als Leistung projektartiger, vollständiger Tätigkeiten wird anteilig an der Gesamtleistung weiter zunehmen,
d.h. die Tendenz geht in Richtung einer eigenverantwortlichen, komplet-
teren Bearbeitung der Aufträge durch die Fachkraft.

■ Die verantwortliche Bearbeitung von Teilaufgaben war das Hauptmerk-
mal der früheren Arbeitsinhalte. Sie wird in dem Maße rückläufig sein,
wie die anderen Arbeitsinhalte anteilig zunehmen. Die Teilaufgaben sind
als Arbeitsinhalte zu verstehen, bei denen es in erster Linie lediglich um
das reine Ausführen bzw. Umsetzen von Arbeitsschritten geht.

■ Die Arbeitsanteile der Teamarbeit mit anderen Berufen weiten sich
kontinuierlich aus, d.h. die erfolgreiche Bearbeitung eigener Aufgaben
wird durch die Absprache mit anderen geprägt und es erfolgt ein häufi-
gerer Zugriff auf die Fachkraft durch andere Kollegen zur Bewältigung
ihrer Aufgaben.

■ Die aufgabenbezogene Teamleitung ist ein für die kontaktierte Person
spezifische Aufgabenerweiterung in Richtung einer Führungsaufgabe
als Teilelement des Stellenprofiles. Generell ist ein Trend zur Verteilung
zeitlich und inhaltlich abgegrenzter Federführungen für Themen (z.B. den
Kontakt zum Vertrieb in Vertretung der Fertigungsgruppe) zu beobachten.

Arbeitsprofil für den Graveur-Arbeitsplatz

Bestandteil im Arbeitsprofil		Relevanzwert 1 2 3 4 5
Arbeitsvermögen	Entwicklung persönlicher Kompetenz	
	Technologiekenntnis und -beherrschung	
	Methodenbeherrschung	
	Pflege von Wissen über das Umfeld	
Arbeitsleistung	aufgabenbezogene Arbeit	
	verantwortliche Bearbeitung von Teilaufträgen	
	Teamarbeit mit anderen Berufen	
	aufgabenbezogene Teamleitung	
Grundaufgaben	Verwaltungsarbeiten	
	dauerhafte Grundaufgaben	
Beziehungen	Unterstützung/Hilfeleistung im Kollegenumfeld	
	Verhandlungsführung nach außerhalb	
	Interne und externe Kooperation	
Beschaffung von Arbeit	Erneuerung, Ideenentwicklung, Innovation	
	Erzielung dauerhafter Erfolge	
	Beschaffung neuer Arbeitsaufgaben	

ıııı früher   ■ ■ heute   ■■■ künftig

Die Grundaufgaben beziehen sich auf Arbeitsinhalte, die nicht mit einer einzelnen vollständigen Arbeitsaufgabe zusammenhängen, sondern kontinuierlich erledigt werden müssen, um das Arbeitssystem zu betreiben und zu erhalten. Hier gilt:

■ Der Anteil an Verwaltungsarbeiten wird leicht zunehmen, da eine Tendenz zur kontinuierlichen dezentralen Dokumentation und Auftragsbewirtschaftung besteht. Die zusätzlichen Inhalte entstehen vor allem über die Bedienung der elektronischen Datenerfassung und -auswertung.

■ Auch die dauerhaften Grundaufgaben – Arbeiten, die nicht direkt mit einzelnen Aufträgen zu tun haben – gewinnen leicht an Bedeutung, da hier eine Dezentralisierungstendenz besteht, beispielsweise bei der Anwesenheitskoordination, der arbeitsplatznahen Sicherheit, der Weiterbildungsplanung etc. Diese Grundaufgaben werden tendenziell den Fachkräften in der Gruppe zugeordnet.

■ Der Bereich der arbeitsbezogenen Beziehungspflege erfährt die umfassendste Erweiterung. Während in der hierarchischen, arbeitsteiligen Organisation überwiegend bilaterale Beziehungen herrschen, entsteht bei der neuen Organsationsform ein agiles Geflecht von Beziehungen innerhalb des Unternehmens und partiell nach außerhalb. Die Aspekte:

■ Die Hilfeleistung im Kollegenumfeld (bisher zwar geschätzt, aber nicht systematisch gefördert) wird zunächst ein positiv besetzter Leistungsinhalt der Arbeit. Im weiteren Verlauf zeichnet sich eine strukturelle Notwendigkeit für die entsprechende wechselseitige Unterstützung ab. Die vollständigere Aufgabenbearbeitung erfordert häufiger die gezielte Nachfrage nach der Unterstützung von Kollegen in der Gruppe.

■ Die Verhandlungsführung der Teams nach außerhalb nimmt aktuell in mehreren Richtungen zu (generelle Erweiterung der Verhandlungselemente in der Arbeitszeit). Im weiteren Verlauf sind Standardisierung (z.B. regelmäßige Gespräche zwischen PFE und GF), Professionalisierung (z.B. Verhandlungsführung nach vorgefertigtem Programm) und arbeitsteilige Konzentration (z.B. Zuständigkeit einzelner Gruppenmitglieder für bestimmte Verhandlungspartner) zu erwarten. So wird ggf. die Beteiligung an der Planung neuer Arbeitsumgebungen und -abläufe von einer dazu bestimmten Person ausgeübt.

■ Die interne und externe Kooperation bezieht sich auf die unmittelbar miteinander verschränkte Zusammenarbeit bei der Bearbeitung konkreter Aufträge. Hier besteht die Tendenz weg von der bislang sequenziellen, vertikal arbeitsteiligen Bearbeitung, hin zur vollständigen Auftragsbearbeitung, die von jeweils einer Fachkraft unter Nutzung der Kooperationsmöglichkeiten durchgeführt wird.

Die Beschaffung von Arbeit war traditionell Aufgabe weniger Abteilungen im Unternehmen. Sie weitet sich mit der Entstehung eigenverantwortlicher Einheiten aus, da diese sich jeweils selber rechtfertigen und intern »verkaufen« müssen. Die Aspekte:

▪ Erneuerung, Ideenentwicklung und Innovation gehören zunehmend zu den Grundaufgaben der Fachkraft, um im Rahmen eines kontinuierlichen Verbesserungsprozesses die eigene Position zu sichern. Durch die dynamische Modernisierung im Umfeld wird eine ständige eigene Weiterentwicklung zwingend, da die Verwertbarkeit des bereits Vorhandenen verfällt.

▪ Die Erzielung dauerhafter Erfolge durch gleichartige Folgeaufträge verliert dagegen relativ an Gewicht. Es ist ein deutlicher Trend hin zu projektartigen Arbeitsinhalten mit erheblichen Neuigkeitsanteilen zu erkennen, die einen Teil der bislang vorherrschenden Wiederholaufträge ersetzt (substituiert).

▪ Die Beschaffung neuer Arbeitsaufgaben wird einen gewissen Umfang in der Arbeit annehmen müssen, da eine Rationalisierung bislang praktizierter Arbeitstätigkeiten augenscheinlich erfolgen muss, um wettbewerbsfähig zu bleiben. Der Aufwand für diesen Aspekt erzwingt zusätzlich die Abgabe (Automatisierung) von Teilen bisheriger Arbeitsinhalte. Dieser Abgabeprozess ist ein Teilelement der Beschaffung neuer Arbeitsaufgaben.

▪ Ausgehend von der These, dass unternehmerisches Handeln bei Arbeitnehmern unter anderem dann zu diagnostizieren ist, wenn eine Intensivierung der Beziehung nach außen und des Kooperationsaufwandes stattfindet, wenn sich die Marktorientierung ausweitet, wenn eine Steigerung im Bereich der akquisitorischen Aktivitäten und des Besorgens von Aufträgen erfolgt – und das sind Merkmale explizit unternehmerischen Handelns –, dann ist festzustellen, dass in der neu organisierten Facharbeit dieses Element sehr wohl vorkommt und sich ausweitet.

Unternehmerisches Handeln bei abhängig beschäftigten Fachkräften als ein Aspekt von mehreren

Es ist jedoch zu fragen, ob weitere relevante Trends eine Rolle spielen und welche Beziehung der Aspekt unternehmerischen Handelns dazu hat. Aus den Untersuchungen (v.a. Fallstudien) im Zusammenhang mit der Früherkennung wurde ein Set von Trends abgeleitet. Ein Beispiel soll verdeutlichen, wie andere Faktoren die künftige Tätigkeit der Arbeitnehmer tangieren.

Der angesprochene Graveur hatte in früherer Zeit eine Maschine, die informationstechnisch isoliert war. Er hat seine Arbeit lediglich durch das Ausfüllen von Handzetteln festgehalten. Heute wird seine Arbeit auf die Sekunde genau mit jeder Maschinenaktivität über Logfile dokumentiert, so auch die Fehlerverläufe mittels SPC (statistischer Prozesskontrolle). Ebenso wird die Kommunikation mit Kollegen, Kunden und Lieferanten in e-mail-Form gespeichert.

Individualisierung von Informationen durch elektronisch basierte Dokumentation

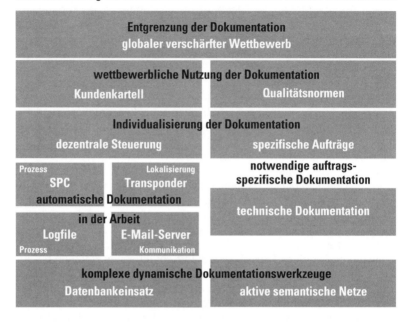

Dieser Wandel deutet auf einen breit angelegten Trend der elektronisch basierten Dokumentation hin. Im global verschärften Wettbewerb sind Daten nicht nur ortsungebunden zugänglich, sie werden auch entsprechend genutzt. Kunden verlangen auch im voraus Transparenz, mächtige Kunden (d.h. in erster Linie Großunternehmen, vermehrt jedoch auch netzwerkartig organisierte Kundschaften) sogar mit erheblicher Dynamik. Die Zunahme von kundenspezifischen Einzelaufträgen und die Anwendung qualifizierter Facharbeit bewirken auch eine Individualisierung der Informationen (siehe Abbildung).

Dieser Vorgang legt sich in automatisierter Form über alle Einzelhandlungen, etwa mittels Logfile, SPC, e-mail-Server oder Transponder (Lokalisierungstechnologie). Die vollständige Dokumentation über den Erstellungsprozess ist immer öfter ein Bestandteil der Lieferung eines Produktes. Die daraus entstehenden Datenmassen sind derzeit schwer zu handhaben, neue Verarbeitungstechnologien mit aktiven semantischen Netzen und Verfahren des Data Mining werden jedoch dieses Reservoir mehr und mehr erschließen, um auf die dezentral organisierte Arbeit zuzugreifen oder um – aus der Perspektive des Kunden – Preise neu zu verhandeln (auch nachträglich) und Beschwerden durchzusetzen.

Bei den Fachkräften existiert derzeit nahezu keinerlei Kompetenz, wie damit umzugehen ist. So zeigt sich ein anderer starker Trend, der vielleicht ähnliche Bedeutung erlangen kann wie das unternehmerische Element oder auch einige weitere, bereits erkennbare Trends.

Literatur

Gidion, G.; Kuwan, H.; Schnalzer, K.; Waschbüsch, E.: Spurensuche in der Arbeit. Ein Verfahren zur Erkundung künftiger Qualifikationserfordernisse. Hrsg.: Hans-Jörg Bullinger. Bielefeld: W. Bertelsmann Verlag, 2000.

Goecke, Robert; Peter Pribilla; Ralf Reichwald: Digitales Dilemma, Manager Magazin Januar 1996, S. 170-176.

Schreyögg, Georg; Gudrun Hübl: Manager in Aktion: Ergebnisse einer Beobachtungsstudie in mittelständischen Unternehmen. Zeitschrift für Organisation zfo 2/1992, S. 82-89.

Jürgen Strauß
Der unfertige Arbeitskraftunternehmer

Die »Arbeitskraftunternehmer«-These (Voß/Pongratz 1998, Pongratz/Voß 2002) stellt ein anspruchsvolles und gängige Sichtweisen irritierendes Deutungsangebot für gesellschaftlich zentrale Tendenzen sowie für aktuelle Wandlungen von Orientierungs- und Handlungsmustern von Arbeitnehmern dar. Das Arbeitskraftunternehmer-Konzept hat über den engeren Bereich der industrie- und arbeitssoziologischen Diskussion hinaus bei Verbands- und Gewerkschaftsvertretern, Politikern und weiteren arbeits- und gesellschaftspolitisch wirkenden Akteuren eine bemerkenswerte Prominenz erlangt. Es ist ein Deutungsangebot, das eine Antwort auf verbreitete Orientierungsbedürfnisse zu geben scheint und zu kontroversen Reaktionsformen und Stellungnahmen herausfordert. Einer seltsam reibungs- und »bedenkenlosen« Übernahme auf dem einen entspricht eine heftige Abwehr und Kritik auf dem anderen Pol.

Wie kommt es zu der zunächst erstaunlichen Prominenz und zu der Eingängigkeit der Arbeitskraftunternehmer-These für die einen, zu ihrer Anstößigkeit für die anderen? Wir stellen fünf Ursachenbündel heraus, die zusammengenommen einen Teil der besonderen Wirksamkeit und Faszination der Arbeitskraftunternehmer-These aufhellen können. Sie beziehen sich darauf, dass (1) tiefgreifende Wandlungen, die Arbeitnehmer in ihrer Arbeit und in ihrem Leben erfahren, aufgegriffen und (2) in ihrer Bedeutung für Individuen interpretiert werden; dass diese Antwort (3) das eingefahrene Verständnis der Funktions- und Rollenteilung zwischen Arbeitnehmern und Unternehmern aufkündigt, (4) ein praktisch wirkendes Leitmodell beschreibt (und wie manche meinen, befördert) und (5) mit einem epochalen Anspruch auftritt.

(1) Die Deutung thematisiert als tief in die Persönlichkeit eingreifend erfahrene und analysierte Wandlungen der Arbeit.
Die Wandlungen, die sie in den letzten 20 Jahren in ihrer Arbeit, in Betrieben und auf dem Arbeitsmarkt erlebt haben, werden von vielen Betroffenen über Berufs- und Statusgruppen hinweg als tiefgreifend und als weitreichend erfahren. Diese Wandlungen betreffen die Inhalte, den zeitlichen Rhythmus, die Grenzen und den Stellenwert ihrer eigenen Arbeit im Betrieb und Unternehmen. Sie betreffen die Wechselwirkungen von Arbeit und Leben, die Stellung auf dem Arbeitsmarkt und die berufsbiografischen Perspektiven. Tiefgreifend heißt, dass in eingespielte Balancen von Persönlichkeit, Betrieb sowie Arbeit und Leben eingegrif-

fen wird, dass die Art und Weise, wie man sich »eingerichtet hatte«, nicht mehr funktioniert und den Betroffenen Anforderungen an grundlegend veränderte Fähigkeitsprofile und Verhaltensweisen entgegentreten.

Die einschlägigen Wissenschaften neigen dazu, solche Wandlungen auf den unterschiedlichsten Ebenen als Umbrüche bzw. als Konsequenzen von Umbrüchen zu interpretieren und zu analysieren, als Umbrüche der gesellschaftlichen Bewegungskräfte (prominent zur Zeit: »Wissen als Produktivkraft«), der Organisations- und Steuerungsformen (siehe besonders »Netzwerke«) oder auch – in unserem Zusammenhang besonders relevant – von Managementkonzepten und von Nutzungs- und Einsatzkonzepten von Arbeitskraft (z.b. »ganzheitlicher Zugriff auf die Arbeitskraft«, »Individualisierung von Arbeitsverhältnissen«).

Die Arbeitskraftunternehmer-These greift Umbrucherfahrungen und -analysen auf und konzentriert sich dabei auf neue Arbeitskraftmuster. Es geht ihr um die Analyse von neuen, expandierenden und potenziell als dominierend eingeschätzten Mustern der Nutzung und Verausgabung, aber auch der Bildung und Reproduktion des menschlichen Arbeitsvermögens und von Orientierungs- und Handlungsmustern, die sie begleiten. Diese werden als Selbst-Kontrolle, Selbst-Rationalisierung und Selbst-Ökonomisierung beschrieben, betonen also einen Individualisierungsschub.

Das Konzept stellt eine theoretisch fundierte Antwort auf die Frage dar, wie das alte »Transformationsproblem« der Umwandlung von Arbeitsvermögen in Arbeitsleistung (Berger/Offe 1984) unter den neuen Bedingungen »entgrenzter« und »vermarktlichter« Arbeit (Minssen 2000) gelöst werden kann und die Antwort lautet: durch eine neue Form der Verfasstheit von Arbeitskraft (indirekte Steuerung und Selbstkontrolle) und durch einen neuen Typ von Arbeitnehmer, der vormals unternehmerische (und auch staatliche) Aufgaben nun selbst übernimmt.

Wir können festhalten: verbreitete Erfahrungen und Analysen tiefgreifender Wandlungen (Umbrüche) von Arbeit werden aufgegriffen; es wird erfahrungsnah thematisiert, was mit uns in der Arbeit geschieht, warum das geschieht, welche Anforderungen an uns gestellt und welche Probleme damit aufgeworfen werden. Die Antwort ist zugleich grundsätzlich (»Lösung des Transformationsproblems«, »Verfasstheit der Arbeitskraft«, »Arbeitskraftmuster«) und bleibt doch erfahrungsnah.

Anstößig wird die Deutung zunächst dadurch, dass sie anscheinend keine ausreichend einleuchtende Antwort auf die berechtigte Frage gibt, ob das beschriebene und analysierte Neue im Umgang mit der Arbeitskraft wirklich so neu ist, oder nicht doch eher eine bloß graduelle Veränderung darstellt. Dass die eigene Arbeitskraft selbst kontrolliert, vermarktet und reproduziert werden müsse, so die Kritiker, sei doch ein grundlegendes Charakteristikum der kapitalistischen Gesellschaftsformation und nicht eben neu (z.B. Drexel und Kühl in diesem Band). Und damit sei es auch nicht legitim, einen neuen Typ von Arbeitskraft zu konstatieren bzw. zu kreieren. Bei dieser Auseinandersetzung geht es offensichtlich um eine unterschiedliche Akzentuierung von Kontinuität und Wandel und um die Frage, ob der Wandel so tiefgreifend (und epochal) ist, dass von einem grundlegend neuen Sozialtypus gesprochen werden kann und muss.

(2) Die Deutung ist subjektorientiert. Sie erlaubt es, von subjektiven Problemlagen auszugehen und zu ihnen zurückzukehren.
Die Prominenz und Eingängigkeit der Arbeitskraftunternehmer-These wird dadurch befördert, dass sie sich nicht auf die Sphäre der Arbeit im engeren Sinne beschränkt, sondern Fragen zu Arbeitsorientierungen und Arbeitsverhalten im Zusammenhang mit dem Verhältnis von Arbeit und Leben und der Arbeitsbiografie thematisiert. Der Eindruck entsteht:»Meine Sache wird verhandelt.« Man kann subjektive Problemlagen identifizieren und erhält im Lichte von strukturellen Erklärungen orientierende Antworten.

Die Autoren der Arbeitskraftunternehmer-These verorten sich in der Tradition einer subjektorientierten Soziologie, die sich nicht als eigenständiger Theorieansatz, vielmehr als Forschungsperspektive versteht (Bolte/Treutner 1983, Voß/ Pongratz 1997). Im Mittelpunkt dieser Soziologie steht die Frage nach der wechselseitigen Vermittlung von Individuum und Gesellschaft und die Thematisierung von entsprechenden »Verbindungsstellen« (Bolte).

Die beschriebenen Arbeitskraftmuster, d.h. die Formen, in denen das Arbeitsvermögen verausgabt und genutzt, aber auch gebildet und wiederhergestellt wird, stellen nach unserem Verständnis solch eine grundlegende und zentrale Verbindungsstelle von Individuen und Gesellschaft dar. Sie sind Ergebnis von politischen und sozialen Regulierungen und von individuellen und kollektiven Handlungsmustern. Man kann (und muss) sie als Struktur betrachten, aber auch stärker subjekt- und handlungsorientiert als Ergebnis von Auseinandersetzungen in Arenen, z.B. in Tarifauseinandersetzungen, in politischen Verhandlungen, in Aushandlungsprozessen in Familien usw. In all diesen Arenen prallen Zwänge, unterschiedliche Interessen, Normen und der Eigensinn von Individuen aufeinander.

Die Auseinandersetzung über Arbeitskraftmuster, die ja vor unseren Augen abläuft (siehe z.B. die Empfehlungen der Hartz-Kommission und die gesellschaftliche Auseinandersetzung darüber) und die Strukturen und Gestalt künftiger »Arbeitskraftunternehmer« mitformt, hat nach unserem Eindruck keinen *systematischen* Stellenwert in der Deutung. Der »Arbeitskraftunternehmer« scheint in seinen Grundzügen »fertig« zu sein. Entsprechend finden sich die Subjekte – paradoxerweise im Rahmen einer subjektorientierten Perspektive – als potenzielle individuelle und kollektive Akteure und Mit-Gestalter der Grundzüge ihres Arbeitsvermögens nicht wieder oder doch »allein auf weiter Flur«, sie können nicht mehr als Gestalter, nur noch als Betroffene handeln. Dass an dieser Konstruktion, wenn sie denn zutrifft, Anstoß genommen wird, liegt auf der Hand.

(3) Der Unternehmerbegriff bündelt Motive von Handlungsautonomie, Eigenverantwortung und Motive von marktangepasster Rentabilitätskalkulation zu einer spannungsreichen und widersprüchlichen Sozialfigur (ohne dass sie als solche interpretiert wird).
Die Attraktion und Anstößigkeit der Arbeitskraftunternehmer-These beruht zu einem guten Teil auf dem überraschenden Perspektivwechsel, der mit der Titulierung von Arbeitnehmern als Unternehmer, wenn auch »bloß« ihrer Arbeitskraft, verbunden ist. Sich selbst konsequent als Unternehmer oder doch Mit- Unternehmer zu verstehen, stellt in der Tat für die meisten Arbeitnehmer eine Umwälzung ihrer Sichtweisen und Orientierungen dar. Dies gilt in besonderem Maße für gewerkschaftlich orientierte Arbeitnehmer, für die diese Titulierung einer Provokation gleichkommen kann, da der Unternehmerbegriff ja als »Charaktermaske des Kapitals«, oder doch als betrieblicher und gesellschaftlicher Gegenpart und als Kontrahent belegt zu sein scheint. Co-Management auf *betrieblicher Ebene* mag ja mittlerweile angehen. Aber Mit-Unternehmer im Betrieb und Selbst-Unternehmer der eigenen Arbeitskraft auf *individueller Ebene*, das verwischt die grundlegenden Interessengegensätze und »geht zu weit«. Was »konfliktorische Kooperation« in industriellen Beziehungen auf betrieblicher und gesellschaftlicher Ebene heißt, wissen wir inzwischen. »Konfliktorische Kooperation« auf individueller Ebene zwischen unterschiedlichen Unternehmer-Typen ist ein weithin unbeschriebenes Blatt.

Gleichzeitig scheint diese Titulierung gar nicht so abwegig zu sein, da für Unternehmer und unternehmerisches Handeln anscheinend charakteristische Züge wie z.B. ein häufiger Umgang mit Entscheidungssituationen, ein kunden-, projekt- und auftragsbezogenes Denken, Anforderungen an Organisationsleistungen, Eigeninitiative und Eigenverantwortung und dies alles verbunden mit kosten- und ertragsbewusstem wirtschaftlichem Denken und Handeln, mit Selbstmanagement und Selbstmarketing zum Erfahrungsbereich einer wachsenden Zahl von Arbeitnehmern, weit über den Medien- und IT-Bereich hinaus, gehören (zu möglichen Verarbeitungen dieser Erfahrungen, s. Wagner 2000: 141ff.).

Auch der Widerspruch, der in dem Versprechen von Entscheidungs- und Handlungsautonomie einerseits und permanentem Marktdruck und dauerndem Schielen darauf, dass sich alles »rechnet«, andererseits liegt, gehört ebenfalls zum Erfahrungsbereich von vielen Arbeitnehmern.

Die Unternehmermetapher scheint mit ihrer Bündelung von Motiven aus den Bereichen Handlungsautonomie/Eigenverantwortung, Risikobereitschaft, Markt-Cleverness und wirtschaftlichem Erfolgsversprechen noch nicht »verbraucht« zu sein. Dies gilt erst recht für einen »klassenneutralen« Begriff des »unternehmerischen Handelns«, der die Planung und Verfolgung von Projekten unter unsicheren Bedingungen mithilfe von Eigeninitiative, Organisations- und Managementkompetenz, Blick für Gelegenheitsstrukturen und Geschick im Umgang mit Unwägbarkeiten bezeichnet. Als »neutral« bezeichnen wir diesen Begriff insofern, als er nicht an kapitalistische Verwertung und an kapitalistisch handelnde Unternehmer gebunden ist.

Arbeitnehmer sind in der Regel realistisch genug zu sehen, dass unternehmerisches Handeln und Unternehmertum an Ressourcen, an Rückhalt und an Sicherheiten gebunden ist, mit anderen Worten an ökonomisches, soziales und kulturelles Kapital in unterschiedlicher Gewichtung (Bourdieu). Sie haben hinreichend Gelegenheiten, Erfahrungen zu machen, dass von ihnen gefordertes unternehmerisches Handeln im Betrieb bei zu knappen Ressourcen (an Zeit, Personal, Einfluss usw.), bei fehlenden verbindlichen Regelungen und bei fehlender Ausbildung für ihre Rolle als Mit-Unternehmer und Arbeitskraftunternehmer auf Kosten ihrer Gesundheit und Lebensqualität geht. Als Unternehmer ihrer selbst fehlt es ihnen häufig an allen Ecken und Enden an Orientierung, an Beratung, an sozialen Netzwerken, an Geld und an sozialer Absicherung.

Der Unternehmerbegriff, wie er in der Arbeitskraftunternehmer-These eingeführt wird, thematisiert solche Konfliktlinien und Widersprüchlichkeiten (s. den Beitrag von Pongratz in diesem Band). Er bleibt für viele höchst anstößig, weil die Auflösung der antagonistisch definierten Funktions- und Rollenverteilung zwischen Arbeitnehmer und Unternehmer als Verwischung von sozialen Rechten und Pflichten, als Vermengung von Interessen und als »Identifikation mit dem Angreifer« verstanden wird. Eine andere Kritik richtet sich nicht gegen die Arbeitskraftunternehmer-These »als solche«, vielmehr darauf, dass die beschriebenen Grundzüge nicht haltbar sind, weil sie keine Antwort auf die Frage geben: Wie können die eingeräumten Konfliktlinien und Widersprüchlichkeiten – jedenfalls partiell und für bestimmte Zeiträume – so befriedet werden, dass Arbeitskraftunternehmer als *glaubwürdige Sozialfiguren* mit *persönlicher Balance, betrieblicher Funktionalität* (kritisch dazu: Kühl 2000), *sozialer Stabilität* und einem Minimum an *biografischer Kontinuität* »dastehen« (siehe generell der Beitrag von Kruse in diesem Band und Beiträge in: Holtgrewe u.a. 2000)? An der in dieser Hinsicht noch mangelnden Realitätsnähe des »Arbeitskraftunternehmers« wird Anstoß genommen.

(4) Die Arbeitskraftunternehmer-These changiert zwischen der idealtypischen Beschreibung von»Realitäten« und der Beschreibung von Leitbildern.
Wir vermuten, dass ein Teil der Attraktivität des Arbeitskraftunternehmer-Konzepts darin besteht, dass es sowohl als idealtypische Beschreibung von aktuellen und zukünftigen Realitäten auftritt, als auch als Beschreibung von Leitbildern und Leitmodellen. Beides steht in einem Wechselverhältnis zueinander, aber nicht unbedingt im Sinne wechselseitiger Verstärkung. Es kann auch eine wechselseitige Schwächung sein (s.u.). Die Ausbreitung des Arbeitskraftunternehmers kann durch die »normative Kraft des Faktischen« die Wirkung eines Leitbildes entfalten und damit die weitere Ausbreitung als Realität befördern. Andererseits kann auch das Leitbild ohne vorgängige Realitätsentsprechung im Sinne einer sich selbst erfüllenden Prophezeiung der Realität auf die Sprünge helfen (Näheres dazu im Beitrag von Faust in diesem Band). Wir wollen hier »Realitäten« und Leitbilder unterscheiden in dem Sinne, dass bei sozialen Realitäten sich das Ist dem Soll stark angenähert hat (oder auch umgekehrt), und bei Leitbildern die Entfernung zwischen beidem doch beträchtlich ist.

Wenn wir der Arbeitskraftunternehmer-These, so wie sie entwickelt wurde, zustimmen, stimmen wir beiden Interpretationen zu. Das ist zwar praktisch, weil wir dann je nach Bedarf ihren Realitätsgehalt und ihren normativen Charakter herausstellen können, aber die Spannungen und Widersprüche, die zwischen Ist und Soll bestehen, zwischen realen Entwicklungen und normativen Erwartungen, kriegen wir dann nicht mehr in den Griff.

Leitbilder können durchaus eine Tendenz zur Ausblendung von Widersprüchen, zu Überzeichungen, Idealisierungen und zu ideologischem Blendwerk haben. Die Reaktion derer, denen Leitbilder zugemutet werden, braucht nicht freundlich auszufallen; das mag sogar zur Destruktion solcher Modelle führen (das kann aktuell dem Leitbild Ich-AG aufgrund seiner »Überreizung« im Rahmen der Hartz-Vorschläge passieren). Ihr jeweiliges Verhältnis zur Realität ist also durchaus eine Untersuchung wert.

Wir müssen uns also schon Fragen nach den komplexen und spannungsreichen Beziehungen zwischen Realität und Modellen und auch nach der möglichen ideologischen Funktion von Leitbildern stellen. Wenn diese Fragen keinen größeren Stellenwert haben, kann das Anstoß erregen (siehe die Beiträge von Drexel und Faust in diesem Band).

Wenn Deutungen wie die Arbeitskraftunternehmer-These als wissenschaftliche Belege, als Rechtfertigungen und manchmal auch als Wurfgeschosse in den gesellschaftlichen und politischen Meinungsstreit geraten, kann es passieren, dass das kritisch gedachte Analyse-Konzept Arbeitskraftunternehmer schlicht in eine Reihe mit der als widerspruchsfrei propagierten Ich-AG und Selbst-GmbH gesetzt und als Propagandainstrument missbraucht wird. Als Indoktrinations- und Propagandainstrumente verstehen wir die Leitbilder von Ich-AG und Selbst-GmbH, jedenfalls dann, wenn sie den Individuen die Bringschuld für ihr »unternehmerisches Schicksal« im Rahmen eines neoliberalen Politikkonzeptes zuschieben.

Zu erkennen sind solche Verwendungen daran, dass sie im Gestus einer Mischung von Heilsbotschaft (»Wer sein Arbeitsleben mutig und unternehmerisch selbst in die Hand nimmt, dem wird vieles gelingen«) und Drohgebärde (»Wer weiter in seiner ›Anspruchshaltung‹ verharrt, dem ist nicht mehr zu helfen«) auftreten. Die fast hymnische Ermutigung zu Eigenverantwortung der Individuen ist also hier eng an die Drohung der Aufkündigung von Wechselseitigkeit, von Schutz und Hilfe gekoppelt.

(5) Der Erklärungsanspruch ist epochal.
Die mutig zupackende epochale Typenbildung von Proletarier, Arbeitnehmer und Arbeitskraftunternehmer (zur Kritik siehe die Beiträge von Faust und Drexel in diesem Band) erregt gerade durch ihre – von den Autoren allerdings zunehmend revidierte – Übervereinfachung und ihren epochalen Anspruch Aufsehen.

Entscheidend ist und wird sein, welche Rolle im Hinblick auf die Typenbildung empirischen Studien zukommt. Können bei diesem epochalen Anspruch Untersuchungen wie die über Arbeiter und Angestellte in Gruppen- und Projektarbeit (Pongratz/Voß 2002) mehr leisten, als Aufschlüsse über die Verbreitung der Typen und ihre Mischung zu geben? Können sie auch zu ihrer Revision beitragen? Ist z.B. eine Interpretation erlaubt, dass die angenommene durchgehende unternehmerische Haltung in Arbeit und Leben sich als unrealistisch, weil nicht lebbar, erweist? Und kann daraus die Konsequenz eines anderen Modells des Arbeitskraftunternehmers gezogen werden, d.h. einer Revision bzw. einer anderen Strukturierung seiner zentralen Merkmale (siehe den Beitrag von Faust in diesem Band)?

Wir würden es vorziehen, wenn der hypothetische Charakter der Typenbildung, ihre empirische Offenheit und – wie wir oben betont haben – ihre politische Gestaltbarkeit (noch) stärker betont würden.

Schlussfolgerungen
Die Hinweise auf einige Charakteristika der ArbeitskraftunternehmerThese sollten deutlich machen, wie eng bei ihr eine notwendige und vorwärtsweisende Interpretation von grundlegenden und tiefgreifenden Veränderungen von Leitmodellen für Arbeit mit einer Reihe von Defiziten zusammenfällt, deren schwerwiegendstes u.E. in der »fertigen« statt in der theoretisch, empirisch und handlungs-offenen Konstruktion der Grundzüge des Modells besteht.

Eine Leistung des Konzepts besteht, wie die Mehrzahl der Beiträge dieses Bandes zeigt, in der Bündelung grundlegender Tendenzen der Veränderung von Arbeit zu einem auch theoretisch angebundenen Leitbild von Arbeit, das in vieler Hinsicht realitätshaltig ist und da, wo es das nicht zu sein scheint, jedenfalls weiterführende Kontroversen ermöglicht. Schranken der produktiven Rezeption jenseits von »bedenkenloser« Übernahme und »strenger« Ablehnung bestehen zum einen in der strikten Weigerung, den Unternehmer-Begriff und den Begriff unternehmerischen Handelns für Arbeitnehmer zu akzeptieren und ihn auch positiv zu konnotieren. Da hilft nur eine im Zusammenhang mit dem Konzept bisher nicht ausreichend geleistete Begriffs-, Sozial- und Ideologiegeschichte, die sich mit dem Wandel von Unternehmer-Typen, Sozialfiguren, Leitbildern und und von als unternehmerisch verstandenen Handlungsmustern beschäftigt. Mit der Übernahme des Unternehmer-Begriffs für Arbeitnehmer, so besteht ja der Verdacht, lässt man sich unweigerlich auf eine ideologische Konstruktion ein, die die Wirklichkeit und die Möglichkeiten von Arbeitnehmern verschleiert (s.o.). Wir sind nicht dieser Meinung, sondern plädieren für eine offensive Aufnahme und arbeitnehmerfreundliche Wendung des Begriffs, die sich auf eine »neutrale« Fassung von unternehmerischem Handeln (s.o.) stützt und nach der Devise »Wenn schon, denn schon!« die Ressourcen – Regelungen, Absicherungen, Qualifikationen usw. – einfordert, die dafür erforderlich sind, dass Arbeitnehmer mit Erfolg unternehmerisch handeln können. Anknüpfungspunkte gibt es ja in der bisherigen Beschreibung und Analyse von Widersprüchlichkeiten und Konfliktlinien des (versuchten) unternehmerischen Handelns von Arbeitnehmern genug. Auf diesem Weg könnte sich das Leitbild Arbeitskraftunternehmer möglicherweise gar zu einem positiven Leitmodell entwickeln.

Unter der vorgeschlagenen größeren Offenheit des Konzeptes verstehen wir eine theoretische Entwicklungsfähigkeit, eine empirische Revidierbarkeit und die Berücksichtigung eines Korridors für alternative Ausprägungen als Folge von Akteurshandeln und Handlungskonstellationen, in deren Rahmen Gewerkschaften, die dabei sind, sich aus der Milieufalle ihres traditionellen Klientels zu lösen (siehe den Beitrag von Lang in diesem Band) nach wie vor einen nicht zu unterschätzenden Einfluss haben können.

Die theoretische Offenheit beträfe vor allem die Weiterentwicklung von Arbeitskrafttypen zu Sozialfiguren. Damit ist gemeint, dass von »lebensfähigen«, in sozialen Austausch- und Anerkennungsbeziehungen stehenden Sozialfiguren ausgegangen wird. Solche, lange Zeit lebensfähige Sozialfiguren waren in Deutschland die Facharbeiter, deren Analyse nicht nur als Arbeitskraft-, sondern auch als Sozialtypen so gut entwickelt war (siehe den Beitrag von Kruse in diesem Band), dass die Konstruktion neuer Arbeitnehmertypen daran anknüpfen kann. Die Sichtweise auf Sozialfiguren, ihre persönliche Balance, ihre betriebliche und gesellschaftliche Stellung ist fruchtbar auch zur Rekonstruktion und aktuellen Untersuchung von neuen Unternehmertypen und -leitbildern (Beispielhaft für leitende Angestellte: Kotthoff 1997).

Empirische Offenheit würde bedeuten, dass das Konstrukt konsequent unternehmerischen Handelns in Arbeit und Leben, also die Annahme einer Durchstrukturiertheit des Arbeitslebens nach Kriterien von instrumenteller Rationalität und marktgerechter Rentabilität grundsätzlich zur Disposition gestellt würde: es kann (und wird, wie sich abzeichnet, siehe Pongratz/Voß 2002) auch falsifiziert werden. Dann handelt es sich nicht um eine überraschende Abweichung, sondern um eine willkommene Korrektur der hypothetischen Konstruktion des Arbeitskraftunternehmers.

Handlungs-Offenheit schließlich würde systematisch berücksichtigen, dass neue Leitmodelle von Arbeit in ihrem Entwicklungsstadium umkämpft sind, d.h. von Akteursgruppen in vielfältigen – auch ideologischen – Auseinandersetzungen geformt werden und dass sie grundsätzlich als Kompromiss zwischen unterschiedlichen Interessen »anerkannt« werden müssen (Holtgrewe 2000). Wir wissen, dass Arbeitskraftunternehmer in der von Pongratz und Voß modellierten Form in dieser Hinsicht noch lange nicht »fertig« sind. Das lässt uns hoffen.

Literatur

Asendorf-Krings, Inge, Drexel, Ingrid, Nuber, Christoph (1976): Reproduktionsvermögen und die Interessen von Kapital und Arbeit. In: ISF München (Hrsg.): Betrieb – Arbeitsmarkt – Qualifikation I, Frankfurt a.M.

Baethge, Martin (1999): Subjektivität als Ideologie. Von der Entfremdung in der Arbeit zur Entfremdung auf dem Arbeitsmarkt. In: Schmidt, Gerd (Hrsg.): Kein Ende der Arbeitsgesellschaft. Arbeit, Gesellschaft und Subjekt im Globalisierungsprozess, Berlin.

Berger, Johannes, Offe, Claus (1984): Die Zukunft des Arbeitsmarktes. Zur Ergänzungsbedürftigkeit eines versagenden Allokationsprinzips. In: Offe, Claus: Arbeitsgesellschaft. Strukturprobleme und Zukunftsperspektiven, Frankfurt a.M./New York.

Bolte, Karl Martin, Treutner, Erhard (Hrsg.) (1983): Subjektorientierte Arbeits- und Berufssoziologie, Frankfurt a.M./New York.

Bridges, William (1996): Ich & Co. Wie man sich auf dem neuen Arbeitsmarkt behauptet, Hamburg .

Deutschmann, Christoph (2001): Die Gesellschaftskritik der Industriesoziologie – ein Anachronismus? In: Leviathan, Jg. 29, S. 58-69.

Deutschmann, Christoph (2002): Postindustrielle Industriesoziologie. Theoretische Grundlagen, Arbeitsverhältnisse und soziale Identitäten, Weinheim und München.

Holtgrewe, Ursula, Voswinkel, Stephan, Wagner, Gabriele (Hrsg.) (2000), Anerkennung und Arbeit, Konstanz.

Kotthoff, Hermann (1997): Führungskräfte im Wandel der Firmenkultur. Quasi-

Unternehmer oder Arbeitnehmer, Berlin.

Kühl, Stefan (2000): Grenzen der Vermarktlichung. Mythen um unternehmerisch handelnde Mitarbeiter. In: WSI-Mitteilungen, Jg. 53, S. 818-828.

Kurtz, Thomas (Hrsg.) (2001) : Aspekte des Berufs in der Moderne, Opladen.

Minssen, Heiner (Hrsg.) (2000): Begrenzte Entgrenzungen. Wandlungen von Organisation und Arbeit, Berlin.

Pongratz, Hans J., Voß, G. Günter (2002): Arbeiterinnen und Angestellte als Arbeitskraftunternehmer? Erwerbsorientierungen in entgrenzten Arbeitsformen. Forschungsbericht an die Hans-Böckler-Stiftung, München und Chemnitz.

Pross, Helge (1966): Unternehmer (Manager). In: Evangelisches Staatslexikon, herausgegeben von Hermann Kunst und Siegfried Grundmann, Stuttgart/Berlin.

Schumann, Michael, (1999): Das Lohnarbeiterbewusstsein des »Arbeitskraftunternehmers«. In: SOFI-Mitteilungen, Jg. 27. S. 59-63.

Voß, G. Günter, Pongratz, Hans J. (Hrsg.) (1997): Subjektorientierte Soziologie. Karl Martin Bolte zum siebzigsten Geburtstag, Opladen.

Voß, G. Günter, Pongratz, Hans J. (1998): Der Arbeitskraftunternehmer. Eine neue Grundform der Ware Arbeitskraft. In: Kölner Zeitschrift für Soziologie und Sozialpsychologie, Jg. 50, S. 131-158.

Wagner, Gabriele (2000): Berufsbiographische Aktualisierung von Anerkennungsverhältnissen. Identität zwischen Perspektivität und Patchwork. In: Holtgrewe u.a., a.a.O.

Wolf, Harald (2001): Prokrustes-Revolutionen und das Gespenst der Autonomie. Über den »neuen Geist des Kapitalismus« und seine Widersprüche. In: Express – Zeitung für sozialistische Betriebs- und Gewerkschaftsarbeit, Heft 3.

Michael Faust
Der »Arbeitskraftunternehmer« – eine Leitidee auf dem ungewissen Weg der Verwirklichung

1. Der Arbeitskraftunternehmer – eine treffende Chiffre für den aktuellen Wandel?

Günther Voß und Hans Pongratz ist mit ihrem Aufsatz aus dem Jahr 1998, »Der Arbeitskraftunternehmer. Eine neue Grundform der Ware Arbeitskraft?«, ein bedeutender Beitrag zur Zeitdiagnose und zur »Zukunft der Arbeit« gelungen. Er ist nicht nur Bezugspunkt der innerwissenschaftlichen Debatte, einer der meistzitierten Aufsätze in der Arbeits- und Industriesoziologie, sondern vermehrt auch der weiteren politischen Öffentlichkeit. So verwundert es nicht, dass auch die Gewerkschaften bei der Klärung der Frage, woran sich die Neuordnung von Berufen orientieren soll, nicht an dem Interpretationsangebot der beiden Autoren vorbeikommen. Der intuitive Charme des Interpretationsangebots, das relevante Aspekte des aktuellen Wandels thematisiert, speist sich aus drei verschiedenen Quellen:

■ Seit einigen Jahren zu beobachtende Veränderungen der Organisation der Arbeit und von Beschäftigungsverhältnissen, die unter der Überschrift von Flexibilisierung und »Entgrenzung« von Arbeit beschrieben werden, gehen mit »erweiterten Erfordernissen an eine ›Selbstorganisation‹ der Beschäftigten« (Pongratz/Voß 2002: 16) einher, die auf deren Seite »Selbst-Kontrolle«(ebd. 35) der Arbeit ermöglicht und erwartet.

■ Insbesondere in der zweiten Hälfte der 90er Jahre häufen sich Befunde, dass eine wachsende Zahl von Erwerbspersonen sich das im Zuge dieses Wandels formulierte Anforderungsprofil zu eigen machen, es dabei nicht nur als Mittel der verkaufsträchtigen Selbstbeschreibung nutzen, sondern vielfach auch ihr Verhalten am Arbeitsmarkt und ihre Lebensführung daran ausrichten. Man findet diese unter Führungskräften (Faust u.a. 2000), unter angestellten oder freiberuflich tätigen hochqualifizierten Expertenberufen, aber auch und gerade unter flexibel qualifizierten Neu- und Quereinsteigern in den (noch?) wenig beruflich strukturierten »neuen« Branchen und Tätigkeitsfeldern. Diesen Gruppen wird durch eine bevorzugte Berichterstattung in den Medien, die eine notorische Affinität zum »Neuen« haben, in besonderer Weise Aufmerksamkeit zuteil.

■ Berater verschiedener Couleur, Managementgurus wie der legendäre Amerikaner Tom Peters (»Ich-AG«) und der Deutsche Reinhard Sprenger (»Die Entscheidung liegt bei dir«, »Prinzip Selbstverantwortung« und »Aufstand des Individuums«, so die einschlägigen Titel seiner Bestseller), politiknahe Expertengremien wie die Bayrisch-Sächsische Zukunftskommission (»Der Mensch als Unternehmer seiner Arbeitskraft und Daseinsvorsorge«) und führende Personalmanager großer deutscher Unternehmen (»Selbst-GmbH«) propagieren in Variationen ein Leitbild, das über die einschlägigen Medien wirksam verbreitet und gestärkt wurde.

Dessen normativer und kognitiver Gehalt stimmt (nicht zufällig) mit dem Arbeitskrafttypus des »Arbeitskraftunternehmers« überein. Die Typenbildung der Autoren kann den Einfluss eines kulturellen Klimas nicht verleugnen, in dem die »unternehmerische Kultur« und das »unternehmerische Selbst« gefeiert wird. (vgl. Wagner 1995, S.241ff).[1] Trotz der unbestreitbaren Anregungsqualität der These vom Arbeitskraftunternehmer bleibt die These selbst in der wissenschaftlichen Debatte kontrovers. Ich will im Folgenden knapp einige zentrale Einwände gegen die These vom Arbeitskraftunternehmer formulieren.[2] Sie beziehen sich vor allem auf die Konstruktionsprinzipien der Typologie, auf die unterstellte historische Abfolge von Arbeitskrafttypen und die darin enthaltene starke Prognose. Ich beziehe mich dabei auf die ursprünglich formulierte These (Voß/Pongratz 1998). Die Modifikationen der These, die die Autoren auf der Grundlage ihrer empirischen Überprüfung vorschlagen (Pongratz/Voß 2002), heilen meines Erachtens die Grundprobleme des ursprünglichen Ansatzes nicht. Im 3. Teil schlage ich dann eine alternative Deutung der Befunde vor, auf die sich die These stützt. Diese hat neben anderen den Vorteil, dass sie den Blick für politische Alternativen wieder öffnet. Der »Arbeitskraftunternehmer« ist nicht der Endpunkt einer unvermeidlichen Entwicklung moderner, kapitalistischer Gesellschaften.

---

[1] Voß/Pongratz sind hierbei selbst nicht eindeutig. In der Hauptsache sprechen sie von einem »Idealtypus«, verstanden als Analyseinstrument. Empirische Untersuchungen können dann überprüfen, in welchem Ausmaß bislang strukturelle Veränderungen von Arbeit und subjektive Bezugnahme darauf mit dem Typus »Arbeitskraftunternehmer« in Einklang stehen. Für die beabsichtigte Prognose verfahren sie aber zumindest in den neueren Veröffentlichungen (2002: 23) zweigleisig. »Über den Bereich der unmittelbaren Umsetzung hinaus« erfahre der Arbeitskraftunternehmer-Typus »langfristig vor allem dadurch besondere Bedeutung (...), dass er als normativer Leittypus für die Veränderung von Arbeits- und Erwerbsbedingungen wirksam wird.«

[2] Durch die Konzentration auf die kritischen Punkte geht unvermeidlich vieles von dem unter, was ich (neben dem Verdienst, eine Schneise für eine Debatte geschlagen zu haben) an der Arbeit der beiden Autoren schätze, namentlich die materialreiche und über weite Strecken sensibel interpretierte Empirie. Diese Vereinseitigung mögen sie mir verzeihen.

1. Zur Kritik der These vom »Arbeitskraftunternehmer«

Die Diagnose über das Aufkommen eines neuen Typus von Arbeitskraft, des »Arbeitskraftunternehmers«, und die Prognose seiner zukünftigen weiteren Verbreitung bis hin zur dominanten Form, die Voß und Pongratz vorgelegt haben, zu würdigen, erweist sich als schwierig (siehe auch Drexel in diesem Band). Das liegt meines Erachtens weniger an der immer riskanten und unvermeidlich strittigen Prognoseaussage, zu der die Autoren den Mut aufbringen. Es liegt vielmehr an den Konstruktionsprinzipien der Typenbildung, mit der sie operieren. Die Typenbildung ist nach meiner Ansicht zu kompakt. Dies bezieht sich auf die folgenden drei Aspekte:

1) Die Typologie zieht in einem Begriff die »objektive« Seite der Veränderung von Handlungsmöglichkeiten, -zwängen und -beschränkungen *und* die subjektive Seite der Arbeits- bzw. Berufs- oder Erwerbsorientierungen zusammen. Die subjektive Seite der Typenbildung thematisiert »individuelle Deutungen, Interessen und Strategien« (Pongratz/Voß 2002: 7).

2) Auf beiden Seiten der Medaille werden kompakte Bündel abgehandelt. Unter den Handlungsmöglichkeiten und -beschränkungen werden Veränderungen betrieblicher Arbeitsstrukturen und Steuerungsformen von Arbeitskraft (»Transformationsproblem«), der normativ formulierten Anforderungen bzw. Erwartungen an die Beschäftigten von Seiten des Managements, der Art der Beschäftigungsverhältnisse, der Arbeitszeit- und Entlohnungspolitik von Unternehmen ebenso rubriziert wie Veränderungen der institutionellen Regelungen der Erwerbsarbeit (Tarif-, Bildungs- Arbeitsmarktpolitik, Kündigungsschutz etc.) – all das, was üblicherweise unter Regulierung oder Deregulierung von Arbeit und Arbeitsmarkt zur Sprache kommt. Die subjektive Seite der Deutungen, Interessen und Strategien bezieht sich sowohl auf Ansprüche und Erwartungen an bzw. Fähigkeiten und Bereitschaft zu einer erweiterten »Selbst-Kontrolle« in der Arbeit, zu einer (erweiterten) »Selbst-Ökonomisierung« (»aktiv zweckgerichtete ›Produktion‹ und ›Vermarktung‹ der eigenen Fähigkeiten und Leistungen«) und zur »Selbst-Rationalisierung« (»Wachsende bewusste Durchorganisation von Alltag und Lebensverlauf und Tendenz zur Verbetrieblichung von Lebensführung«) (Pongratz/Voß 2002: 18).

3) Die solchermaßen kompakt formulierten Typen von Arbeitskraft werden als »phasenspezifische Schlüsselfiguren« Stufen industriell-kapitalistischer Entwicklung zugeordnet: der »verberuflichte Arbeitnehmer« dem Fordismus, der »Arbeitskraftunternehmer« dem »Post-Fordismus«.

Streng genommen setzt die kompakte Formulierung der Typen die Schwelle für die empirische Diagnose und die prognostische Abschätzung der Realisierung bzw. Verbreitung der Arbeitskrafttypen sehr hoch.

Es muss ja immer alles erfüllt sein: Veränderungen der Handlungsmöglichkeiten, -zwänge und -beschränkungen und der normativen Anforderungen bzw. Erwartungen genauso wie die individuelle Bereitschaft und Fähigkeit einer relevanten Anzahl von »Subjekten« sich darauf einzulassen und dies zugleich in allen drei Dimensionen des Arbeitskraftunternehmers (»Selbst-Kontrolle«, »Selbst-Ökonomisierung« und »Selbst-Rationalisierung«). Ferner müssen sich die empirischen Befunde auf der Zeitachse den zumindest grob identifizierbaren Formationen »Fordismus« oder »Postfordismus« zuordnen lassen. Tatsächlich erlaubt die Typenbildung aber den Autoren streckenweise eher eine flexible Beweisführung (immer trifft *etwas* zu), indem mal eher auf die eine, mal eher auf die andere Seite (objektiv-subjektiv), mal eher auf die eine, mal eher auf die andere Dimension des jeweiligen Typus abgehoben wird.

Wichtiger aber ist, dass die kompakte Formulierung der Typologie dazu führt, dass relevante Formen der Arbeitskraftnutzung und -reproduktion von vorneherein aus dem Blickfeld geraten. Dies erzeugt wiederum unnötiges Erstaunen bei der Interpretation der eigenen empirischen Befunde.

2.1 Unnötiges Erstaunen: den Zusammenhang von »Selbst-Kontrolle« und »Selbst-Ökonomisierung« anders denken

Die empirische Untersuchung der Erwerbsorientierungen von Arbeitnehmern in »partiell entgrenzten Arbeitsformen«, d.h. in Gruppen- und Projektarbeit (Pongratz/Voß 2002) führt vor Augen, dass es offenbar in vielen Fällen durchaus einen gewissen Gleichklang zwischen Angeboten des Managements zu erweiterter »Selbstorganisation« der Beschäftigten und der Erwerbsorientierung der »Leistungsoptimierung« geben kann, die die Autoren mit der Dimension der »Selbst-Kontrolle« des Arbeitskrafttyps Arbeitskraftunternehmer in Verbindung bringen. Bei Pongratz/Voß löst es aber wiederholtes Erstaunen aus, dass diese Haltung der »Leistungsoptimierung« in den überwiegenden Fällen mit einer »Absicherungsmentalität« konform geht, die in einem so eklatanten Widerspruch zu der eigentlich vom Arbeitskraftunternehmer geforderten »Selbst-Ökonomisierung« steht. Diese Absicherungsmentalität ruht zudem auf »relativ stabilen Überzeugungen« und ist keineswegs nur eine »lockere Anschauung« (S.168). Die befragten Arbeitnehmer sind »ganz auf die mit dem Normalarbeitsverhältnis verbundenen Sicherheitsvorstellungen ausgerichtet« (S.160). Kennzeichnend für ihre Untersuchungsgruppe sei gerade die »Selbstverständlichkeit, mit der auf berufliche, betriebliche und sozialpolitische Strukturen als dem maßgeblichen Sicherheitsnetz der eigenen Erwerbstätigkeit rekurriert wird« (S.150). Zurecht verweisen die Autoren darauf, dass dies »vor dem Hintergrund der Arbeitskraftunternehmer-These zunächst ein theoretisches Erklärungsproblem« aufwirft. Den Befragten, auf deren subjektive Deutungen es ankam, wird in der Folge (fast vorwurfsvoll) ein »geringer Grad der Selbst-Ökonomisierung« vorgehalten. Die »erstaunliche« Absicherungsmentalität (S.168) wird schon fast zu einer Charakterschwäche. Die sozialwissenschaftlichen Beobachter scheinen von ihren Probanden enttäuscht. In der Folge fragen sie dann nur nach »Möglichkeiten zur Verminderung der Disparität« zwischen Leistungsoptimierung und gering ausgeprägter Selbst-Ökonomisierung (S.169). Möglich scheint nur weniger Leistungsoptimierung bei konstanter Selbst-Ökonomisierung oder mehr Selbst-Ökonomisierung in Korrespondenz mit veränderten Leistungsorientierungen. Sie sind Gefangene ihrer Typologie. Auf die naheliegende Lösung, die Deutungen und Interessenabwägungen der Befragten ernst zu nehmen, kommen sie erst gar nicht.

Um die in der idealtypischen Konstruktion der Typen unterstellte Kongruenz der Dimensionen der »Selbst-Kontrolle« und der »Selbstökonomisierung« zu retten, deuten sie die festgestellte Inkongruenz in eine »Gleichzeitigkeit des Ungleichzeitigen« um, die in der dialektischen Denkfigur des Widerspruchs zwischen Produktivkräften und Produktionsverhältnissen aufgehoben ist. Aus der Inkongruenz wird dadurch ein »Noch-Nicht«. Die »Leistungsoptimierung« bzw. der Prozess der »Subjektivierung von Arbeit« wird zum »Moment einer aktuell sich vollziehenden Produktivkraftentwicklung«, während die »Absicherungsmentalität« als subjektive Verbundenheit mit dem Institutionengefüge von Normalarbeit als wesentlichem Element der herrschenden Produktionsverhältnisse« (194), dem »fordistischen Institutionengefüge«, interpretiert wird.

Das retardierende Element auf dem Weg in die post-fordistische Arbeitskraftunternehmer-Welt sind nun die Beschäftigten selbst, die zu einer grundlegenden Umorientierung nicht mehr willig oder fähig sind und gewissermaßen an ihrem »inneren Schweinehund« der Absicherungsmentalität verbissen festhalten. Die Hoffnung richtet sich dann auf die weitere Entfaltung der Dialektik, die irgendwann für die neuen Verhältnisse geeignete Mentalitäten auch in den anderen Dimensionen hervorbringen wird. Dabei wäre die Lockerung der betrieblichen, beruflichen und sozialpolitischen Stützkonzepte für die Vermarktung und Entwicklung der Arbeitskraft der sicherere Weg, die These der Autoren zu retten. Und dort, wo dies geschieht, werden die Beschäftigten so einiges an »Selbst-Ökonomisierung« lernen, wenn auch erzwungenermaßen. Aufgrund der »Absicherungsmentalität« werden sie den alten Regularien und partiellen Sicherheiten zumeist nachtrauern. Ob sie dann aber noch die eifrigen »Leistungsoptimierer« sein werden, ist mehr als fraglich.

Dass die »Absicherungsmentalität« als »Ausdruck einer kulturellen Distanz zu umfassenden Ansprüchen an die Ökonomisierung der eigenen Person« (S.202) eine vernünftige Haltung sein könnte, will den Autoren partout nicht in den Sinn kommen, obwohl die Befragten plausible Gründe dafür angeben konnten. Demgegenüber will ich an der prinzipiellen Klugheit der Befragten festhalten und eher die Konstruktion des Arbeitkrafttypus dafür opfern.

Grenzen der »Ökonomisierung der Person«

Dafür sprechen auch allgemeinere Einsichten. Ein funktionsfähiger Arbeitsmarkt setzt geradezu voraus, dass eine umfassende Ökonomisierung der Person unterbunden wird. Wegen der Nicht-Trennbarkeit der Ware Arbeitskraft von der Person, können Arbeitsmärkte nur entstehen, wenn die Arbeitskraft durch verschiedene Formen der »Dekommodifizierung« (der Einschränkung der Warenförmigkeit) (Esping-Andersen) erst marktfähig gemacht wird. Eine völlig kommodifizierte Arbeitskraft würde alle Markt«gesetze« außer Kraft setzen, denn sie würde bei sinkender Nachfrage und fallendem Preis (Lohn) paradoxerweise mit steigendem Angebot reagieren. Sie kann sich nicht einfach, wie andere Waren, beliebig verbilligen, um ein neues Marktgleichgewicht zu erzeugen, noch kann sie einfach »gelagert« werden und abwarten. Basale sozialpolitische Institutionen, Arbeitsschutzrechte und Kollektivverträge (Tarifverträge, Verbot der Kinderarbeit, Mutterschutz, Arbeitslosenunterstützung, Sozialhilfe, Lohnfortzahlung im Krankheitsfall, Berufs- und Erwerbsunfähigkeitrenten etc.) schränken die Kommodifizierung der Arbeitskraft ein und sichern darüber überhaupt erst eine gesellschaftliche Reproduktion von Arbeitskraft, jedenfalls dort, wo traditionale Quellen der Existenzsicherung ausfallen (vgl. Lutz 1984, Pries 1998). Die Produktion von Arbeitskräften jenseits von »roher« Jedermannsqualifikaktion setzt Zeit und damit und darüberhinaus Geld voraus und erfordert somit Entlastung von unmittelbaren Reproduktionszwängen. Zeit und Geld zu investieren, Anstrengungen zu unternehmen, die nicht beliebig und jederzeit wiederholbar sind, setzt Orientierung und Vertrauen voraus. Zu Berufen gebündelte Qualifikationen und an Berufen ausgerichtete, institutionalisierte Karrieremuster ermöglichen funktionsfähige Arbeitsmärkte, weil sie – jedenfalls in modernen, differenzierten Gesellschaften und jenseits von Jedermannstätigkeiten – überhaupt erst dauerhafte »Investitionen« in die Arbeitskraft ermöglichen, beiden Parteien auf dem Arbeitsmarkt Signale für Passung von Angebot und Nachfrage geben und darüber Transaktionskosten ersparen. Institutionen der Berufsausbildung und berufsfachliche Arbeitsmärkte ermöglichen den Unternehmen und Organisationen des Erwerbssystems überhaupt erst eine kontinuierliche Qualifikationsversorgung für eine hocharbeitsteilige und auf spezialisierte Kenntnisse und Fähigkeiten angewiesene Wirtschaft und Gesellschaft.

Dort, wo Arbeitsmärkte nicht berufsförmig ausgestaltet sind, bieten »interne Arbeitsmärkte« und organisationsbezogene institutionalisierte Karrieremuster, den Arbeitskräften Orientierungsmöglichkeiten, Lernorte und -zeiten. Ferner sichern die Organisationen die Existenz während der oft verstreuten und nicht formal abgegrenzten Lernphasen (vgl. Faust/ Holm 2001a,b). Historisch und im internationalen Vergleich kann man ganz unterschiedliche Grade der Kommodifizierung bzw. Dekommodifizierung der Arbeitskraft und ganz unterschiedliche Ausprägungen »erwerbsstrukturierender Institutionen« (Pries 1998) beobachten. So haben in Deutschland im Vergleich zu Japan berufsfachliche Arbeitsmärkte gegenüber »internen Arbeitsmärkten« ein viel größeres Gewicht und selbst die »internen Arbeitsmärkte«, vorrangig in großen Organisationen der Erwerbsarbeit, sind durch Berufe vorstrukturiert und zweitcodiert (vgl. näher hierzu Deutschmann 2002, S.144ff; Faust 2002a). Interne Arbeitsmärkte erhöhen die Abhängigkeit der Beschäftigten vom jeweiligen Beschäftiger, während umgekehrt die jeweiligen Arbeitgeber, die in die betriebsspezifische Ausbildung ihrer Arbeitskräfte investieren, durch die Zusicherung von Beschäftigungsstabilität, betriebsspezifisch institutionalisierte Karrierewege und Zuerkennung von Status und Zugehörigkeit zumindest für die Kernbelegschaften Anreize schaffen, die Investitionen in ihre Arbeitskraft dem jeweiligen Unternehmen langfristig zur Verfügung zu stellen. Auf beruflich qualifizierte Arbeitnehmer zurückgreifen zu können, verringert die Aufwendungen von Erwerbsorganisationen in die Qualifizierung ihres Personals, wenngleich sie dennoch Anstrengungen unternehmen, das auf beruflicher Qualifizierung aufbauende betriebs- und branchenspezifische Wissen und Können an die jeweilige Organisation zu binden. So spielen auch in berufsfachlichen Arbeitsmärkten betriebliche Karrieren eine strukturierende Rolle und die Organisationen sind bemüht, ihre Mitglieder, namentlich diejenigen mit kritischen Kompetenzen, mehr als nur formal »einzubinden«. Berufsfachlich qualifizierte Arbeitnehmer haben mehr Optionen bei der Vermarktung ihrer Arbeitskraft. Wenn sie den Markt sondieren und alternative Beschäftigungsmöglichkeiten prüfen, ließe sich dies auch als »Selbst-Ökonomisierung« charakterisieren, auch dann, wenn sie sich mit guten Gründen für ein Verbleiben entscheiden. Es handelt sich aber um eine durch Institutionen erst ermöglichte und abgestützte »Selbst-Ökonomisierung«, die dem »Arbeitskraftunternehmer« abgeht. Auch der als Vorgängertyp gekennzeichnete »verberuflichte Arbeitnehmer« müsste, wenn er denn einen Beruf hat, zu solcher »Selbst-Ökonomisierung« in der Lage sein, eigentlich besser als der berufslose »Arbeitskraftunternehmer«. Aber gerade dem »verberuflichten Arbeitnehmer« attestiert die Typologie (Voß/Pongratz 1998: 150) nur begrenzte Betriebswechsel.

»Selbst-Ökonomisierung« im Nirgendwo der Moden, Trends und Konjunkturen

Zweifellos haben die betrieblichen Reorganisationsprozesse der 90er Jahre einige der Sicherheitsversprechen erheblich gelockert. Beschäftigungssicherheit und Organisationsbindung wurde durch Outsourcing,

Verkauf und Zusammenschluss von Unternehmen und Unternehmens-
teilen und Eigentümerwechsel gelockert, Karrieren wurden entstandar-
disiert (vgl. Faust u.a. 1999, 2000), sodass der Wunsch, die Erwerbsorientierung »Leistungsoptimierung« im angestammten Unternehmen realisieren zu können, unwahrscheinlicher wird. Umso mehr gewinnen aber
betriebsübergreifend institutionalisierte Absicherungs- und Orientierungs-
systeme an Bedeutung. Warum in dieser Situation ausgerechnet der
»Arbeitskraftunternehmer«, der gerade durch Nicht-Beruflichkeit gekennzeichnet ist, als Identitätsangebot attraktiv sein soll, bleibt schleierhaft.
Aus betrieblichen Anerkennungsverhältnissen entlassen, ohne Orien-
tierungsmöglichkeit an organisationsbezogenen Karrieremustern und
zugleich ohne Orientierung durch überbetrieblich institutionalisierte Muster der Qualifikationsentwicklung und Karriere, kann der Arbeitkraftun-
ternehmer nur den riskanten Weg einschlagen, den wechselnden Kon-
junkturen, Moden und Trends zu folgen, die in immer kürzeren Abstän-
den »Zukunftsbranchen« und -tätigkeitsfelder hervorbringen und wieder
verschwinden lassen.[3] Er ist letztlich dazu verdammt, die Kunst der individuellen Selbstvermarktung zu pflegen, ein zynisches Maskenspiel, zu
dem zudem nur wenige bereit und fähig sind.[4] Zweifellos gibt es auch
hier »Erfolgsmenschen«, aber für eine allgemeinere Orientierung zur

---

[3] Hierfür reservieren die Autoren offenbar den Begriff des »subjektiven« oder »individuellen Berufs« (Voß/Pongratz 1998, S.150). Begrifflich ist das ein Widerspruch in
sich. Beruf kommt erst durch gesellschaftliche Standardisierung und Anerkennung
zustande. Wer »permanent individuell Fachfähigkeiten weiterentwickelt« (ebd.) qualifiziert sich sicherlich (weiter), hat aber keinen Beruf. Wer lernen will oder soll, braucht
nicht nur »Herausforderungen«, sondern auch Orientierung und Anreize. Das Individuum kann sich dabei auch ohne eigene Berufsausbildung informell an Berufen orientieren, dann bleibt es aber eine parasitäre Form, die Beruflichkeit voraussetzt. Es
kann sich an betrieblichen Aufgaben, Strukturen und Strategien orientieren, was aber
anerkannte Zugehörigkeit zu einer Erwerbsorganisation voraussetzt. Wenn sowohl
Beruf als auch Organisation als Orientierungskomplex ausfällt, bleiben Konjunktu-
ren, Moden, Trends, die ihre eigenen, schnell vergänglichen Bezeichnungen hervorbringen, die Beruflichkeit vorgeben. Was wurden nicht alles für »Berufsbezeichnun-
gen« in den so genannten Zukunftsbranchen generiert, die keine dauerhafte Signal-
wirkung erzeugen konnten. Aber für den Träger des »individuellen Berufs« ist dies
immer noch besser, als immer wieder die ganze vorberufliche und berufliche Lernbio-
grafie herbeten zu müssen, um für sein individualisiertes Qualifikationsprofil auch nur
rudimentäre Aufmerksamkeit erzeugen zu können. Er muss sich ja jenseits von »Hans
Mustermann« irgendwie bezeichnen oder seine Vermarktungsaktivitäten müssen sich
auf den ganz engen Kreis der persönlichen Netzwerke beschränken, denn auch in
einen internen Arbeitsmarkt ist er ja nicht mehr eingebunden. Reicht etwa zukünftig
die »Berufs«-Bezeichnung »Arbeitskraftunternehmer« mit Metaqualifikation?
[4] In der Managementfolklore gibt es hierfür schon den Begriff des »ego-branding«:
das »Ich« als unverwechselbare Marke. Aus der Marketingforschung ist allerdings
auch bekannt, dass mit dem Markenaufbau erhebliche einmalige und laufende Kosten

institutionellen Gestaltung der Arbeitsmärkte lässt sich daraus nichts gewinnen. Gewinnen werden allenfalls die Verfasser von entsprechenden Erfolgsfibeln und die Veranstalter solch fragwürdiger »Events«, auf denen einsame Erfolgssüchtige, angeleitet von den Höllers dieser Welt, in Massen zusammenströmen, um sich mit lauten Bekenntnissen und zwanghaft guter Laune als Erfolgsmenschen zu bestätigen.

Die Kehrseite: Das Interesse von Organisationen an der »Einbindung« ihrer Mitglieder

Die empirisch offenbar häufig vorkommende Erwerbsorientierung, bei der das Interesse an »Selbst-Kontrolle« in der Arbeit mit Sicherheitsansprüchen einhergeht, korrespondiert mit strategischen Optionen der Arbeitskraftnutzung durch Organisationen. Die zweifellos zu beobachtenden Tendenzen der Reorganisationsprozesse der 90er Jahre, die sich als eine Lockerung von Sicherheitsversprechen oder das Aufkündigen der bisher gültigen »impliziten Verträge« (vgl. Kotthoff 1997; Faust u.a. 2000, Faust 2002a) beschreiben lassen, können nicht umstandslos verallgemeinert und in die Zukunft hinein verlängert werden. In jüngerer Zeit werden schon vermehrt wieder die Kehrseiten der beschriebenen Entwicklung thematisiert. Unternehmen entdecken, dass die vielbeschworene »Selbst-GmbH« die »beschränkte Haftung« ausdrücklich schon im Namen führte. So wird darauf hingewiesen, dass die auf »Selbstverantwortung« setzenden Arbeits- und Organisationsformen einen wachsenden »Vertrauensbedarf« erzeugen, der im Widerspruch zur Lockerung des Sicherheitsversprechens durch die Aufkündigung des impliziten Vertrags steht (vgl. Seifert/Pawlowski 1998; Gray 2000). Das Thema »Personalbindung« wird im »personalpolitischen Pendelschlag« wiederbelebt (Gmür/Klimecki 2001). In diesem »personalpolitischen Pendelschlag« werden allgemeinere Probleme der Bindung von Mitgliedern an Organisationen (Türk 1978) bzw. der Sicherung von Kooperationsbereitschaft thematisiert, die sich beim »Transformationsproblem« von Arbeitsvermögen in Arbeit auf der Grundlage der Unvollständigkeit des Arbeitsvertrages stellen (vgl. Deutschmann 2002: 177f). Generell gilt nämlich: »Je komplexer und qualifizierter die geforderte Arbeit, desto mehr ist der Unternehmer auf eine loyale Selbstkontrolle der Beschäftigten angewiesen, die sich nicht in formalen Anweisungen fassen lässt« (ebd.: 97). Diese Loyalität kann nicht umstandslos vorausgesetzt werden.

---

verbunden sind, dass Märkte nicht beliebig viele Marken vertragen und somit den Rest der Waren bzw. Anbieter zu »no-name«-Produkten oder relativ machtlosen »Zulieferern« machen.

2.2 Beruf, berufliche Arbeitsmärkte und Karrieren als Form der Integration von Erwerbswirtschaft und »Subjekten« weiterhin ernst nehmen.

Die besonders schlagkräftigen empirischen Hinweise für ein Aufkommen eines Arbeitskrafttypus »Arbeitskraftunternehmer« in den erwähnten Zukunftsbranchen benötigen einen zweiten kritischen Blick, und zwar nicht nur, weil sich einige dieser »Zukunftsbranchen« als weit weniger stabil erwiesen haben als ursprünglich versprochen. Es häufen sich die Hinweise, dass sich Arbeitskräfte in instabilen Beschäftigungsverhältnissen mit wechselnden Arbeitgebern oder auch selbständig Tätige, die sich zur »Selbst-Ökonomisierung« gezwungen sehen, vermehrt an beruflichen bzw. professionellen Mustern der Qualifikationsentwicklung orientieren. Dem kommen Tendenzen der Verberuflichung von Arbeitsmärkten in diesen »jungen« Branchen entgegen (vgl. Borch/Hecker/Weissmann 2000; Faust/Holm 2001a,b; Grunwald/Rohs 2000). Ferner ist zu beobachten, dass im ökonomischen Niedergang der Medien- und Softwarebranche die Arbeitgeber verstärkt auf einschlägig berufsfachlich qualifizierte Arbeitskräfte setzen. Die bunte Truppe der Quereinsteiger und flexibel Qualifizierten (die prädestiniert sind, zum »Arbeitskraftunternehmer« gezählt zu werden) sind am ehesten von Entlassung betroffen und haben die größten Probleme beim Wiedereinstieg.

Zweifellos suchen die korporativen Akteure, die z.B. die Berufsbildung und berufliche Weiterbildung in der EDV-Branche neu strukturieren, nach flexibleren Formen und erproben die Verknüpfung von arbeitsprozessorientierter und formalisierter Weiterbildung (vgl. Grunwald/Rohs 2000), sodass man nicht von einer bloßen Institutionenübertragung auf einen anderen Geltungsbereich (neue Branchen) sprechen kann. Berufsausbildung und berufliche Aufstiegsfortbildung wandeln sich, aber es bleibt eine Institutionalisierung des Arbeitsmarktes nach Maßgabe von Berufen. Wie erfolgreich und wie prägend diese Versuche der »Verberuflichung« für diese Branchen sein werden, wollen wir offen lassen (für die Medien siehe auch Wolf/Mayer-Ahuja 2002). Notwendige empirische Untersuchungen sollen nicht vorweggenommen werden. Es soll vor allem darauf aufmerksam gemacht werden, dass die Perspektive des Arbeitskraftunternehmers solche Entwicklungen gerade ausblendet. Denkbar ist nämlich durchaus, dass sich hier ein Typ Arbeitskraft entwickelt, der flexible Beschäftigungsformen, erweiterte »Selbst-Kontrolle« in der Arbeit gerade deswegen aufweist und sich »leisten« kann, *weil* er einen Beruf hat. Dann aber wäre er wiederum nicht so exotisch, sondern knüpfte an Formen an, die in den »freien Berufen« und den »Professionen« ihre Vorläufer und Vorbilder haben. Es wäre eben nicht der *entberuflichte* »Arbeitskraftunternehmer«.

2.3 Der »verberuflichte Arbeitnehmer« – das ebenfalls unvollständige Gegenstück aus der Ära des »Fordismus«

Soweit sollte deutlich geworden sein, dass es zum Arbeitskraftunternehmer mehr als vorübergehende Alternativen gibt. Pongratz/Voß lassen – wie erwähnt – auf der Grundlage ihrer empirischen Untersuchung mehr Vielfalt für die Zukunft zu, eine »dauerhafte Pluralität der Arbeitskrafttypen« (2002, S.216). Neben dem »Arbeitskraftunternehmer« rechnen sie mit der Fortexistenz des »verberuflichten Arbeitnehmers« und mit der Möglichkeit der »ReProletarisierung«. Aber wie schon für die Phase des »Post-Fordismus« der »Arbeitskraftunternehmer« das mögliche Spektrum von Arbeitskrafttypen unvollständig abbildete, so ist auch der »verberuflichte Arbeitnehmer« für den »Fordismus« eine unvollständige Beschreibung der dort vorhandenen »Pluralität«. Mehr noch, der »verberuflichte Arbeitnehmer« verdeckt gerade die typischen Unterscheidungen, die für diese Phase kennzeichnend waren. Erst auf der Grundlage der so charakterisierten Ausgangslage, der »alten« Verhältnisse, kann der »Arbeitskraftunternehmer« als Prototyp der »neuen« Verhältnisse auftreten. Wenn man aber bei den »alten« Verhältnissen mehr Pluralität zugelassen hätte und auch hier den Fallstricken der kompakten Typenkonstruktion entgangen wäre, dann hätte man nicht so überrascht sein müssen über die entdeckte neue »Pluralität«.

Mit der fordistischen Ära und dem dort (vermeintlich) vorherrschenden Arbeitskrafttyp werden von den Autoren ganz unterschiedliche Elemente zusammengezogen: eine »vorherrschende tayloristisch-fordistische Strategie der Nutzung von Arbeitskraft« (Voß/Pongratz 1998: 133); beruflich strukturierte »Organisation von Arbeitsvermögen und ihrer Vermarktung«, Massenproduktion und Massenkonsum und ein aufgrund der im weitesten Sinne sozial- und wohlfahrtsstaatlichen Entwicklung »erweiterter sozialer Schutz der Arbeitskraft auf Basis staatlicher Maßnahmen und gewerkschaftlich ertrotzter Regulierungen« (ebd.: 148). Auch hier geht es nicht darum, empirische Varianz gegen einen Idealtyp auszuspielen, sondern das Problem liegt darin, dass der Typ des »verberuflichten Arbeitnehmers« relevante Differenzierungen systematisch ausblendet und somit die empirische Suche unnötig abblendet. Das betrifft zum einen die Tatsache, dass es gerade die nicht beruflich ausgebildeten Arbeitskräfte sind und waren, die einer »tayloristisch-fordistischen Nutzung von Arbeitskraft« unterworfen wurden, die un- und angelernten Massenarbeiter/innen überwiegend aus dem industriellen Sektor. Für sie gilt sicherlich der geringste Grad an »Selbst-Kontrolle« in der Arbeit. Und es ist kein Zufall, dass es gerade diejenigen Industrien waren, die nicht zur Massenproduktion taugten und sich gegen tayloristische Rationalisierungsprinzipien sperrten, die beruflich ausgebildete Facharbeiter einsetzten, die dann auch in weit größerem Umfang zu »selbständiger Planung, Steuerung und Überwachung der eigenen Tätigkeit« befugt blieben, und somit zu »Selbst-Kontrolle« in der Arbeit (Pongratz/ Voß 2002: 18), die eigentlich den »Arbeitskraftunternehmer« kennzeichnet. Aber es sind nicht nur die industriellen Sektoren (wie z.b. der Maschinen- und Anlagenbau), die von einem tayloristischen Zugriff auf das Arbeitsvermögen der Industriearbeiter wenig Gebrauch machen, die durch beruflich basierte »Selbst-Kontrolle« in der Arbeit gekennzeichnet sind.

Es gibt einen doppelten systematischen Zusammenhang zwischen der »tayloristisch-fordistischen Syndromatik« (Bechtle/Lutz) und der Herausbildung von Arbeitskräften, denen Selbstregulation in der Arbeit nicht nur zugebilligt wird, sondern von denen diese geradezu erwartet wird. Es ist nämlich die Kehrseite der tayloristisch-fordistischen Rationalisierung, dass die »effizienzorientierte Rationalisierung« im »technischen Kern« (Thompson 1967, Berger 1984) gerade jene Arbeitstätigkeiten hat entstehen lassen, die auf Grund ihres Charakters als »Dienstleistungs-« bzw. »Gewährleistungsarbeit« (ebd.) erweiterte Selbst-Kontrolle erfordern.[5] Wir sprechen hier von den Meistern und Vorarbeitern, genauso wie von Facharbeitern, Technikern und Ingenieuren in Arbeitsvorbereitung, Instandhaltung, Qualitätssicherung und anderen indirekten Produktionsabteilungen. Hinzukommen die wachsenden Angestelltenbereiche in den kaufmännisch-administrativen Bereichen, die in großer Zahl (wenn auch nicht alle) zur Bewältigung und Absorption von Unsicherheit aus den Unternehmensumwelten eingesetzt werden und das Durchschlagen von Unsicherheit auf den nach Effizienzgesichtspunkten organisierten »technischen Kern« verhindern sollen (Einkauf, Auftragsabwicklung, Marketing, Vertrieb, diverse Managementfunktionen). Auch deren Arbeit ist in der Regel (zumindest in Deutschland) durch beruflich basierte und organisatorisch ermöglichte »Selbst-Kontrolle« in der Arbeit gekennzeichnet.

---

[5] »Organisationen (...) lassen Umweltunsicherheit nicht gleichmäßig auf das gesamte System durchschlagen, sondern bemühen sich, sie ›lokal‹ einzugrenzen, sie auf Unsicherheitsbearbeitung spezialisierten Stellen vorzubehalten. Sie verfahren dabei in der Art, dass sie Unsicherheit weitgehend aus ihrem ›technischen Kernsystem‹, d.h. dem Bereich der eigentlichen Leistungserstellung, verdrängen und ihre Bearbeitung in ausdifferenzierten Subsystemen – bei Industriebetrieben im Dienstleistungssystem – konzentrieren. Industriebetriebe erkaufen, mit anderen Worten, die Sicherheit oder weitgehende Sicherheit, unter der im Fertigungssystem agiert werden kann, mit einer vergleichsweise hohen Unsicherheitsbelastung des Dienstleistungssystems« (Berger 1984, S.71). Mit dieser systematisch differierenden Unsicherheitsbelastung korrespondieren unterschiedliche Steuerungs- und Kontrollformen der Arbeit und organisationale Einbindungsmuster. Die neuen Organisations- und Produktionskonzepte in der industriellen Produktion zeigen als Neues an, dass »Gewährleistungsarbeit« nunmehr stärker auch in der industriellen Fertigung Einzug hält. Wenn man so will, nähert sich der Industriearbeiter dadurch dem Angestellten bzw. Dienstleistungsarbeiter an, auch wenn dies statusbezogen nicht nachvollzogen wird.

Auch wenn wir landläufig mit »Fordismus« Industriearbeit verbinden, ist diese Phase doch sehr viel mehr mit der Entwicklung zu einer »Dienstleistungsgesellschaft« und dem Aufstieg des Angestellten verbunden. Und dies geht nicht nur auf die Ausdifferenzierung von Dienstleistungsarbeit innerhalb der Industrieunternehmen zurück. Die Entwicklung des Massenkonsums ermöglicht die Erweiterung personenbezogener privater Dienstleistungen und die Herausbildung des Wohlfahrtsstaates bringt die massenhafte Beschäftigung von öffentlichen Dienstleistern (z.b. im Gesundheits- und Bildungswesen) hervor, die in eine Vielzahl von Funktionen und Berufen aufgeschlüsselt werden können. Diese sind zumeist Angestellte oder Beamte, in einigen Bereichen auch »freie Berufe«. In Deutschland in besonderem Maße, aber auch in den meisten anderen modernen Gesellschaften, sind die darüber entstehenden Tätigkeiten beruflich definiert, andere können als »Semi-Professionen« (Krankenpflegepersonal) oder »Professionen« (Ärzte, Juristen, Therapeuten, unklar: Lehrer) bezeichnet werden. Wenn wir der Einfachheit halber von unterschiedlichen Graden der Professionalisierung dieser Tätigkeiten ausgehen, so lässt sich generalisieren, dass ein Großteil dieser wachsenden Zahl von Erwerbspersonen durch eine beruflich oder professionell definierte und abgestützte »Selbst-Kontrolle« in der Arbeit gekennzeichnet sind. Und sie müssen dafür nicht erst auf die Einführung von »Gruppen- und Teamarbeit« oder »Führung durch Zielvereinbarung« warten. Ferner ermöglicht der Beruf/die Profession den Erwerbspersonen in abgestuftem Ausmaß Strategien der »Selbst-Ökonomisierung« ihrer Arbeitkraft auf berufsfachlich strukturierten Arbeitsmärkten mit mehr oder weniger ausgeprägten Karrierepfaden. Dies eröffnet eine größere Unabhängigkeit gegenüber dem jeweiligen Arbeitgeber und in einigen Feldern auch institutionell abgesicherte Alternativen zwischen angestellter und freiberuflicher Tätigkeit, und zwar auch dann, wenn sie aus guten Gründen nicht genutzt werden.

Pongratz/Voß betonen beim verberuflichten Arbeitnehmer vornehmlich die standardisierte Qualifikation und unterbelichten zur Abgrenzung gegenüber dem Arbeitskraftunternehmer sowohl die beruflich basierte »Selbst-Kontrolle«[6] in der Arbeit, die erweiterte »Selbst-Ökonomisierung«, die erhöhte Mobilitätsbereitschaft und -fähigkeit und die erhöhte

---

[6] Ulrike Berger (1984) hat schon auf die Janusköpfigkeit der »Kontrolllücken« qualifizierter Dienstleistungsarbeit hingewiesen, die die Grundlage der »Selbst-Kontrolle« bilden (um hier mit Pongratz/Voß zu sprechen). Die »Abwälzung von Unsicherheit auf Individuen« bedeute »für diese nicht zwangsläufig eine Bereicherung«, sondern könne auch »erhebliche persönliche Belastungen«, ein »besonders ungünstiges Verhältnis von Leistung und Entlohnung« oder »eine besonders starke Intensität der Arbeit« bedeuten (205f.). So ähnlich findet man dies heute auch unter dem Stichwort »Subjektivierung der Arbeit«.

Fähigkeit und Bereitschaft, die mit der Ausbildung erworbene Basisqualifikation im Berufsverlauf durch formelle und informelle Weiterbildung weiterzuentwickeln (Kuwan 1999). Dies alles unterscheidet sie vom nichtberuflichen »fordistischen« Massenarbeiter und nähert sie in vielerlei Hinsicht den Merkmalen an, die ansonsten für den »Arbeitskraftunternehmer« gelten. Es ist deswegen auch kein Zufall, dass es unter den von Pongratz und Voß Befragten qualifizierte, oftmals mit Hochschulausbildung ausgestattete Angestellte sind, die am ehesten in den Dimensionen »Selbst-Kontrolle« und »Selbst-Ökonomisierung« dem Typ des Arbeitskraftunternehmers entsprechen, sodass sich die Frage stellt, ob die so erhobenen Erwerbsorientierungen nicht viel besser mit Beruflichkeit und »Angestelltenmentalität« erklärt werden können.

Das haben auch Pongratz/Voß (2000, S.178) erkannt,[7] wenn sie die Haltung der »Leistungsoptimierung« in die Tradition des »Angestelltenbewusstseins«, »des kaufmännischen Berufsidealismus« oder der »technischen Fachrationalität« stellen und »eine (letztlich konsequente) Weiterentwicklung bisheriger Formen der Selbstwahrnehmung eigenverantwortlicher Expertentätigkeit« darin erkennen. Was dann als Neuerung in den »Erwerbsorientierungen« bleibt, ist die »spezifische emotionale Erlebnisqualität« (ebd.), die an der wiederholten Nennung von sprachlichen Wendungen wie »Spaß« und »Herausforderungen« in der Arbeit festgemacht wird. Ob es sich dabei um eine neue semantische Verpackung gleicher Erlebnisinhalte handelt, die aktuellen Selbstvermarktungsaufforderungen folgt, oder ob es wirklich neue Erlebnisinhalte sind, wäre noch zu prüfen. Jedenfalls sind bei genauerem Hinsehen die Kontinuitätslinien offenbar größer als der Ausweis von Brüchen, der mit der Zuordnung von divergenten Arbeitskrafttypen zu historischen Phasen ursprünglich anzielt war.

2.4 Arbeitskrafttyp und Formation entkoppeln: institutionelle Alternativen systematisch berücksichtigen

Zwanglos anschließen lässt sich der nächste Punkt. Nicht nur die strikte Zuordnung eines dominanten Arbeitskrafttypus zu einer historischen Formation (Fordismus, Postfordismus) ist aus den dargelegten Gründen irreführend unterkomplex. Die formationsbildenden Institutionalisierungsprozesse selbst und die darin angelegten historischen pfadabhängigen Entwicklungen und politisch-normativen Entscheidungen geraten aus dem Blick.[8] So umstritten immer noch die unterstellte Abfolge der For-

---

[7] »Innerhalb unserer Untersuchungsgruppe ist damit der Typus des Arbeitskraftunternehmers im Wesentlichen ein Angestelltenphänomen« (ebd.: 175).

[8] So lässt sich zum Beispiel historisch gut nachzeichnen und erklären, wie und warum in Deutschland handwerkliche (»ständische«) Formen der Qualifikationserzeugung in den industriellen Fachberufen fortleben (so wie der Industriemeister sein

mationen Fordismus und Postfordismus und insbesondere die inhaltliche Füllung des reinen Negativbegriffs Post-Fordismus ist, so gut abgesichert sind auf der anderen Seite die Erkenntnisse über nationalspezifische Varianten »erwerbsstrukturierender Institutionen« (Pries 1998), die sich über Variationen zentraler Institutionen und ihrer Vermittlung in Konfigurationen näher beschreiben lassen. Danach würde man für den amerikanischen Fall kaum und sicher nicht für den japanischen Fall (vgl. z.b. Ernst 1998) auf die Idee kommen, den dominanten Arbeitskrafttyp der Nachkriegszeit als »verberuflicht« zu kennzeichnen. Ferner variieren zentrale wohlfahrtsstaatliche Institutionen (z.b. hinsichtlich der Absicherung zentraler Risiken wie Arbeitslosigkeit, Krankheit und Alter) zwischen dem amerikanischen und dem deutschen Fall in einem solchen Ausmaß, dass sich vermutlich die Diagnose »Arbeitskraftunternehmer« mit Blick auf bestimmte Dimensionen der »Selbst-Ökonomisierung« für die amerikanischen Verhältnisse wesentlich früher und häufiger eingestellt hätte.

Bedingte oder unbedingte Prognose: die Rückkehr der Politik
Auf eine nähere Beschreibung und Typisierung nationaler Varianten kommt es mir in diesem Rahmen nicht an. Wichtig hingegen ist die allgemeinere Erkenntnis, dass die Existenz und Fortdauer nationaler Muster von Institutionenkonfigurationen in einem sehr viel höherem Maße Kontinuität auf einem Entwicklungspfad erwarten lässt, als dies in der unterstellten Abfolge von einheitlich gedachten Formationen (Fordismus zu Post-Fordismus) implizit unterstellt ist. Zugleich zeigt die »capitalist diversity« prinzipielle Wählbarkeit von Alternativen (kein »one-best-way«) betrieblicher Strategien und institutioneller Arrangements an.

Das scheint nicht immer auf der Hand zu liegen. Die nationalen Modelle werden wechselseitig beobachtet und auf Vor- und Nachteile abgeklopft. Zwischen ihnen wird ein Konkurrenzkampf inszeniert, aus dem sich im Zeitablauf immer wieder vorbildhafte Nationen oder davon abgeleitet Modelle herauskristallisieren, denen phasenweise die größten (zumeist ökonomischen Wettbewerbs-)Vorteile zugeschrieben werden. Dann entsteht manchmal der Eindruck, es gäbe nichts zu wählen, sondern man könne nur dem jeweiligen Vorbild folgen. Diese Vorbild-Rolle kam in den 80er Jahren schon mal dem deutschen Modell zu (»rheinischer Kapitalismus«). Nach dem überraschend lautlosen und schnellen Abgang

---

Vorbild im Handwerksmeister hat) und somit Deutschland durch ausgeprägte Beruflichkeit auf der mittleren Qualifikationsebene gekennzeichnet ist, während in anderen europäischen Ländern diese »ständischen« Relikte beseitigt wurden (Sorge 1999) oder wie im Falle der USA, einer »Moderne ohne ›ancien regime‹« (Wagner 1995), als Anknüpfungspunkt gar nicht zur Verfügung standen. All dies geht in der Rede von einer einheitlichen Formation »Fordismus« unter.

des Nachfolgers Japan zu Beginn der 90er Jahre im Gefolge des Zu-
sammenbruchs der »bubble economy« (Krugman 1999), waren die 90er
Jahre von der nahezu ungetrübten Strahlkraft des amerikanischen Erfol-
ges geprägt. Damit zusammenhängend stießen auch die aus dem an-
gelsächsischen Raum stammenden Ideen, die auf eine »unternehmerische Kultur« und das Identitätsangebot des »unternehmerischen Selbst«
setzten, auf gesteigerte Aufmerksamkeit und gewannen kulturelle Unterstützung. Der sich abzeichnende Niedergang des amerikanischen Vor-
bildes, bei dem inzwischen die Erfolgszahlen selbst (Produktivitätswachs-
tum, Gewinne, Investitionen) und nicht nur die gängigen Erklärungen
über ihr Zustandekommen, in Frage stehen, verbessert die Bedingungen, erneut überhaupt Wahlmöglichkeiten zu entdecken.

Das Interpretationsangebot der Sozialwissenschaften an die gesellschaftlichen Akteure muss so gebaut sein, dass es denkmöglich bleibt,
dass die in die Prognose des »Arbeitskraftunternehmers« einfließenden
Annahmen über den zukünftigen Stellenwert von Berufen, Zeitarbeit,
Tarifbindung, Interessenvertretung etc. auf Entscheidungen beruhen, die
im Lichte der Bewertung von Alternativen auch anders getroffen werden
können. Deshalb plädiere ich dafür, dass die Sozialwissenschaften den
Erwartungen des Publikums nach Prognosen nur insoweit nachkommt,
dass sie angibt, unter welchen Bedingungen (und dies impliziert Aus-
wahl unter Alternativen) ein prognostiziertes Ergebnis (vermutlich) zustande kommt. In den heutigen, schnelllebigen Zeiten schützt dies nicht
nur davor, dass vollmundige Prognosen unvermeidlich widerlegt werden
(die einschlägige Literatur der letzten Jahre ist voll davon, man denke
nur an die »new economy«), sondern macht auch das interessierte Pub-
likum auf diejenigen Aufgaben der Gestaltung der Zukunft aufmerksam,
die die Sozialwissenschaften ihm aus guten Gründen nicht abnehmen
können.

Voß und Pongratz haben in ihrem Auftaktaufsatz von 1998 anstelle
einer solchen bedingten Prognose die »starke« Prognose gewagt, dass
der »Arbeitskraftunternehmer« der Arbeitskrafttypus der Zukunft ist. Solche unbedingten Prognosen, die Wahlmöglichkeiten und damit Politik
auf verschiedenen Ebenen ausblenden, können dazu beitragen, dass
die Verwirklichung von Leitideen, wie sie mit der Figur der »Selbst-GmbH«
propagiert werden, für unvermeidlich gehalten werden (selbst wenn diese nicht erwünscht wird) und damit den Prozess einer sich selbst ver-
wirklichenden Prophezeiung befördern.[9] Bedingte Prognosen hingegen

---

[9] Unbedingte Prognosen können aber auch so formuliert werden, dass sie zu einer
sich selbst zerstörenden Prophezeiung beitragen. Dazu muss die prophezeite Zukunft für einen großen Kreis von Interessierten in einem solch' schlechten Licht
dargestellt werden, dass die Prophezeiung massive Gegenkräfte mobilisiert, die die
Realisierung verhindern können.

machen darauf aufmerksam, dass es zu den Leitideen und den Formen ihrer Verwirklichung Alternativen gibt und dass und wie bestimmte Leitideen sich mit Interessen und der Macht zur Veränderung von Regeln verbinden.[10] Der »Arbeitskraftunternehmer« – wie auch immer man ihn, aber auch seine Alternativen bewerten will – ist nicht unvermeidlich. Das ist meine (frohe) Botschaft.

3. Eine alternative Sicht – der »Arbeitskraftunternehmer« als eine Leitidee auf dem ungewissen Weg der Verwirklichung

Soweit hoffe ich deutlich gemacht zu haben, dass die Konstruktionsprinzipien der Arbeitskrafttypen zusammen mit der der Prognose zugrundliegenden Entwicklungslogik den Blick für alternative Entwicklungen verstellt und somit Wahlmöglichkeiten ausblendet. Ich will im Folgenden knapp eine andere Lesart zentraler empirischer Befunde vorschlagen, auf die sich Voß und Pongratz stützen und über die es auch weitgehenden Konsens gibt. Diese andere Lesart ist mit dem mir hier wichtigen Vorteil verbunden, dass sie den Blick für die Alternativen und somit Wahlmöglichkeiten wieder öffnet, ohne angeben zu können, unter welchen genaueren Bedingungen und mit welchen Wahrscheinlichkeiten die eine oder andere realisiert werden wird.

Dazu will ich die Figur des Arbeitskraftunternehmers als Leitidee oder Leitbild auffassen, die sich in gesellschaftlichen Diskursen herausbildet, und den beschriebenen Wandlungsprozess teils anleitet, teils nachträglich rechtfertigt und erklärt. Ob sich diese Leitidee und damit der »Arbeitskraftunternehmer« als Arbeitskrafttypus durchsetzt, lässt sich dann näher analysieren, wenn wir dies als einen unabgeschlossenen, ergebnisoffenen Prozess der Institutionalisierung begreifen, in dem die vage und interpretationsoffene Leitidee über die Ausdifferenzierung von »Rationalitätskriterien« und »Geltungskontexten« näher spezifiziert und handlungswirksam gemacht wird (vgl. Lepsius 1997).[11]

Eine solche Leitidee (wie hier der »Arbeitskraftunternehmer« oder das »unternehmerische Selbst«) ist zudem nie ganz alternativlos, auch wenn man in bestimmten Zeiten den Eindruck gewinnt, Alternativen hätten keine Sprache oder Ausdrucksmöglichkeit mehr. Diesem Prozess

---

[10] Die von Pongratz und Voß (2002) vorgetragene Modifikation der Prognose genügt dem jedoch nicht, weil die zugestandene Pluralität der Arbeitskrafttypen in einer zukünftigeren Zukunft über die Entfaltung der Dialektik von Produktivkräften und Produktionsverhältnissen wieder eingeebnet wird. Die beschriebene »Dialektik« kommt zudem ganz ohne Akteure und Entscheidungen aus.

[11] Mit handlungwirksam ist nicht, jedenfalls nicht notwendigerweise, handlungsdeterminierend oder -erzwingend gemeint, sondern auch handlungsermöglichend oder -begrenzend.

der Institutionalisierung geht die Delegitimierung bislang vorherrschender Leitideen und im Zuge dessen auch der sie näher bestimmenden Rationalitätskriterien voraus. Dies drückt sich in den rhetorischen Figuren aus, mit denen die Promotoren der neuen Ideen operieren. Heftiger, auch ideologisch geprägter Streit ist typischerweise Ausdruck von gesellschaftlichen Krisenphasen, in denen die bisherigen Selbstverständlichkeiten, unhinterfragten Wissensbestände (Situationsdeutungen und Problemdefinitionen) und alltäglichen Routinen der Problembewältigung in Frage gestellt werden. Die gegenwärtige Phase gesellschaftlicher Entwicklung ist womöglich stärker von einer Dekonventionalisierung bisheriger Praktiken als schon von einer erneuten Rekonventionalisierung gekennzeichnet, wie Peter Wagner (1995) dies in verwandter Terminologie fasst.

Die eingangs erwähnten verschiedenen Leitbilder aus dem Beratungs- und Managementdiskurs (»Ich-AG«, »Selbst-GmbH«, »Prinzip Selbstverantwortung«, »Der Mensch als Unternehmer seiner Arbeitskraft und Daseinsvorsorge«) kreisen um den Ideenkern eines »unternehmerischen Selbst« (Wagner 1995; siehe auch Garrick/Usher 2000). Die Leitideen kritisieren in einer argumentativen Doppelfigur einerseits die beschränkenden und einengenden Regeln und Konventionen der alten Ordnung, die die »Selbstverwirklichung« und die Entfaltung »unternehmerischer« Eigenschaften im weiteren Sinne behindern, und formulieren andererseits positiv die zukünftig zu erwartenden und durch institutionelle oder organisatorische Reformen oder auch »erzieherisches« Einwirken zu befördernden Haltungen und Eigenschaften des »unternehmerischen Selbst«. Die Kritik bezieht sich (mit unterschiedlicher Gewichtung im Einzelnen) dabei sowohl auf die Organisations- und Führungsprinzipien großer Organisationen (Hierarchie und Bürokratie) wie auf die als entmündigend und Initiative hemmend geschilderten wohlfahrtsstaatlichen Institutionen im weiteren Sinne. Das Leitbild des »unternehmerischen Selbst« ist wie alle Leitbilder unvermeidlich selektiv, es betont gegenüber den »alten« Verhältnissen die beschränkenden und in Bezug auf die erwünschten zukünftigen Verhältnisse die befreienden Wirkungen für das Individuum, während es andererseits in der Regel die ermöglichenden (Sicherheit und Orientierung vermittelnden) Seiten der alten Ordnung ebenso unterschlägt wie die Tatsache, dass die Entlassung aus bisherigen institutionellen Ordnungen und die geforderte unternehmerische Haltung die Menschen überfordern und lähmende Unsicherheit und Ängste hervorrufen kann.

Die neuen Leitideen werden in der Regel von individuellen Akteuren und gesellschaftlichen Gruppen propagiert, die entweder als Berater unmittelbar von der neuen Lage profitieren können, weil sie von dem neu entstehenden Bedarf nach individueller Lebens- und Berufsberatung oder Organisations- und Politikberatung profitieren, oder sich aufgrund günstiger persönlicher Voraussetzungen unter den neuen Bedingungen erweiterte Handlungs- und Erwerbsmöglichkeiten versprechen. Insofern sind die Ideen auch interessenbezogen (Lepsius 1997). Aber die neuen Ideen können über den Kreis der Ideengeber und unmittelbaren Promotoren hinaus auf Resonanz stoßen, weil und insofern sie die von weit mehr Menschen empfundenen beschränkenden Seiten der »alten« Ordnung aufgreifen. Auf dieser Grundlage können sich über den Kreis der »modernisierenden Eliten« (Wagner 1995, S.48) hinaus Interessenkoalitionen bilden, die die Leitidee stützen und zur Beförderung ihrer Interessen nützen.

In Übereinstimmung mit Voß und Pongratz sind die neuen Leitideen (und ihre denkbaren Verwirklichungen) ambivalent zu bewerten, d.h. positive und negative, »befreiende« und »entwurzelnde« Aspekte (vgl. für die Wahrnehmung unter Führungskräften Faust u.a. 2000) können von ein und derselben Person wahrgenommen werden. »Einerseits lädt die Verschiebung hin zum ›unternehmerischen Selbst‹ dem einzelnen Menschen neue Anforderungen auf. Statt auf einem gesicherten Platz in einer stabilen sozialen Ordnung verweilen zu können, wird von den einzelnen gefordert, sich aktiv bei der Gestaltung ihres Lebens und ihrer sozialen Positionen in einer sich beständig verändernden Umwelt zu engagieren. Eine solche Akzentverschiebung muss Unsicherheiten und sogar Ängste befördern. (...) Andererseits schafft die Verschiebung hin zum ›unternehmerischen Selbst‹ Möglichkeiten, sie vergrößert den Raum der Selbstverwirklichung.« (Wagner 1995: 243). Diesen »Raum« auch wirklich zu bewohnen, ist aber an die Verfügbarkeit der Mittel zur Selbstverwirklichung« gebunden, an die Verfügung über die materiellen, kulturellen und intellektuellen Mittel, die benötigt werden, um sich das weite Angebot an möglichen Formen der Selbsterschaffung wirklich anzueignen. Die Gründe dafür jedoch, ob jemand diese Mittel besitzt oder sie erwirbt oder nicht, wird zunehmend in den Individuen selbst verortet (ebd.: 245). Es bliebe dann nicht nur bei individuellen Ambivalenzerlebnissen. Die neue Konfiguration könnte vielmehr für einen größeren Teil der Gesellschaftsmitglieder (»Zweidrittelgesellschaft«) nach Maßgabe ihrer »Erstausstattung« mit ökonomischem, sozialem und kulturellem Kapital zu einem gegenüber der vorherigen Konfiguration erweiterten Ausschluss von gesellschaftlicher Teilhabe führen.

Zu Beginn einer solchen »Modernisierungsoffensive« lässt sich noch nicht abschätzen, für wen die neuen Möglichkeiten sich realisieren lassen und wer davon profitieren wird, sodass vom weiteren Verlauf der Institutionalisierung der neuen Ideen und der Verarbeitung der Erfahrungen abhängt, welche Interessenkoalitionen zur Förderung der Ideen und ihrer Institutionalisierung sich bilden, gegebenenfalls wieder auflösen oder ob aufgrund von Lernprozessen auch alternative Ideen wieder an Boden gewinnen.

Der Ideenhorizont des Diskurses über die »unternehmerische Kultur« strahlt auf verschiedene Felder aus und wird in den verschiedensten Politikfeldern aktiviert.[12] Im Managementdiskurs sind die auf gewünschte oder erwartete persönliche Haltungen und Eigenschaften gemünzte Idee des »unternehmerischen Selbst« eng mit den Konzepten »dezentraler«, »flexibler«, »netzwerkartiger« Unternehmens- bzw. Organisationskonzepte verknüpft. (vgl. Garrick/Usher 2000; Faust u.a. 2000). Die Leitidee wird ferner in verschiedenen Politikfeldern aufgegriffen. Gemeinsamer Nenner aller Reformkonzepte, die an diesen Ideen anknüpfen, ist die Forderung nach mehr »Eigenverantwortung« für die Daseinsvorsorge und Lebensgestaltung, in der mal mehr die »fördernde« mal mehr die »fordernde« oder erzwingende Seite betont wird. Dies gilt für die Reform der Arbeitsmarktpolitik (man denke nur an die Debatte um die Vorschläge der Hartz-Kommission) ebenso wie für die Rentenpolitik (Ausbau und Förderung der Eigenvorsorge bei gleichzeitiger Absenkung der »staatlichen« oder »solidarischen« Grundversorgung) und die Absicherung im Krankheitsfalle (Ausbau der Eigenbeteiligung, Debatte um individuelle Wahlrechte/Grundversorgung).

Das »unternehmerische Selbst« wird auch zur Leitfigur in der Debatte um »lebenslanges« Lernen«, wenn sich diese Aufforderung vorrangig an das Individuum richtet, das eine »Bringschuld« hat (Bolder/Hendrich 2000: 17) und öffentliche Verantwortung dabei suspendiert wird (ebd.: 259).[13]

Es ist hier nicht der Raum, den Diskurs der »unternehmerischen Kultur« in seinen Facetten und den verschiedenen Ausprägungen nachzuzeichnen. Das Schaubild (siehe folgende Seite) vermittelt (hoffentlich) einen Eindruck davon, auf welche Felder die Leitidee ausstrahlt oder in welchen Feldern Akteure auf sie zurückgreifen. Die Leitidee selbst ist aber vage und interpretationsoffen, aber auch -bedürftig. Ideen werden erst wirksam, wenn sie sich mit Interessen verbinden, wie Interessen

---

[12] Die Entstehung dieser Ideen und die Verknüpfung mit Interessen und Macht zu analysieren, bleibt eine eigenständige Aufgabe, die hier nicht geleistet werden kann. Betont werden soll nur, dass die neuen Ideen zwar an Problemen der alten Ordnung anknüpfen, die Ideen selbst aber nicht die notwendige und einzig mögliche Antwort auf die aufgeworfenen Fragen und Probleme darstellen (vgl. Faust 2000, 2002b).

[13] Gefordert wird »eine Kultur des aktiv-unternehmerischen Lernens«, die aber nur erreicht werden kann, wenn sie zugleich eine »Kultur des Scheiterns« ist, in der »der Einzelne entscheiden kann, ob er Altes verlernen will oder nicht, dass er aber wissen muss, dass er und niemand sonst vollumfänglich die Konsequenzen seiner Entscheidung tragen muss« (Kirsch 1999: 35). Diese »Kultur des aktiv-unternehmerischen Lernens« kommt aber nur zum Tragen, so das Argument des Ideengebers, wenn sie nicht durch »arbeitsrechtliche Rigiditäten« (gemeint sind wohl Regelungen wie Kündigungsschutz) und »sozialrechtliche Absicherungen« wieder untergraben wird (ebd.: 43).

Arbeitskraftunternehmer – von der Idee zur Wirklichkeit

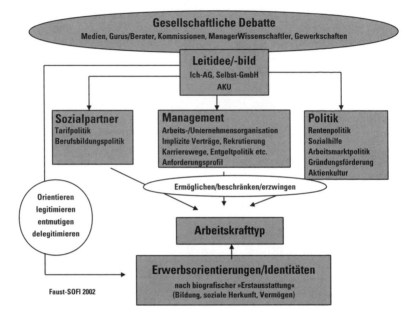

einer Legitimation in der Ideenwelt bedürfen. In Institutionalisierungs-prozessen einer Leitidee verbindet sich beides. Ferner beherrscht nie *eine* Leitidee das Feld unangefochten, wiewohl man manchmal den Eindruck hat, zu bestimmten Zeiten seien Alternativen sprachlos geworden.

Aber allemal arbeitet sich eine neue Leitidee an den Leitideen der »alten« Ordnung ab, die sie herausfordert. Wenn die alten Leitideen hinreichend diskreditiert sind, verschwinden dennoch nicht die Interessen und Werte, die sich mit den früheren Leitideen verbanden. Vertreter dieser Interessen und Werte versuchen dann womöglich diesen weiterhin Gewicht zu verleihen, indem sie zwar den als erfolglos eingeschätzten Weg vermeiden, die neue Leitidee direkt herauszufordern, aber dennoch im Prozess der Interpretation und »Übersetzung der Ideen« (Czarniawska-Joerges 1996) versuchen, ihnen Gewicht zu verleihen. Für die deutsche Situation gehe ich davon aus, dass zwar das Leitbild des »unternehmerischen Selbst« erhebliche Unterstützung erfährt, aber, anders als im Großbritannien unter Thatcher, keine kulturelle Hegemonie erreicht hat, sodass »politics of culture« (Friedland/Alford 1991) weiter möglich und im Gange sind, der Wettstreit der Ideen selbst nicht entschieden ist.

Dies hängt mit den inzwischen auch in anderen Ländern gemachten Erfahrungen bei der Institutionalisierung dieser Ideen zusammen und der (schon erwähnten) damit verbundenen Delegitimierung der ehemals vorbildlichen Nationen.

Welcher »Arbeitskrafttypus« bzw. welche Pluralität von Arbeitskrafttypen[14] sich zukünftig herausbildet, entscheidet sich über die weitere Präzisierung der Leitideen über Rationalitätskriterien und deren Geltungskontexte, um die Begriffe von Lepsius noch einmal aufzunehmen. Das Schaubild gliedert dies nach den wesentlichen Akteursgruppen und benennt exemplarisch wichtige Politikfelder, auf denen entschieden wird, welcher Arbeitskrafttyp oder welche Pluralität von Arbeitskraftypen möglich und wahrscheinlich wird. In anderer Perspektive könnte man auch sagen, es geht um ein Zusammenspiel von Organisationen und Institutionen.

Institutionenwandel kann dann bedeuten, dass der Geltungsbereich einer Institution (z.b. Tarifvertrag, Mitbestimmung) eingeschränkt wird und durch den Wegfall von Einschränkungen Organisationen neue Möglichkeiten der Gestaltung von Arbeit im weitesten Sinne gewinnen, aber auch durch den Wegfall von ermöglichenden Seiten andere Optionen verlieren. Oder der Geltungsbreich einer Institution kann ausgedehnt werden, wenn z.b. in neuen Branchen bzw. Tätigkeitsfeldern den Arbeitnehmern und Organisationen die Möglichkeit eröffnet wird, bei Rekrutierung, Qualifizierung und Ausbildung auf die Berufsform zurückzugreifen oder in Kleinbetrieben leichter Betriebsräte gewählt werden können. Institutionenwandel kann aber auch bedeuten, dass Regeln (Rationalitätskriterien) für einen gegebenen Geltungsbereich geändert oder aufgehoben werden, wobei Letzteres in den seltensten Fällen gänzlich ohne neue Regeln auskommt und sei es in einem anderen Feld, in dem externe Effekte des Institutionenwandels abgearbeitet werden (müssen).

Ferner deutet das Schaubild an, welche Vielzahl von Politikfeldern angesprochen sind, wenn wir alle Dimensionen abdecken wollten, die mit der Typenkonstruktion von Voß und Pongratz aufgerufen sind. Und dabei sind ja bei weitem noch nicht alle Dimensionen berücksichtigt. Man könnte ja z.b. fragen, welche institutionellen Voraussetzungen erfüllt sein müssten, damit der »Arbeitskraftunternehmer«, der zu einer »Verbetrieblichung des Lebenshintergrunds« bereit und in der Lage ist, zur dominanten Form werden kann, wenn man nicht nur an 20- bis 30jährige Ledige und Kinderlose denkt und zugleich die alte »fordistische« Arbeitsteilung von männlichem »Haupternährer« und weiblicher Haus- und Familienarbeit nicht mehr gelten soll.

---

[14] Aus dem bisher Gesagten müsste deutlich geworden sein, dass ich für eine weniger kompakte und pluralere Typologie plädiere. Das muss uns hier aber nicht weiter beschäftigen.

Jedes dieser Politikfelder hat im Übrigen seine eigene Logik, seine eigenen Interessenkoalitionen und auch aus diesem Grunde ist es äußerst unwahrscheinlich, dass der Institutionenwandel in den verschiedenen Feldern in eine Richtung wirkt. Eine dominante Leitidee kann dazu führen, dass der Institutionenwandel eine gewisse Gerichtetheit aufweist und Interessenkoalitionen über verschiedene Felder kognitiv und normativ zusammengehalten werden. Aber wir wollen die bislang vorherrschenden Vorstellungen einer strukturellen Logik der Vereinheitlichung nicht durch eine kulturelle Logik der Vereinheitlichung ersetzen. Es ist auch nicht der Zweck der hier vorgeschlagenen Interpretationsalternative, selbst wahrscheinliche Szenarien zukünftiger Arbeitskrafttypen zu skizzieren, sondern auf die Optionen aufmerksam zu machen, die sich auf allen Feldern der Politik auftun. Diese sind umso besser erkennbar, je weniger unangefochten *eine* Leitidee vorherrscht. Aus wissenschaftlicher Sicht lässt sich nicht prognostizieren, was sich durchsetzen wird. Wenn aus wissenschaftlicher Analyse gelernt werden kann, dass es gangbare Alternativen gibt, dann ist meines Erachtens schon viel gewonnen.

Literatur

Berger, U. (1984): Wachstum und Rationalisierung der industriellen Dienstleistungsarbeit, Frankfurt/New York.

Bolder, A./Hendrich, W. (2000): Fremde Bildungswelten. Alternative Strategien lebenslangen Lernens, Opladen.

Borch, H./Hecker, O./Weissmann, H. (2000): IT-Weiterbildung – Lehre mit Karriere. Flexibles Weiterbildungssystem einer Branche macht (hoffentlich) Karriere, in: bwp 6/2000, S. 22-27.

Czarniawska, B./Joerges, B. (1996): Travel of Ideas, in: Czarniawska, B/Sevón, G. (eds.), Translating Organizational Change. Berlin, New York, S. 13-48.

Deutschmann, Ch. (2002): Postindustrielle Industriesoziologie, Weinheim und München.

Ernst, A. (1998): Aufsteig – Anreiz – Auslese. Karrieremuster und Karriereverläufe von Akademikern in Japans Privatwirtschaft, Opladen.

Faust, M. (2002a): Karrieremuster von Führungskräften der Wirtschaft im Wandel – Der Fall Deutschland in vergleichender Perspektive, in: SOFI-Mitteilungen, Heft 30, Juli 2002, S. 69-90.

Faust, M. (2002b): Consultancies as Actors in Knowledge Arenas: Evidence from Germany, in: Kipping, M./Engwall, L. (eds.): Management Consulting: Emergence and Dynamics of a Knowledge Industry, Oxford, S. 146-163.

Faust, M. (2000): Warum boomt die Managementberatung? Und warum nicht zu allen Zeiten und überall? In: SOFI-Mitteilungen, Heft 28/2000, Göttingen, S.59-85.

Faust, M./Holm, R. (2001a): Formalisierte Weiterbildung und informelles Lernen, in: QUEM report, Heft 69, Berufliche Kompetenzentwicklung in formellen und informellen Strukturen, Berlin 2001, S. 67-108.

Faust, M./Holm, R. (2001b): Formalisierte und nicht-formalisierte (informelle) Lernprozesse in Betrieben. Abschlussbericht an die ABWF, Göttingen im Juli 2001.

Faust, M./Jauch, P./Notz, P. (2000): Befreit und entwurzelt: Führungskräfte auf dem Weg zum »internen Unternehmer«, München und Mering.

Faust, M./Jauch, P./Brünnecke, K./Deutschmann, Ch. (1999): Dezentralisierung von Unternehmen. Bürokratie- und Hierarchieabbau und die Rolle betrieblicher Arbeitspolitik, München und Mering, 3., erw. Auflage.

Friedland, R./Alford, R.R.(1991): Bringing Society Back In: Symbols, Practices, and Institutional Contradictions, in: Powell, W.W./DiMaggio, P.J. (eds.): The new Institutionalism in Organizational Analysis, pp. 232-263, Chicago, London..

Garrick, J./Usher, R. (200): Felxible Learning. Contemporary Work and enterprising Selfes, in: Electronical Journal of Sociology, 5, 1.

Gmür, M./Klimecki, R. (2001): Personalbindung und Flexibilisierung, in: Zeitschrift für Führung + Organisation (zfo), 70. Jg., Heft 1, S. 28-34.

Gray, J. (2000): Die Erosion impliziten Wissens im Spätkapitalismus und die Zukunft der Arbeit, in: Kocka, J./Offe, C. (Hrsg.): Geschichte und Zukunft der Arbeit, Frankfurt/New York.

Grunwald, S./Rohs, M. (2000): Arbeitsprozessorientierung in der IT-Weiterbildung, in: bwp 6/2000, S. 28-30.

Kirsch, G. (1999): Lernkultur für den Arbeitsmarkt von morgen, in: QUEM-Report: Kompetenz für Europa – Wandel durch Lernen – Lernen im Wandel, Heft 60, Berlin, S. 29-48.

Kotthoff, H. (1997): Führungskräfte im Wandel der Firmenkultur. Quasi-Unternehmer oder Arbeitnehmer, Berlin.

Krugman, P. (1999): Die große Rezession, Frankfurt/New York.

Kuwan, H. (1999): Berichtssystem Weiterbildung VII. Erste Ergebnisse der Repräsentativbefragung zur Weiterbildungssituation in den alten und neuen Bundesländern, hrsg. Vom BMBF.

Lepsius, M. R. (1997): Institutionalisierung und Deinstitutionalisierung von Rationalitätskriterien, in: Göhler, G. (Hrsg.): Institutionenwandel, Leviathan Sonderheft, Opladen, S. 57-69.

Lutz, B. (1984): Der kurze Traum immerwährender Prosperität. Eine Neuinterpretation der industriell-kapitalistischen Entwicklung im Europa des 20. Jahrhunderts, Frankfurt.

Pongratz, H./Voß, G. G. (2002): ArbeiterInnen und Angestellte als Arbeitskraftunternehmer? Erwerbsorientierungen in entgrenzten Arbeitsformen. Forschungsbericht an die Hans-Böckler-Stiftung, München und Chemnitz.

Pries, L. (1998): »Arbeitsmarkt« oder »erwerbsstrukturierende Institutionen«? Theoretische Überlegungen zu einer Erwerbssoziologie, in: KZfSS, 50, 1, S. 159-175.

Seifert, M./Pawlowski, P. (1998): Innerbetriebliches Vertrauen als Verbreitungsgrenze atypischer Beschäftigungsformen, in: Mitteilungen aus der Arbeitsmarkt- und Berufsforschung, 31, S. 599-611.

Sorge, A. (1999): Mitbestimmung, Arbeitsorganisation und Technikanwendung, in: Streeck, W./Kluge, N. (Hrsg.): Mitbestimmung in Deutschland. Tradition und Effizienz, Frankfurt/New York, S. 17-134. Thompson, J. D. (1967): Organizations in Action, New York.

Türk, K. (1978): Soziologie der Organisation, Stuttgart.

Voß, G.G./Pongratz, H. (1998): Der Arbeitskraftunternehmer. Eine neue Grundform der »Ware Arbeitskraft«?, in: KZfSS, 50, 1, 131-158.

Wagner, P. (1995): Soziologie der Moderne, Frankfurt/New York.

Wolf, H./Mayer-Ahuja, N. (2002): »Grenzen der Entgrenzung von Arbeit« – Perspektiven der Arbeitsforschung, in: SOFI-Mitteilungen, Nr. 30, Juni 2002, S. 197-205.

Stefan Kühl
Vom Arbeitskraftunternehmer zum Arbeitskraftkapitalisten

Begriffe wie »Intrapreneur«, »Ein-Mann-Unternehmen«, »Arbeitskraft-unternehmer«, »Selbst-GmbH« und »Ego AG« beziehen sich auf den Umstand, dass die Mitglieder eines Unternehmens sich nicht als Ange-stellte – als »Organization Men« oder »Corporate Men« – verstehen, sondern als »Unternehmer im Unternehmen« agieren. In der Manage-mentliteratur wird mit diesen Begriffen proklamiert, dass man von je-dem Mitarbeiter Unternehmertum erwarte. Das Motto ist jetzt: »Steue-rung reduzieren! Freiräume schaffen! Selbstorganisation fordern!« (vgl. Voß 2002: 32). Arbeitnehmer sollen, so die Zielrichtung, ihre »bewegli-chen Kompetenzen« einem Unternehmen zur Verfügung stellen und dabei zunehmend unternehmerische Aufgaben übernehmen (vgl. Kellaway 2002: 29).

Während die aus der Betriebswirtschaftslehre und der Management-lehre stammenden Begriffe »Intrapreneur«, »Ein-Mann-Unternehmen« und »Selbst-GmbH« in der Regel positiv konnotiert sind, ist besonders mit dem Begriff des »Arbeitskraftunternehmers« die Diskussion über »Unternehmer im Unternehmen« für einen distanzierten, soziologischen Zugang geöffnet worden. Im Konzept des Arbeitskraftunternehmers wer-den »das Selbst-Management von Alltag und Biographie«, die hochindi-vidualisierten »Patchwork-Identitäten«, die kontinuierliche aktive »Pro-duktion« und »Vermarktung« der Arbeitskraft und die »Selbstkontrolle« der Arbeitskraft hervorgehoben und wird die Debatte in der Betriebswirt-schaftslehre um »kritische« Aspekte angereichert (vgl. Voß/Pongratz 1998: 150).

Letztlich zeichnet sich bei der Diskussion über die »Intrapreneure«, »Ein-Mann-Unternehmen«, »Arbeitskraftunternehmer«, »Selbst-GmbHs« und »Ego AGs« die gleiche Debattenstruktur ab wie bei der Diskussion über neue Organisationskonzepte in den 1980er und 90er Jahren. Auch hier gab es eine Spaltung in von der Betriebswirtschaftslehre und Mana-gementlehre weitgehend positiv besetzte Konzepte wie »Lean Manage-ment«, »fraktale Fabrik« und »modulares Unternehmen« einerseits und in eher um einen kritischen Impetus angereicherte Konzepte wie »Post-fordismus« und »neue Produktionskonzepte« andererseits. Aber trotz

---

Bei diesem Artikel handelt es sich um eine Vorstudie für mein Buch *Exit-Kapitalis-mus*, das im Februar 2003 bei Campus erscheinen wird.

der unterschiedlichen Beurteilung der neuen Unternehmenskonzepte gingen sowohl die Betriebswirtschaft und die Managementlehre als auch die Arbeits- und Industriesoziologie davon aus, dass wir es mit einer unter Rationalisierungsgesichtspunkten neuen »optimalen Form« der Organisation zu tun haben (vgl. Kühl 2002a). Die betriebswirtschaftliche und die industriesoziologische Diskussionsrichtung waren sich viel ähnlicher, als aufgrund der Positiv-Negativ-Kontrastierung auf den ersten Blick zu erwarten war.

Die gemeinsame Kernaussage der mit den Begriffen »Intrapreneur«, »Ein-Mann-Unternehmen«, Arbeitskraftunternehmer« oder »Selbst-GmbH« hantierenden Wissenschaftler ist, dass wir es in den letzten zehn, zwanzig Jahren mit einem »strukturellen Wandel in der gesellschaftlichen Verfassung von Arbeitskraft« zu tun hatten (vgl. Zielcke 1996; Voß/Pongratz 1998: 131). Der Nutzen dieser Diskussion besteht darin, dass die eher organisations- und industriesoziologisch geführte Kontroverse über neue Organisationsformen durch die Begrifflichkeit des »Intrapreneurs«, »Ein-Mann-Unternehmens«, »Arbeitskraftunternehmers« und der »Selbst-GmbH« stärker auf die sich verändernde Rolle des Arbeitnehmers fokussiert und so arbeitssoziologisch angereichert wird.

Die These von einem »Epochenbruch« bzw. von einem »strukturellen Wandel« hat aber sowohl in der betriebswirtschaftlichen als auch in der arbeitssoziologischen Version einen Haken: Bei einer strikt analytischen Betrachtung müsste der qualitative Bruch hin zum »Intrapreneur«, »Ein-Mann-Unternehmen«, »Arbeitskraftunternehmer« oder zur »Selbst-GmbH« für einen Großteil Europas und für die USA ungefähr einhundert bis zweihundert Jahre vorher angesetzt werden. Seit der Auflösung von Leibeigenschaft und Sklaverei mussten die Arbeitnehmer ihre Arbeitskraft als »Unternehmer« weiterentwickeln und vermarkten – eine Entwicklung, auf die nicht zuletzt Karl Marx hingewiesen hat.

Spätestens mit der Industrialisierung zuerst in England, dann auf dem europäischen Kontinent und in den USA, wurde der »Besitz« der Feudalherren oder Sklavenhalter an Personen aufgelöst. Die ehemaligen Sklaven wurden »Unternehmer ihrer selbst«, die Arbeitskraft auf einem freien Markt anbieten konnten – oder besser mussten. Als Eigentümer ihrer Arbeitskraft waren sie gezwungen, ihr »Vermögen zu arbeiten« gezielt anzupreisen und es dauerhaft in Richtung einer wirtschaftlichen Nutzung weiterzuentwickeln. In dem Moment, in dem der Sklave zum Arbeitnehmer wurde, war er gezwungen, seine Arbeitskraft als »veredeltes Halbfertigprodukt« anzubieten und dem Nachfrager zu versprechen, dass dieser durch diese Arbeitskraft Mehrwert produzieren konnte (vgl. Deutschmann 2002: 68).

Dieses Anbieten der Arbeitskraft als »veredeltes Halbfertigprodukt« konnte und kann auch proaktive, auf die Mehrung des »Unternehmensnutzens« zielende Komponenten beinhalten. Das selbständige Anwerben neuer Kunden sowie die Initiative für die Entwicklung eines neuen Produktionsverfahrens, auch wenn dies nicht in der eigentlichen Arbeitsplatzbeschreibung steht, können als eigenständige unternehmerische Aktivitäten betrachtet werden. Von daher ist es ein fließender Übergang von den Arbeitern als »Unternehmer ihrer Arbeitsleistung« (Brentano 1907: 26f.) zu dem vom Ökonomen Joseph Schumpeter (1926: 111) beschriebenen Manager als »unselbständigem Angestellten«, der auch ohne Besitz am Unternehmen unternehmerisch wirken kann (vgl. Jaeger 1990: 722f.; siehe auch Pongratz/Voß 2002).

Aus meiner Sicht hat sich sowohl in der Betriebswirtschaftslehre als auch in der Soziologie die Diskussion über das »Ein-Mann-Unternehmen«, die »Selbst-GmbH«, den »Intrapreneur« oder den »Arbeitskraftunternehmer« zu schnell von dem eigentlich qualitativen Umbruch von der Sklavengesellschaft zur kapitalistischen Gesellschaft gelöst (teilweise wird dieser gar nicht mehr thematisiert) und diese Begriffe als moderne Zeitdiagnose eingeführt.

Meine Vermutung ist, dass die Diskussion – nach Wiedereinführung einer historischen Perspektive – auf ein Steigerungsargument hinauslaufen wird. Mit der Entstehung des Kapitalismus, so vermute ich wird der Tenor sein, ist auch der »Arbeitskraftunternehmer« entstanden, der jetzt aber unter verschärften Bedingungen gezwungen ist, seine Arbeitskraft noch stärker weiterzuentwickeln, Elemente der Selbststeuerung noch stärker zu integrieren etc. Mit dieser Differenzierung würde die Debatte aber enorm an Reiz verlieren.

Schwerwiegender erscheint mir jedoch, dass durch die momentane Engführung der Diskussion auf die »Unternehmer im Unternehmen«, auf die »abhängige und unabhängige Selbstorganisation von Arbeit« die »echte« qualitative Veränderung seit der Abschaffung der Sklaverei bzw. der Lehnsherrschaft und der Etablierung kapitalistischer Gesellschaften übersehen wird, nämlich die zunehmende Auflösung der personalen Unterscheidung in »Kapitalisten« auf der einen Seite und »Arbeitskraftverkäufer« auf der anderen Seite. Auf diesen Aspekt will ich mich im Folgenden konzentrieren.

Ziel dieses Artikels ist es, herauszuarbeiten, dass wir es seit der Ausbildung eines Risikokapitalgewerbes in den letzten fünfzig Jahren nicht mehr nur im engeren Sinne mit »Intrapreneuren«, »Arbeitskraftunternehmern« oder »Selbst-GmbHs« zu tun haben. Es geht in risikokapitalfinanzierten Unternehmen, so meine These, nicht mehr allein um das Anpreisen und Weiterentwickeln der eigenen Arbeitskraft und die Übernahme unternehmerischer Funktionen durch Arbeitnehmer, sondern vielmehr kommt es (zumindest tendenziell) zu einem Zusammenfallen der Rolle des Verkäufers von Arbeitskraft *und* der Rolle des Anteilsbesitzers am Unternehmen. Es entstehen »Arbeitskraftkapitalisten«. Diese werden für den Einsatz ihrer Arbeitskraft zwar auch ein Gehalt bekommen, maßgeblich aber dadurch motiviert werden, dass sie durch den Einsatz von Arbeitskraft (und eben in der Regel nicht durch Einsatz von Geld) Anteile an einem Unternehmen erwerben. Zugespitzt geht es mir darum, die Argumentation des Ökonomen Joseph Schumpeter von den »Füßen wieder auf den Kopf« zu stellen. Schumpeters Argument ist, dass sich im Kapitalismus der Begriff des Unternehmers aus der Einheit von Kapitalbesitz und Leitungsfunktion herauslöst und auch der Manager als »unselbständiger Angestellter« unternehmerisch tätig werden kann. Im Exit-Kapitalismus, so nenne ich durch Risikokapital geprägte kapitalistische Strukturen, fallen Leitungsfunktionen des Managements und Kapitalbesitz wieder punktuell zusammen, ja weitergehend werden teilweise sogar Kapitalbesitz und wertschöpfende Tätigkeit von Arbeitnehmern in einer Person kombiniert.

Im ersten Abschnitt des Artikels stelle ich in aller Kürze dar, wie sich der Typ des Arbeitskraftkapitalisten in risikokapitalfinanzierten Unternehmen ausbildet. Im zweiten Abschnitt zeige ich anhand der Figuren des Unternehmensgründers, der Führungskraft und des Mitarbeiters, in welcher Form der Einsatz von Arbeitskraft und Kapitalbesitz zusammenfällt. Im dritten Abschnitt zeige ich die Veränderungen von Konfliktlinien auf und stelle dar, in welchen Verhältnissen sich Arbeitskraftkapitalisten bewegen. Im vierten Abschnitt diskutiere ich die Reichweite der Figur des Arbeitskraftkapitalisten. Es ist nicht der Anspruch dieses Artikels, die Figur des Arbeitskraftkapitalisten detailliert zu entwickeln. Mir geht es vielmehr darum, einerseits mit dem Begriff des Arbeitskraftkapitalisten auf einen vernachlässigten Aspekt der Debatte hinzuweisen, nämlich das Zusammenfallen von Kapitalbesitz und Arbeitskraftverkauf, und andererseits das in der Arbeits-, Industrie- und Organisationssoziologie bisher vernachlässigte Thema risikokapitalfinanzierter Unternehmen stärker in den Mittelpunkt einer Analyse zu rücken.

1. Konturen des Exit-Kapitalismus und die »Entstehung« des Arbeitskraftkapitalisten

Das Risikokapitalgewerbe hat sich nach dem Zweiten Weltkrieg zuerst in den USA und danach im Nahen Osten, in Europa und in Asien entwickelt. Risikokapitalgeber, die entweder in der Form von Business Angels, als Venture-Capital-Gesellschaften oder als Anleger an High-Tech-Börsen auftreten, versorgen Unternehmen mit Kapital, damit diese – häufig auch unter Verzicht auf kurzfristige Profitabilität – schnell wachsen und eine dominierende Position in einem sich ausbildenden Wachstumsmarkt einnehmen können.

Das Besondere an der Finanzierung durch Risikokapitalgeber und durch die Ausgabe von Anteilen an Börsen für Wachstumsmärkte ist, dass die Financiers Beteiligungskapital zur Verfügung stellen. Anders als bei der Aufnahme von Krediten besteht bei Beteiligungskapital für das Unternehmen keine Rückzahlungspflicht. Das finanzierte Unternehmen muss für das Kapital keine Zinsen aufbringen und haftet im Konkursfall nicht für das durch Business Angels, Risikokapitalgesellschaften oder Privatanleger zur Verfügung gestellte Kapital.

Das Risiko des Risikokapitalanlegers besteht darin, dass er bei einer Pleite des Unternehmens seine komplette Investition abschreiben muss. Der Reiz hingegen ist, dass die Investition nur einmal verloren gehen kann, gleichzeitig jedoch die Möglichkeit besteht, die Investition zu verzehn-, zu verhundertfachen oder in äußerst seltenen Ausnahmefällen auch zu vertausendfachen. Im Gegensatz zu Banken, die ihren Profit aus den Zinsen für die Kredite ziehen, verdienen die Risikokapitalgeber an der Differenz zwischen dem Einkaufs- und dem Verkaufspreis ihrer Unternehmensanteile. Während bei einem Kredit der Geldgeber mit einer Verzinsung von vielleicht sieben oder acht Prozent rechnen kann, hat der Risikokapitalgeber die Möglichkeit, bei einem erfolgreichen Börsengang seines Unternehmens oder dem lukrativen Verkauf an ein anderes Unternehmen seinen Einsatz zu vervielfachen.

Die Exit-Logik im Risikokapitalgeschäft

Risikokapital ist kein langfristig angelegtes Geld. Die Idee eines Business Angel, einer Risikokapitalgesellschaft oder eines Anlegers an Börsen für Wachstumsunternehmen besteht darin, in das Wachstum eines jungen Unternehmens zu investieren und die Anteile zu verkaufen, wenn das Unternehmen eine ausreichende Größe und Glaubwürdigkeit erreicht hat. Der »Exit« eines Risikokapitalgebers geschieht entweder durch den Börsengang des Unternehmens oder durch den Verkauf der Anteile an ein anderes Unternehmen oder – ganz selten – durch den Rückverkauf der Anteile an die Unternehmensgründer. Kurz: Risikokapitalgeber kaufen Anteile an einem jungen Unternehmen oder auch nur an einer Unternehmensidee, nähren für einige Jahre das Unternehmen mit Geld, Rat und Tat und verkaufen ihre Anteile dann mit einem möglichst hohen »Exit-Profit«.

Folglich planen Risikokapitalgeber ihr Engagement in Wachstumsunternehmen »vom Ende her«. Der »Harvest-Gedanke« spielt bei der Planung eines Investments vom Anfang an eine zentrale Rolle, weil der Risikokapitalgeber nur dann seinen Schnitt machen kann, wenn für ihn eine lukrative Ausstiegsoption besteht. Weil der Gewinn eines Risikokapitalgebers nicht die Dividende ist, die aus dem operativen Profit der Firma gezahlt wird, sondern die Differenz zwischen dem Preis, zu dem ein Risikokapitalgeber in eine Firma eingestiegen ist, und dem Preis, den spätere Käufer für die Anteile an der Firma zahlen, gibt es zu dieser sehr frühen Exit-Orientierung keine Alternative.

Aus ihrem an einem Exit ausgerichteten Kalkül machen Risikokapitalgesellschaften kein Geheimnis. Sie präsentieren sich als »Lebensabschnittsgefährten«, die zwar einige Jahre für »ihr« Unternehmen da sind, aber nicht daran denken, bis an das Lebensende am Partner festzuhalten. Den Unternehmen, die Anteile an Risikokapitalgesellschaften abgeben, wird mitgeteilt, dass die Risikokapitalgesellschaft nicht an einer langfristigen Investition interessiert ist, sondern die Anteile wieder abstoßen wird, sobald sich eine lukrative Möglichkeit ergibt. In den Verträgen zwischen den finanzierten Unternehmen und den Risikokapitalgebern lassen sich die Financiers deshalb häufig das Recht einräumen, auch gegen den Widerstand der Unternehmensgründer einen Börsengang zu versuchen oder das Unternehmen zum Verkauf anzubieten.

Damit die Exit-orientierte Strategie von Risikokapitalgebern aufgeht, setzen diese auf Diversifikation. In der Regel geht eine Risikokapitalgesellschaft davon aus, dass lediglich bei zehn bis zwanzig Prozent aller Firmen, an denen sie in einer Frühphase Anteile gekauft hat, der eingesetzte Dollar verzehn- oder verhundertfacht wird. In fast monotoner Weise wird von Risikokapitalgebern betont, dass von zehn Unternehmen nur ein oder zwei »High Flyer« werden und für viel Geld an die Börse gebracht oder sehr teuer an andere Unternehmen verkauft werden können. Bei drei, vier oder fünf Unternehmen könne man hoffen, dass man die Anteile mit einer einigermaßen anständigen Rendite verkauft oder wenigstens seine Ausgaben wieder hereinbekommt. Den Rest der Unternehmen könne man abschreiben, weil sie entweder vor sich hin vegetieren oder in Konkurs gehen.

Die Kalkulation von Risikokapitalgebern ähnelt der Berechnung großer Hollywood-Produzenten, die dem Motto des Wirtschaftsnobelpreisträgers James Tobin folgen, nicht »alle Eier in einen Korb zu legen«, sondern zum Zweck der Risikostreuung die Eier auf mehrere Körbe zu verteilen. Viele Filme wie das Kevin-Costner-Debakel »Waterworld«, der John-Travolta Megaflop »Battlefield Earth« oder der Western-Flop »Heaven's Gate« verschwinden nach nur wenigen Wochen aus den Kinos. Die Millionen von Dollar, die in den jeweiligen Film investiert wurden, kann der Produzent als Verlust verbuchen. Andere Filme hingegen wie »Titanic«, »Star Wars«, »Jurrasic Park« oder »Harry Potter« werden zum Kassenschlager. Die Gewinne aus diesen Unternehmen entsprechen einem Vielfachen des eingesetzten Geldes und gleichen die Verluste durch die Flops aus.

Wie kann das Kalkül aufgehen, dass der Verkauf von Anteilen an einem oder zwei »Starunternehmen« ausreicht, um eine angestrebte Verzinsungsrate von 25 bis 30 Prozent auf das eingesetzte Kapital zu erreichen? Risikokapitalgeber investieren nur in solche Unternehmen, von denen sie hoffen können, sie für ein Vielfaches der Einstiegssumme zu verkaufen. Das Kalkül eines Risikokapitalgebers ähnelt auch hier dem eines Filmproduzenten, der angesichts der hohen Floprate von Kinofilmen darauf setzen muss, dass jeder Film, in den er investiert, zumindest die theoretische Möglichkeit hat, zehnmal so viel einzuspielen wie er gekostet hat.

Vom Risikokapitalismus zum Exit-Kapitalismus

Die Logik der Risikokapitalfinanzierung ist nicht neu. Schon kurz nach der maßgeblich durch die spanische Krone finanzierten »Entdeckung« Amerikas durch Christoph Kolumbus engagierten sich private Kaufleute in großem Umfang bei der Finanzierung von Expeditionen nach Amerika. Als Sebastian Cabote 1504 eine Amerika-Expedition organisierte, sprang nicht mehr – wie noch bei Kolumbus – vorrangig der Staat mit »Risikokapital« ein, sondern kam das Geld von den spanischen Kaufleuten de Haro und den deutschen Fuggern und Welsern, die sich eine Verdopplung ihres Einsatzes versprachen. Das Kalkül eines britischen oder holländischen Investors, der im späten 16. oder frühen 17. Jahrhundert ein Schiff für eine Expedition in den Fernen Osten ausstattete, sah ganz ähnlich aus wie die Kalkulationen eines Risikokapitalgebers, der in Unternehmen aus der Computer-Industrie, der Biotechnologie oder der optischen Technologie investiert. Die Kaufleute im 16. oder 17. Jahrhundert gingen davon aus, dass trotz der technischen Innovationen nicht alle Schiffe, in die sie investierten, mit vollen Lagerräumen zurückkommen würden. In den Fällen, in denen die Schiffe den Rückweg schafften, erwarteten sie jedoch, dass die in Asien eingekauften Muskatnüsse, Pfefferkörner und Gewürznelken einen mehr als zehnfachen Profit abwarfen. Erst durch die Investition in eine Vielzahl von Expeditionen konnte der Kapitalgeber sein Risiko ausreichend streuen (vgl. Milton 1999: 120; 141).

Gleichwohl bildete sich erst nach dem Zweiten Weltkrieg eine eigene »Risikokapitalindustrie« aus. Bis zum Zweiten Weltkrieg war die Risikokapitalfinanzierung die Sache von Einzelpersonen oder eines losen Netzwerks von Einzelpersonen. Erst die in den USA seit 1945 entstehenden Risikokapitalgesellschaften sammelten Kapital von Investoren nicht für die Investition in ein einzelnes Unternehmen, sondern sie legten Fonds auf, in die Banken, Versicherungen, Pensionsfonds, Stiftungen und Privatleute ihr Geld investieren konnten. Diese bis zu zehn Jahre laufenden Fonds waren (und sind) zeitlich begrenzte »Partnerschaften« zwischen den Risikokapitalgesellschaften einerseits und ihren Investoren andererseits, in denen festgelegt war, wie viel Geld die Investoren einbrachten, wie Profite aus den Investitionen verteilt wurden und welchen Regeln das Investitionsverhalten der Risikogesellschaften unterlag.

Aus den Maklern des frühen Risikokapitalgeschäfts, die für konkrete Deals Investoren und Unternehmen zusammenbrachten und sich dabei teilweise mit eigenem Geld beteiligten, wurden Gesellschaften, die durch einen Fonds ein höheres Maß an Autonomie gegenüber ihren eigenen Investoren entwickelten. Die Risikokapitalgesellschaft konnte die Gelder aus dem Fonds dazu nutzen, weitgehend autonom von ihren eigenen Investoren in junge Unternehmen zu investieren. Sie mussten lediglich den Banken, Versicherungen, Pensionsfonds, Stiftungen und Privatleuten, die Geld in ihre Fonds investiert hatten, auf jährlichen Konferenzen und in schriftlichen Zwischenberichten die Sicherheit vermitteln, dass sich ihr Geld in guten Händen befand und dabei war, sich reichlich zu mehren.

Besonders das Verhältnis zwischen Risikokapitalgebern und Unternehmensgründern änderte sich durch das Auflegen von Risikokapitalfonds erheblich. Während bei der informellen Risikokapitalfinanzierung nicht selten Unternehmensgründer wie Bittsteller von einer reichen Einzelperson zur nächsten zogen, führte die Institutionalisierung von Risikokapitalgesellschaften und Risikokapitalfonds dazu, dass der Unternehmensgründer auf Financiers traf, die ihr Geld auch »loswerden« mussten.

Eine reiche Einzelperson kann ihre Investitionen in junge Unternehmen noch von sich bietenden Gelegenheiten abhängig machen. Wenn sich über mehrere Jahre keine Unternehmensgründung anbietet, in die der reiche Investor sein Geld anlegen kann, dann legt er dies eben in Aktien von etablierten Unternehmen wie Ford oder Bayer, in Rohstoffgeschäften oder Immobilien an. Diese Möglichkeit gibt es für Risikokapitalgesellschaften nicht. Sie können ihre Gelder nicht nach Belieben zwischen Investitionen in junge Unternehmen, Aktienpaketen, Staatsanleihen und Postsparbüchern hin- und herschieben, sondern sind »gezwungen«, ihr Geld in junge Unternehmen zu stecken. Durch die Institutionalisierung der Risikokapitalfinanzierung standen den jungen Unternehmen so plötzlich Investitionsmittel zur Verfügung, die Anlagemöglichkeiten bei ihnen »suchten«.

Erst diese Institutionalisierung der Risikokapitalindustrie machte den »Risikokapitalismus« auch zu einem »Exit-Kapitalismus« (vgl. Kühl 2002b). Wenn eine reiche Einzelperson keine Möglichkeit sah, ihre Anteile an einem jungen Unternehmen weiterzuverkaufen, dann behielt sie sie eben so lange, bis sich eine Möglichkeit zum Verkauf bot, und bediente sich bis dahin aus den Dividenden des Unternehmens. Diese Möglichkeit des prinzipiell unbegrenzten Haltens von Unternehmensanteilen hat eine Risikokapitalgesellschaft aufgrund ihrer Verpflichtungen gegenüber den eigenen Investoren nicht mehr. Die Investoren in einen Risikokapitalfonds wollen die Leistung der Risikokapitalgesellschaft nach einigen Jahren messen und ihre Investition in Cash (oder wenigstens in handelbaren Unternehmensanteilen) zurückbekommen. Und die einzige Möglichkeit für einen Risikokapitalgeber, »Cash« zu generieren, ist der gewinnbringende Exit aus der eigenen Investition.

Die Institutionalisierung der Risikokapitalindustrie als Voraussetzung für die Ausbildung des Arbeitskraftkapitalisten

Es läge jetzt nahe, die Aussagen über die Kapitalmarktorientierung, die Exit-Ausrichtung und die Risikoorientierung auf die Risikokapitalgeber zu beschränken und den Unternehmensgründern, Top-Führungskräften und Mitarbeitern in risikokapitalfinanzierten Unternehmen eine prinzipiell andere Logik zu unterstellen. In der Literatur werden Unternehmensgründer gerne als die eigentlichen »Adventurer« dargestellt, die aus einer Idee ein vermarktungsfähiges Produkt oder eine Dienstleistung machen. Im Rückgriff auf den Ökonomen Werner Sombart (1986: 12) wird dabei der Gründer und Unternehmer als »treibende Kraft« präsentiert, durch dessen »schöpferische Tat« die anderen Produktionsfaktoren wie Arbeit und Kapital erst zum Leben erweckt werden. Top-Führungskräften wird die Rolle zugeschrieben, dem Unternehmensgründer irgendwann das Geschäft aus der Hand zu nehmen und aus einem kleinen Start-up einen Konkurrenten für die großen, etablierten Spieler einer Branche zu machen. Die Mitarbeiter eines Wachstumsunternehmens werden als das »Humankapital« gepriesen, das aufgrund seines Engagements, seiner Kreativität und seiner Fähigkeit den Wertschöpfungsprozess organisiert und optimiert und das Unternehmen vorantreibt, zugleich aber auch auf den Verkauf der eigenen Arbeitskraft angewiesen ist und sich deshalb von den Kapitalgebern grundlegend unterscheidet.

Aber: Alle Akteure in einem Wachstumsunternehmen sind neben ihrer Funktion als Unternehmensgründer, Top-Führungskraft oder Mitarbeiter auch (zumindest potenzielle) Kapitalbesitzer. Auch wenn sie ihre Unternehmensanteile im Gegensatz zu den Risikokapitalgebern in der Regel nicht durch Geldzahlungen erwerben, sondern durch ihre Arbeitskraft, so werden sie auf ihre Art »kleine« (oder »große«) Risikokapitalgeber für ein Unternehmen und übernehmen deswegen auch – wenigstens teilweise – die Logik von Risikokapitalgebern.

2. Typen des Arbeitskraftkapitalisten: Gründer, Führungskräfte und Mitarbeiter

Wie werden Unternehmensgründer, Führungskräfte und Mitarbeiter zu Anteilseignern am Unternehmen, also zu »Kapitalisten«? Die Unternehmensgründer halten in der Anfangszeit eines Unternehmens in der Regel 100 Prozent der Anteile an dem Unternehmen. Aber auch nachdem sie für eine Anschubfinanzierung in Höhe von einigen Millionen Euro 20 bis 40 Prozent der Unternehmensanteile an Risikokapitalgeber abgegeben haben, behalten sie aufgrund ihrer Kapitalmehrheit – zumindest formal – das Sagen im Unternehmen. Top-Führungskräfte lassen sich ihren Einstieg in ein Wachstumsunternehmen durch eine Kapitalbeteiligung – nicht selten in Höhe von einigen Prozent – schmackhaft machen und werden auch so zu Kapitalbesitzern. Mitarbeitern in Wachstumsunternehmen werden zum Zweck der Motivation Unternehmensanteile in Aussicht gestellt, oder sie werden für ihre Arbeit direkt mit Unternehmensaktien bezahlt.

In risikokapitalfinanzierten Unternehmen verschiebt sich durch den Kapitalbesitz das ökonomische Kalkül. Auch die Gründer, Führungskräfte und Mitarbeiter setzen darauf, dass sie als Kapitaleigner beim Börsengang oder beim Verkauf des Unternehmens an einen großen Konkurrenten lukrative Exit-Profite erzielen können. Aus der Exit-Perspektive sind die Unternehmer nicht primär an den Profiten aus dem operativen Geschäft des Unternehmens interessiert, sondern an der Wertentwicklung ihrer Unternehmensanteile. Top-Manager nehmen in Wachstumsunternehmen geringere Gehälter in Kauf, weil sie für die ihnen zugesagten Unternehmensanteile eine rasante Wertentwicklung erwarten. Mitarbeiter sind damit zufrieden, dass der monatliche Eingang auf ihrem Gehaltskonto ihre Lebenshaltungskosten deckt, aber erst die über Aktienoptionen erworbenen Unternehmensanteile mit ihrer rasanten Wertsteigerung machen für sie die »Beute richtig fett«.

Aus dieser Exit-Perspektive, die besonders in Boom-Phasen am Kapitalmarkt ausgeprägt ist, interessiert es die Gründer, Manager und Mitarbeiter nicht vorrangig, ob sie in einem Unternehmen jährlich ein paar tausend Dollar mehr verdienen können, sondern sie beschäftigt die Frage, ob das Angebot an »Stock Options« attraktiv ist. Statt des Kalküls eines Managers, der sich sagt: »Ich erhalte ein monatliches Gehalt dafür, dass ich das Unternehmen voranbringe«, und der Rationalität eines Mitarbeiters, der sagt: »Ich verkaufe meine Arbeitskraft gegen einen Gehaltsscheck«, bilden sich in Hype-Phasen immer mehr die Logiken eines spekulativ ausgerichteten Kapitalanlegers aus. Man lässt sich für seine Arbeitskraft zu einem erheblichen Teil in Unternehmensanteilen bezahlen, die es einem ermöglichen, schnell reich zu werden, die aber auch schnell wertlos werden können.

Die fiktive Modellrechnung der Firma Exit-Satisfaction zeigt, worauf dieses Kalkül basiert. Beim Börsengang der Firma drei Jahre nach der ersten Risikokapitalfinanzierung zeigt sich, wie der Wert der Unternehmensanteile der Gründer, Führungskräfte und Mitarbeiter explodiert ist. Die Anteile am Unternehmen, die der Gründer beim Börsengang hält, sind 14 Millionen US-Dollar wert, die der Vorstandsvorsitzenden 4 Millionen und die ihrer Vorstandskollegen je 1 Million. Der Wert der Aktienoptionen der Mitarbeiter beträgt 10 Millionen US-Dollar (siehe Tabelle 1).

Die verschiedenen Ausprägungen der Figur des Arbeitskraftkapitalisten sollen im Folgenden am Beispiel der Unternehmensgründer, der Führungskräfte und der Mitarbeiter illustriert werden.

Tabelle 1: Vereinfachte Modellrechnung für die Finanzierung und Wertentwicklung der Firma Exit-Satisfaction über drei Jahre

	Finanzierung durch frühe Investoren	1. Finanzierungsrunde durch Risikokapitalgeber	2. Finanzierungsrunde durch Risikokapitalgeber	Börsengang des Unternehmens	Wert der jeweiligen Anteile beim Börsengang
Jahr	0 (Produktidee)	1 (Prototyp fertig)	2 (Produkt ist am nationalen Markt)	3 (internationale Expansion)	
Wert der Firma am Kapitalmarkt	2.000.000 $	8.000.000 $	40.000.000 $	100.000.000 $	
Gründer	55%	30%	20%	14%	14.000.000 $
Vorstandsvorsitzende	6%	6%	6%	4%	4.000.000 $
Vorstand Technik	2%	2%	2%	1%	1.000.000 $
Vorstand Finanzen	2%	2%	2%	1%	1.000.000 $
Aktienpool für Mitarbeiter	10%	10%	10%	10%	10.000.000 $
Frühe Investoren	25% (erworben für 500.000 $)	25%	25%	25%	25.000.000 $ (50x der Einsatz)
Investoren der 1. Finanzierungsrunde		25% (erworben für 2.000.000 $)	25%	25%	25.000.000 $ (12,5x der Einsatz)
Investoren der 2. Finanzierungsrunde			10% (erworben für 4.000.000 $)	10%	10.000.000 $ (2,5x der Einsatz)
Investoren beim 10.000.000 $ Börsengang (Fonds und Kleinanleger)				10% (erworben für 10.000.000 $)	10%

Der serielle Unternehmer – ein neues Modell von Existenzgründern

Als Modell der neuen Gründerkultur in den USA, Europa und Asien wird der »serielle Unternehmer« gepriesen, der mehrmals hintereinander ins Unternehmertum ein- und wieder aussteigt. Der erfolgreiche Aufbau mehrerer Unternehmen gilt nicht als Ausweis von Unbeständigkeit, sondern wird als Adelstitel« verstanden. In paradoxer Weise entwickelt sich der »Gründer« zu einer eigenen kleinen Profession, in der der Erfolg nicht in der »nachhaltigen« Leitung eines einmal gegründeten Unternehmens, sondern in der Gründung möglichst vieler Unternehmen gesehen wird. Das Rollenmodell für diese seriellen Unternehmer ist der Gründer von Atari, Nolan K. Bushnell. Bis Bushnell galten Persönlichkeiten wie Henry Ford, J.P. Morgan, Werner von Siemens oder auch, in der Frühzeit des Silicon Valleys, Bill Hewlett und David Packard als »vorbildliche Gründer«, die mit ihrer Firma in guten und schlechten Zeiten verbunden blieben und bei ihrem Tod ihren Erben eine Multimillionen-Dollar-Firma hinterließen.

Der serielle Unternehmer Bushnell machte jedoch einerseits deutlich, dass Unternehmensgründer nicht unbedingt die richtigen Personen für alle Phasen des Unternehmens sind, und zeigte andererseits, dass man als »professioneller Serientäter« ähnlich hohe Gewinne machen kann wie Gründer, die ein Leben lang an ihrem einen Unternehmen festhalten. Bushnell hatte anfangs Schwierigkeiten, sich von seiner erfolgreichen Firma Atari zu trennen. Als er aber beim Verkauf seiner Computerfirma an Warner Communication mehr als 10 Millionen US-Dollar einstrich und feststellte, dass sich mit der Gründung und dem Verkauf von Unternehmen gutes Geld verdienen ließ, gründete er hintereinander – und dann zunehmend auch parallel – 20 verschiedene Firmen. Darunter waren Chuck E. Cheese's Pizza Time Theater, eine Kombination aus Fast Food Restaurant und Spielhölle, die 1981 an die Börse ging, Axlon, eine ebenfalls später börsennotierte Firma zur Entwicklung von Spielsachen und Videospielen, sowie Androbots, ein Hersteller von Hausrobotern, der zum Leidwesen Bushnells gezwungen war, bereits vor einem geplanten Börsengang Konkurs anzumelden (vgl. Malone 1985: 348).

In jedem europäischen Land haben sich eigene Vorbilder für serielles Unternehmertum ausgebildet. Nina Brink, die holländische Gründerin des Internet-Service-Providers World Online International, preist sich dafür, dass sie ihre ersten 30 Millionen Dollar mit einer von ihr gegründeten Handelsfirma für Epson-Drucker bereits gemacht habe und weitere Unternehmensgründungen nicht mehr geldgetrieben seien. Mit ihren Gründungsaktivitäten komme es ihr, so Brink, darauf an, Anerkennung als »Master Creator of the European Net« zu gewinnen. In Großbritannien gründete Charlie Muirhead erst seine Firma Orchestream, die er erfolgreich an die Börse brachte und die ihn zum mehrfachen Pfund-Millionär machte. Seine nächsten Firmen waren i-gabriel, eine Ansammlung von reichen Investoren, die junge Start-ups unterstützen, und Net Provider, eine Softwarefirma mit dem Ziel, Internetverbindungen zu standardisieren. In der Schweiz konnte Stephan Widmar mit 30 Jahren bereits die Gründung seiner dritten Firma verkünden. Nach der Gründung eines Unternehmens, das Apple-Computer über das Internet vertrieb, und dem Aufbau eines der größten Schweizer Internetportale, Auktion24.ch, gründete er zusammen mit einigen Mitstreitern die Firma Wetellyou.com, über die Internetsurfer gegen ein geringes Entgelt Experten um Rat fragen können. In Frankreich wird der gerade zwanzigjährige Jérémie Berrebi von seinen Risikokapitalgebern als »Mozart des Internets« gepriesen. Nach dem Aufbau der Firmen Pust Contact und dann Central Cast gründete er das Webportal Net2One, das kurze Zeit sogar als ein möglicher Kandidat für einen Börsengang gehandelt wurde.

Das Modell des seriellen Unternehmers verweist darauf, dass Unternehmensgründer ihre Profite nicht aus laufenden Dividendenzahlungen des Unternehmens erzielen, sondern Gewinne machen, wenn sie ihre Unternehmensanteile wieder verkaufen. Olaf Schmitz, Inkubator bei der Risikokapitalgesellschaft startup-jungle, stellt fest, dass man als Risikokapitalgeber nicht an Unternehmensgründern interessiert sei, »die sich aus dem jährlichen Gewinn des Unternehmens ernähren möchten und damit eine langfristige Existenzperspektive verbinden«. Man suche vielmehr Leute, die »sich aus dem möglichst hohen Gewinn des Verkaufs des Unternehmens ernähren wollen.« Dadurch würden sich professionelle Gründer ausbilden, die es schaffen könnten, Unternehmen in kurzer Zeit »börsenreif« zu machen (vgl. Schmitz 2001).

Führungskräfte – der schnelle Ein- und Ausstieg in ein bzw. aus einem Unternehmen
Eine zentrale Anforderung an schnell wachsende Unternehmen besteht darin, dass sie für jede Wachstumsphase die »richtige« Führungskraft haben. Der Journalist Michael Mandel bezeichnet die »qualifizierten, kreativen und mit unternehmerischen Qualitäten ausgestatteten Mitarbeiter« als »entscheidenden Bestandteil des Risikofinanzierungsprozesses«. Diese dürften nicht auf Dauer an ein etabliertes Unternehmen gebunden sein, sondern müssten vielmehr eine »mobile Angriffstruppe« darstellen, die sich in »Richtung der Unternehmen und Projekte« bewegt, die am ehesten in der Lage seien, den »Durchbruch zu schaffen«. Der Vorteil der USA bestehe, so Mandel ein beliebtes Klischee aufgreifend, darin, dass dort die »fähigsten Köpfe« nicht wie in Europa und Japan an »traditionell hoch dotierte und prestigeträchtige Positionen in großen Unternehmen« gebunden sind, sondern bereit seien, von einem Unternehmen zum anderen zu wechseln (vgl. Mandel 2000: 31).

Wie erlangt man diese Wechselbereitschaft von Führungskräften? Eine wichtige Rolle bei schnellen Ein- und Ausstiegen von Top-Managern spielen Aktienpakete und Aktienoptionen. Top-Führungskräfte verdienen zwar in den schnell wachsenden risikokapitalfinanzierten Firmen bis zu 80 Prozent weniger als in den gestandenen Firmen, erhalten aber eine erkleckliche Anzahl an Unternehmensanteilen.

Bei einer positiven Entwicklung des Aktienkurses kann eine Top-Führungskraft mit Hilfe dieser Unternehmensanteile schnell mehrfacher Dollar-Millionär werden. Die zwei bis zehn Prozent Unternehmensanteile, die ein Vorstandsmitglied für den Einstieg in ein junges Unternehmen bekommen kann, können ihn auch schon bei einem Verkauf an ein anderes Unternehmen mehrere Millionen einbringen (vgl. grundsätzlich Sahlman 1990: 505ff.). An dieser Stelle wird die Exit-Logik der Risikokapitalgeber von Top-Führungskräften übernommen. In Fällen, in denen sowohl Kapitalgeber als auch Unternehmensgründer versuchen, in kurzer Zeit eine lukrative Refinanzierung über den Kapitalmarkt zu erhalten, ist ein bestimmter Managementtyp gefragt: Der Manager muss kurzfristig einsetzbar sein, für eine sehr kurze Zeit ein Maximum an Leistungsfähigkeit bringen und auch bereit sein, den Posten schnell wieder zu verlassen, wenn darüber ein Signal an den Kapitalmarkt ausgesendet werden kann.

Die »Söldner« des Exit-Kapitalismus: die Exit-Logik von Mitarbeitern
Wie groß die Wahrscheinlichkeit ist, dass »einfache« Mitarbeiter von risikokapitalfinanzierten Unternehmen durch die ihnen zugewiesenen Unternehmensanteile oder durch Aktienoptionen es zu mehrfachen Millionären bringen, ist schwer zu bestimmen. Aber die Geschichte der Sekretärin bei Apple, deren Anteile nach dem Börsengang des Unternehmens plötzlich mehrere Millionen US-Dollar wert waren, oder der Pressereferentin des Telekommunikationsunternehmens Mobilcom, die es dank des explodierenden Aktienkurses mit 27 Jahren zur mehrfachen Millionärin schaffte, spielen als Fixpunkte für Mitarbeiter im Exit-Kapitalismus eine wichtige Rolle.

Dabei können Unternehmen ihre Mitarbeiter entweder nach dem Motto »Tausend Aktien des Unternehmens gegen sechs Monate vollsten Einsatz in der Marketingabteilung« direkt mit Unternehmensanteilen bezahlen oder so genannte Aktienoptionen vergeben. Die von jungen Unternehmen in Aussicht gestellten Aktienoptionen für Mitarbeiter sind letztlich das vage Versprechen, dass die Mitarbeiter in absehbarer Zeit Anteile am Unternehmen zu sehr günstigen Konditionen erhalten können. Ist das Unternehmen erst einmal an der Börse notiert, kann es Mitarbeitern Aktienoptionen zugestehen, die unter dem offiziell gehandelten Kurs liegen und dem Mitarbeiter, wenn er nach zwei, drei Jahren die Option in Anspruch nimmt, bei einem stark gestiegenen Aktienkurs entsprechende Gewinne einbringen. Wenn beispielsweise einem Mitarbeiter bei einem Börsengang Optionen über 1000 Aktien zu einem Preis von 25 US-Dollar pro Aktie zugestanden werden und der Kurs sich nach zwei Jahren auf 100 US-Dollar pro Aktie vervierfacht, bedeutet dies, dass der Mitarbeiter für seine Aktien, die ursprünglich 25.000 US-Dollar wert waren, 100.000 US-Dollar erhält.

Diese Fokussierung auf den Erwerb von Unternehmensanteilen durch Arbeitskraft wird auch dadurch deutlich, dass neu gegründete Unternehmen immer größere Aktienanteile am Unternehmen für ihre Mitarbeiter »reservieren«. Während in der Anfangszeit der institutionalisierten Risikokapitalfinanzierung in der Regel weniger als zehn Prozent der Unternehmensanteile für Mitarbeiteraktien zur Verfügung standen, stieg dieser Prozentsatz in der Zwischenzeit kontinuierlich an. Ann Winblad von der Risikokapitalgesellschaft Hummer Winblad stellt fest, dass aufgrund der »Konkurrenz um die Talente« seit den frühen 1990er Jahren der für Mitarbeiter reservierte Prozentsatz von Unternehmensanteilen auf 20, manchmal gar 25% angestiegen ist (vgl. Harmon 1999: 85; 116). Eine Folge dieser Fokussierung auf Aktienanteile ist, ähnlich wie bei den Führungskräften, eine hohe Fluktuation des Personals. Die Mitarbeiter bleiben so lange im Unternehmen, wie ihre Chancen steigen, Aktien am Unternehmen zu erhalten, den eigenen Aktienbestand zu vermehren oder ihre Aktien im Wert wachsen zu sehen; wenn sich attraktivere Angebote bieten, wechseln sie. Die britische Wirtschaftszeitschrift The Economist beobachtete, dass sich zu Zeiten eines Technologiebooms Angestellte im Silicon Valley zunehmend wie »free agents« benehmen, die immer bereit sind, zu einem Job mit lukrativeren Aktienoptionen zu wechseln oder ein eigenes Unternehmen zu gründen (The Economist 30.1.1999: 22). Nach Schätzungen von Jeffrey Pfeffer, Professor an der Stanford University Business School, beträgt die jährliche Fluktuation im Silicon Valley ungefähr 20 bis 30%. Das heißt, dass pro Jahr jeder vierte Mitarbeiter eines Unternehmens einen neuen Job annimmt (Pfeffer 2001).

3. Zur Problematik des Arbeitskraftkapitalisten: Konfliktlinien und Risiken

Weil im Exit-Kapitalismus die Kapitalfinanzierung von Unternehmen zu einem Großteil durch Risikokapital gedeckt werden kann, lösen sich einfache Grenzziehungen zwischen Gründern, Managern und Arbeitnehmern auf. Bei der Bestimmung der Unterschiede zwischen Gründern, Managern und Mitarbeitern kann die Frage, mit welchem eigenen Geldeinsatz die Personen in das »Venture« gegangen sind, zweitrangig werden. Zentraler erscheint die Frage, durch welche Arbeiten sie den Fortschritt des Unternehmens nähren und in welcher Form sie dafür mit Unternehmensanteilen vergütet werden. Überspitzt ausgedrückt sind die Gründung und die Leitung eines Unternehmens, die Produktentwicklung, die Vermarktung und die Herstellung eines Produktes dann idealtypisch nur noch Leistungen, die mit unterschiedlichen Prozentsätzen von Unternehmensanteilen vergütet werden.

Der permanente Aushandlungsprozess
Im Exit-Kapitalismus wird es zunehmend schwieriger, die Rolle von Gründern, Managern und Mitarbeitern systematisch zu differenzieren. Ihre Funktionen laufen tendenziell in der Rolle eines Arbeitskraftkapitalisten

ineinander. Was unterscheidet einen Unternehmensgründer, der das Geld für die Unternehmensgründung fast komplett von Risikokapitalgebern erhält, prinzipiell von der Führungskraft, die zwölf Monate nach der Gründung mit der Zusage, fünf Prozent der Unternehmensanteile zu erhalten, in das Unternehmen gelockt wird? Was unterscheidet grundsätzlich einen Ingenieur, der als »Mitarbeiter Nummer 1« 0,5 Prozent des Unternehmens erhält, von einem Marketingleiter, der für einen nicht wesentlich höheren Prozentsatz zwei Jahre später in das bereits gewachsene Unternehmen kommt?

Das Verschwimmen der Kalküle und Logiken von Unternehmensgründern, Führungskräften und Mitarbeitern bedeutet nicht, dass es keine Interessengegensätze, Machtkämpfe oder Aushandlungsprozesse gibt – im Gegenteil. Gerade weil die Konflikte nicht mehr in die zwei Pole »hier Management, da Mitarbeiter« oder »hier Kapitalist, dort gewerkschaftlich vertretene Arbeitnehmer« aufgelöst werden können, gibt es nur begrenzte Möglichkeiten für übergreifende institutionelle Konfliktregulierung. Wen sollte ein Tarifvertrag vor wem schützen? Wen kann ein Arbeitgeberverband vertreten, wenn ein Großteil der Mitarbeiter Anteilseigner am Unternehmen ist?

Das tendenzielle Zusammenfallen der Rolle als Verkäufer von Arbeitskraft *und* der Rolle als Anteilsbesitzer am Unternehmen bei Gründern, Führungskräften und Mitarbeitern führt zu permanenten Aushandlungsprozessen im Unternehmen. Wer hält die Zügel im Unternehmen in der Hand – der Gründer, der vielleicht noch 15 Prozent des Unternehmens besitzt, oder der neue Vorstandsvorsitzende, der fünf Prozent des Unternehmens erhält? Wer gibt wie viele Unternehmensanteile in der nächsten Finanzierungsrunde ab? Wie viele zusätzliche Aktienoptionen erhalte ich als »Mitarbeiter«, wenn ich zusätzliche Aufgaben im Marketing übernehme?

Das riskante Spiel: Wenn Arbeitskraftverkäufer und Kapitalbesitzer in einer Person zusammenfallen

Business Angels, Risikokapitalgesellschaften und Anleger an Wachstumsbörsen haben eine Möglichkeit, die Unternehmensgründer, Top-Manager in Wachstumsunternehmen und Mitarbeiter von risikokapitalfinanzierten Unternehmen nicht haben: Sie können ihr Risiko streuen. Dies ermöglicht es ihnen, den Ausfall eines großen Teils der Unternehmen, in die sie investiert haben, zu verkraften, ohne dass ihre ganze Anlagestrategie hinfällig wird. Diese Möglichkeit haben Unternehmensgründer, Führungskräfte und Mitarbeiter nicht.

Die in einem Wachstumsunternehmen tätigen Akteure spielen ein riskantes Spiel, weil bei einer Unternehmenspleite sowohl die Unternehmensanteile wertlos werden, als auch der regelmäßige Gehaltsscheck ausbleibt. Bei einem Konkurs verlieren die Gründer, Führungskräfte und

Mitarbeiter nicht nur ihren Job, sondern sie haben als Unternehmensmiteigentümer auch keinen privilegierten Anspruch auf Überbleibsel aus der Konkursmasse des Unternehmens. Während der Kreditgeber, sei es eine reiche Privatperson, eine Bank oder ein Zulieferer, der die Bezahlung von Leistungen gestundet hat, vorrangig bedient wird, hat der »Aktionär im Unternehmen« nur Ansprüche, wenn nach der Befriedigung aller Kreditgeber überraschenderweise noch etwas übrig ist. Er wird wie ein Risikokapitalgeber behandelt, der seine Investitionen bei dem Konkurs selbstverständlich abschreiben muss.

Trotz des möglichen Zusammenfallens von Job-Verlust und Wertverfall der Unternehmensanteile hat die Tätigkeit in Wachstumsunternehmen zwar noch nicht den Charakter eines »Alles oder nichts Spiels«, der Einsatz ist jedoch wesentlich höher als bei den »klassisch« Beschäftigten. Besonders dann, wenn Gründer, Top-Führungskräfte und Mitarbeiter Kredite aufgenommen haben, um sich ein Auto anzuschaffen, eine Wohnung zu kaufen oder auch nur ihre Einkommensteuer zu bezahlen, und ihre Unternehmensaktien als Sicherheit hinterlegt haben, kann ein Einbruch dieser Aktien zu privaten Katastrophen führen.

4. Zur Begrenzung der Figur des Arbeitskraftkapitalisten

Als »wichtigsten demographischen Wandel unserer Zeit« bezeichnet Richard Nadler, Vorsitzender der American Shareholder Association, den Aufstieg einer »ersten breiten Schicht von ›Arbeiterkapitalisten‹. Als Arbeiterkapitalisten bezeichnet Nadler Arbeitnehmer, die selbst als Kleinaktionäre an der Börse spekulieren, die ihre Alterssicherung über Pensionsfonds organisieren und die über Aktienprogramme am Unternehmen beteiligt sind, für das sie arbeiten (vgl. Nadler 1999). Ganz im Sinne von Nadler sehen viele Beobachter, dass sich die Trennung zwischen den Kapitalisten als »Inhaber von Produktionsmitteln« und den besitzlosen »Nur-Arbeitern« (Sombart 1986: 28) auflöst. Der Soziologe Ulrich Beck (1986: 121ff) spricht von einem »Kapitalismus ohne Klassen«, in dem die Grenzen zwischen Kapitalgebern einerseits und Arbeitnehmern andererseits verschwimmen. Der Zukunftsforscher Matthias Horx (2001: 61) beobachtet, dass aus der »Arbeitnehmerkultur« des 20. Jahrhunderts eine »Kleinkapitalistengesellschaft« wird, in der Gewerkschaften an Einfluss verlieren und zunehmend durch eine Versammlung von Shareholdern ersetzt werden.

Die Generalisierung von Erfahrungen aus Wachstumsunternehmen ist zurzeit sehr populär. Sie droht jedoch eine segmentär beschränkte Auflösung der Trennung zwischen Inhabern von Produktionsmitteln und besitzlosen Nur-Arbeitern überzustrapazieren und als einen »Megatrend« der gesamten Wirtschaft oder gar der gesamten Gesellschaft zu beschreiben. Die US-amerikanische Callcenter-Angestellte, deren Rücklagen für die Rente in einem Pensionsfonds angelegt werden, hat vermutlich nicht das Gefühl, als Kapitalgeberin zu agieren. Der Kleinaktionär, der ein paar Aktien im Wert von 2500 US-Dollar an Ford besitzt und zur Hauptversammlung nach Detroit fährt, interessiert sich vermutlich mehr dafür, den Vorstandsvorsitzenden einmal live zu sehen, sich als Aktionär ein bisschen umhätscheln zu lassen und ein paar Werbegeschenke mit nach Hause zu tragen, als Einfluss auf die Unternehmenspolitik des Automobilkonzerns zu nehmen. Der Ingenieur, der ein paar Aktien seines Arbeitgebers General Electric besitzt, wird wahrscheinlich nicht für die Auflösung seines Arbeitsbereichs plädieren, weil dadurch der Kurs seines Aktienpakets nach oben ginge.

Bei Wachstumsunternehmen sieht die Sache jedoch anders aus: Bei ihnen ist das Zusammenfallen einer Kapitalanlegerlogik und einer Arbeitnehmerlogik deutlich zu beobachten. Die Antriebskraft des Mitarbeiters, des Gründers bzw. der Führungskraft besteht darin, im Tausch gegen Arbeitskraft Unternehmensanteile zu erwerben, um sie am Kapitalmarkt für viel Geld verkaufen zu können. Die Gründer, Führungskräfte und Mitarbeiter sind dabei ähnlich wie die Risikokapitalgeber nicht vorrangig an Dividenden interessiert, die aus dem laufenden Geschäft bezahlt werden. Vielmehr ist das Hauptziel die Wertsteigerung des Unternehmens am Kapitalmarkt, die es ermöglicht, die eigenen Anteile mit einem hohen Profit zu verkaufen.

Die analytische Reichweite, die das Modell des »Exit-Kapitalismus« im Allgemeinen und des »Arbeitskraftkapitalisten« im Besonderen beansprucht, ist zunächst einmal auf risikokapitalfinanzierte Unternehmen beschränkt. Da risikokapitalfinanzierte Unternehmen aber gerade in Hype-Phasen am Kapitalmarkt auch für andere Unternehmen stilbildend wirken, kann gerade der Arbeitskraftkapitalist als Leitbild eine weit reichende Prominenz erlangen.

Literatur
Beck, Ulrich (1986): Risikogesellschaft. Frankfurt a.M.
Brentano, Lujo (1907): Der Unternehmer. Berlin.
Deutschmann, Christoph (2002): Postindustrielle Industriesoziologie. Theoretische Grundlagen, Arbeitsverhältnisse und soziale Identitäten. Weinheim; München.
Harmon, Steve (1999): Zero Gravity. Riding Venture Capital from High-Tech Start-up to Breakout IPO. Princeton, NJ.
Horx, Matthias (2001): Smart Capitalism. Das Ende der Ausbeutung. Frankfurt a.M.
Jaeger, Hans (1990): Unternehmer. In: Brunner, Otto; Werner Conze; Reinhart Koselleck (Hg.): Geschichtliche Grundbegriffe. Band 6. Stuttgart, S. 707-732.
Kellaway, Lucy (2002): Ego AG? Ohne mich! In: Financial Times Deutschland, 25.3.2002, S. 29.

Kühl, Stefan (2002a): Sisyphus im Management. Die vergebliche Suche nach der perfekten Organisationsstruktur. Weinheim et al.

Kühl, Stefan (2000): Konturen des Exit-Kapitalismus. Wie Risikokapital die Art des Wirtschaftens verändert. In: Leviathan, Jg. 30, S. 195-219.

Malone, Michael S. (1985): The Big Score. The Billion Dollar Story of Silicon Valley.

Mandel, Michael (2000): crash.com. München et al.: Financial Times Prentice Hall.

Milton, Giles (1999): Nathaniel´s Nutmeg or the True and Incredible Adventures of the Spice Trader Who Changed the Course of History. New York.

Nadler, Richard (1999): The Rise of Worker Capitalism. Washington, D.C.: Cato Policy Analysis No. 359.

Pfeffer, Jeffrey (2001): What´s Wrong With Management Practice in Silicon Valley? A Lot. In: MIT Sloan Management Review, Jg. 42, S. 101-103.

Pongratz, Hans J.; G. Günter Voß (2002): ArbeiterInnen und Angestellte als Arbeitskraftunternehmer? Erwerbsorientierungen in entgrenzten Arbeitsformen. München; Chemnitz: Forschungsbericht an die Hans-Böckler-Stiftung.

Sahlman, William A. (1990): The Structure and Governance of Venture-Capital Organizations. In: Journal of Financial Economics, Jg. 27, S. 473-525.

Schmitz, Olaf (2001): Start-ups in der New Economy: Das Erfolgsmodell für Führung und Organisation. In: Organisationsentwicklung, H. 3/2001, S. 54-65.

Schumpeter, Joseph (1926): Theorie der wirtschaftlichen Entwicklung. Eine Untersuchung über Unternehmensgewinn, Kapital, Kredit, Zins und den Konjunkturzyklus. 2. neubearb. Aufl. München.

Sombart, Werner (1986): Der moderne Kapitalismus. Band 3/1 Das Wirtschaftsleben im Zeitalter des Hochkapitalismus. Berlin.

Voß, G. Günter (2002): Aus Arbeitnehmern werden »Unternehmen ihrer selbst«. In: Journal Arbeit, Jg. 2, S. 32-33.

Voß, G. Günter; Hans J. Pongratz (1998): Der Arbeitskraftunternehmer. Eine neue Grundform der Ware Arbeitskraft? In: Kölner Zeitschrift für Soziologie und Sozialpsychologie, Jg. 50, S. 131-158.

Zielcke, Andreas (1996): Der neue Doppelgänger. Die Wandlung des Arbeitnehmers zum Unternehmer – eine zeitgemäße Physiognomie. In: Frankfurter Allgemeine Zeitung, 20.7.1996.

G. Günter Voß
Der Beruf ist tot! Es lebe der Beruf!
Zur Beruflichkeit des Arbeitskraftunternehmers und deren Folgen für das Bildungssystem[1]

Jahrzehntelang galt das deutsche Modell des »Berufs« mit dem darauf aufbauenden System der Berufsausbildung als vorbildlich – trotz aller Mängel im Detail. Aber nun ist es ernsthaft ins Gerede gekommen. Zur Zeit mehren sich Stimmen, die von einer fundamentalen »Krise«, ja sogar von einem »Ende« des Berufs sprechen.[2] Die Verunsicherung ist erheblich, bei Praktikern wie Theoretikern.

Vor diesem Hintergrund wird aus Sicht der Thesen zum Arbeitskraftunternehmer[3] ausgeführt, dass sich mit dem dort beschriebenen Strukturwandel von Arbeitskraft aller Voraussicht nach auch in der Dimension Beruflichkeit tiefgreifende Veränderungen vollziehen werden. Es soll gezeigt werden, dass dies keinen Abschied von der Berufsform als solcher bedeuten muss. Vielmehr kann mit dem Arbeitskraftunternehmer der »Beruf« erneut eine zentrale gesellschaftliche Bedeutung erhalten: in völlig veränderter Weise als *Individualberuf*, der das bisherige dominant fachlich basierte und als »gesellschaftliche Schablone« (Beck/Brater/Daheim) wirkende Modell ablöst. Dies wird erhebliche Folgen haben. Allgemeine Überlegungen zu einer möglicherweise erforderlichen Neuformierung von Bildung und Ausbildung werden den Beitrag abschließen. Beginnen wir aber mit einem kleinen Rückblick auf die Geschichte des »Berufs«.

---

[1] Der Beitrag ist eine stark gekürzte, weitgehend überarbeitete und um bildungspolitische Überlegungen erweiterte Fassung von Voß (2001b). Ich danke Eva Scheder-Voß für ihre redaktionelle Unterstützung.
[2] Vgl. z.B. Baethge/Baethge-Kinsky (1998), Geißler/Orthey (1998), Kocyba (1999), Kutscha (1992) oder Meyer (2001), mit eher ambivalentem Urteil Dostal/Stooß/Troll (1998), Fürstenberg (2000) oder Mayer (2000). Zum Wandel von Beruf und Berufsausbildung allgemein siehe z.B. Voß/Dombrowski (2001) oder Wingens/Sackmann (2002).
[3] Vgl. Pongratz in diesem Band (weitere Literatur in Anm. 5).

1. Begriff und Geschichte des Berufs

»Beruf« ist eine traditionsreiche, aber begrifflich nicht eindeutig gefasste Kategorie.[4] In der Literatur finden sich im Wesentlichen immer wieder folgende Merkmale: Berufe sind oft langfristig tradierte soziale Formen spezifisch zugeschnittener, auf produktive Aufgaben bezogener und aus gesellschaftlichen Bildungsprozessen hervorgehender konkreter Fähigkeiten von Arbeitenden und/oder dazu komplementärer fachspezifischer Leistungen. Diese werden mehr oder weniger dauerhaft zur Erfüllung gesellschaftlicher Funktionen (und darüber zum Erwerb von Geldeinkommen) von Menschen übernommen, wodurch diese gesellschaftlich eingebunden und sozialen Normen unterworfen sowie in wichtigen persönlichen Aspekten geprägt werden. In der jeweiligen historischen Schneidung und Verteilung der Berufe drückt sich ein basales und meist stark ideologisch-normativ besetztes Moment gesellschaftlicher Ordnung und Ungleichheit auf Basis einer fortschreitenden sozialen Differenzierung respektive »Arbeitsteilung« aus.

Diese Begriffseingrenzung verweist darauf, dass »Beruf« ausgeprägte historische Spezifitäten (in nationalen Varianten) aufweist, sich also mit der Zeit stark gewandelt hat – ein Prozess, der nun im Zuge eines forcierten Strukturwandels von Wirtschaft und Gesellschaft eine neue Stufe erreichen könnte:

1. »Berufe« lassen sich in Europa bis ins früheste *Mittelalter* und davor bis in die klassische *Antike* zurückverfolgen. Eine erste umfassendere Bedeutung erreichen sie bei uns jedoch erst im ständischen Ideal der spätmittelalterlichen Handwerke und Zünfte und in den sich etwa zeitgleich ausbildenden klassischen Professionen (Arzt, Priester, Offizier). Kern von Beruf war damals eine hoch normative Fixierung und Legitimierung einerseits fachlich eingegrenzter Tätigkeits- und Qualifikationsstandards und andererseits darauf bezogener sozialer Rahmungen mit teilweise ritualhaft strengen Regeln. Immer schon stark religiös fundiert, erfährt dies in der Reformation eine neuartige explizite Fassung und Überhöhung mit der Idee einer göttlichen »Berufung« zu einer spezifischen diesseitigen Aufgabe. Zugleich markieren die Lutherschen Ideen eine Wende der Berufsidee durch die Vorstellung eines religiösen Auftrags zu einer explizit erwerbsorientierten, »rastlosen« Arbeit.

2. Mit der *Industrialisierung* verschwinden zwar nicht die traditionalen Berufe, aber die neuen großbetrieblichen Produktionsweisen erfordern doch zunehmend Fähigkeits- und Tätigkeitsmuster, die nur noch bedingt an die bisherigen beruflichen Rahmungen rückbindbar sind. Es entste-

---

[4] Vgl. für die große Zahl von Texten, die dies aus soziologischer Sicht aufarbeiten, Beck/Brater/Daheim (1980) sowie als kurze aktuellere Überblicke Voß (1994) und Kurtz (2002).

hen zudem mit dem industriellen Proletariat völlig neue Erwerbsformen (und damit Lebenslagen), die auf eine aus ständischen Strukturen freigesetzte und nur wegen ihrer Jedermanns-Qualifikationen nachgefragte Massenarbeitskraft zurückgreifen. Zugleich bilden sich aber nach und nach auch neuartige »beruflich« spezialisierte Formen von Fähigkeiten und Funktionen wie die Elitegruppen unter den Arbeitern, die ersten Verwaltungsfunktionen sowie neue Technikberufe mit höherer Fachbildung.

3. Der sich im ersten Drittel des 20. Jahrhunderts mit einem zweiten Industrialisierungsschub ausbildende *fordistische Hochkapitalismus* setzt die mit der frühen Industrialisierung entstandenen Veränderungen im Berufssystem fort, fügt dem jedoch wichtige Nuancierungen hinzu. Immer wichtiger werden strikt auf Funktion und Fachleistung ausgerichtete i.w.S. industrielle Berufe, die ihren Ursprung in den steigenden Erfordernissen der Betriebe, aber auch eine entscheidende Basis in einem nun zunehmend öffentlich regulierten und massiv expandierenden Ausbildungssystem haben.

2. Die Entgrenzung und Autonomisierung von Arbeit und die »Krise« des Berufs

Seit Mitte der 1980er Jahre vollzieht sich nun im Zuge einer dritten Industrialisierung und neokapitalistischen Restrukturierung der Wirtschaft ein fundamentaler und vielgestaltiger Wandel der bislang charakteristischen Organisation von Betrieben und erwerbsbezogener, formeller Arbeit, der auch das bisher dominierende Modell von Beruf tangiert. Ein gemeinsames Moment der Veränderungen ist, dass die bislang leitende, i.w.S. tayloristische Logik der betrieblichen Organisation und Rationalisierung zunehmend an strukturelle Grenzen stößt: Eine weiter zunehmende horizontale und vertikale Differenzierung und formale Regulierung der Nutzung von Arbeitskraft verspricht angesichts neuer Marktanforderungen kaum mehr Effizienzgewinne.

Im Gegenzug wird in immer mehr Bereichen versucht, bisherige Strukturen und Organisationsprinzipien von Arbeit und Betrieb in fast allen Dimensionen (zeitlich, räumlich, fachlich, sozial usw.) aufzubrechen, um neue Dynamiken und damit Produktivitätspotenziale freizusetzen.

Die Gründe für diese Entwicklung und ihre gesellschaftlichen Ausmaße und Folgen werden kontrovers diskutiert. Festzuhalten ist jedoch zweierlei:

■ Der Prozess wird zunehmend als tiefgreifende strukturelle »*Entgrenzung*« der bisherigen Arbeits- und Betriebsverhältnisse beschrieben. Die Arbeitsorganisation wird im Zuge dessen offener, stärker prozessorientiert und immer mehr auf kontinuierlichen Wandel hin reguliert. Betriebliche Steuerung wird dabei jedoch nicht grundsätzlich zurückgenommen, sondern die bisher vorherrschende direkte betriebliche Strukturierung von Arbeit auf eine eher indirekte (und dabei meist wesentlich gezielter eingesetzte) Kontextsteuerung umgestellt. Ziel ist zwar auch eine Verringerung von Kosten, vor allem aber geht es um die Maximierung von Flexibilität im Prozess, bei gleichzeitiger Minimierung der sich dadurch ergebenden Kontrolldefizite (vgl. u.a. Döhl/Kratzer/Sauer 2000, Minssen 1999, Voß 1998).

■ Für betroffene Arbeitskräfte hat dies ambivalente Folgen. Einerseits entstehen für sie oft erweiterte Gestaltungsfreiräume, so dass man durchaus von einer zunehmenden »Autonomisierung« oder »Subjektivierung« von Arbeit sprechen kann. Zugleich bedeutet dies aber, dass die Arbeitenden die Ausdünnung von Strukturvorgaben nicht nur kompensieren, sondern ihre Tätigkeit immer häufiger »selbstorganisiert« regulieren müssen. Dies bleibt jedoch systematisch »fremdorganisiert«, bedeutet keine wirkliche Autonomie des Arbeitshandelns und hat nicht zuletzt die Funktion, wesentlich umfassender als bisher betrieblich auf Potenziale und Leistungen der Arbeitskräfte zuzugreifen (vgl. u.a. Moldaschl/Voß 2002, Pongratz/Voß 1997).

In diesem Sinne entgrenzte und autonomisierte (oder subjektivierte) Arbeits- und Betriebsverhältnisse geraten nun auf vielen Ebenen in Konflikt mit dem bisher (zumindest in Deutschland) leitenden Modell von Beruf, das im Kern auf die tayloristisch-fordistische Rationalisierungslogik ausgerichtet war.

Entsprechend mehren sich Diagnosen, dass die gewohnte Berufsform bzw. die daraus abgeleiteten qualifikatorischen, organisatorischen und gesellschaftlichen Strukturen nicht mehr mit den neuen Verhältnissen in Arbeit und Betrieben kompatibel seien. Dies zeigt sich im wesentlichen auf drei Ebenen:

1. Viele Entwicklungen deuten auf eine *verringerte Bedeutung berufsfachlicher Strukturen für die Gehalte von Tätigkeiten und erforderlichen Fähigkeiten* hin: immer schnelleres Veralten von fachlichen Kenntnissen und Fähigkeiten; die wachsende Bedeutung fachunspezifischer Funktionen und Fähigkeiten, die berufsfachliche Komponenten zunehmend entwerten; das Aufbrechen von Fachgrenzen und die Umkehrung der Tendenz zu immer weiter fortschreitender Spezialisierung; die verringerte biographische Dauerhaftigkeit fachlicher Bindungen von Personen und damit der Zwang zu häufiger beruflicher Umorientierung.

2. Es gibt Hinweise auf eine *verringerte Bedeutung traditionaler Beruflichkeit für die sozio-ökonomische Sicherung von Menschen:* die tendenzielle Entkopplung von Beruf und Erwerbsverlauf, die eine starre Bindung an einen festen Lebensberuf zum existenziellen Risiko macht; die zunehmende Ablösung der Platzierung von Beschäftigten und der Personalentwicklung in Betrieben auf Basis tradierter Berufsmuster; die

zunehmende Dysfunktionalität der Orientierung der Sozialsysteme am bisherigen Berufssystem und an der Fiktion stabiler lebenslanger Berufe. 3. Schließlich gibt es Hinweise auf eine *abnehmende Relevanz des Berufs für die allgemeine Sozial- und Lebenslage von Mitgliedern der Gesellschaft*: die verringerte Bedeutung der konkreten Berufe für die Gestaltung der Alltage von Menschen, bei denen etwa über außerberufliche Bezugsgruppen vermittelte Lebensstile, Freizeitformen oder Konsumpraktiken berufsspezifisch geprägte Momente ablösen; die fortschreitende Entkopplung der Biographien von berufsgruppenspezifischen Lebensdynamiken; eine sich abschwächende Bedeutung von berufsfachlich basierten Werthaltungen und Lebensorientierungen und damit von personaler Identität; eine abnehmende Wirksamkeit der Berufe für die generelle soziale Lage und damit die gesellschaftliche Integration und Verortung von Menschen.

Solche Entwicklungen können durchaus Anlass sein, die zukünftige Bedeutung des bisherigen Berufssystems skeptisch einzuschätzen. Im folgenden soll jedoch gezeigt werden, dass der wirtschaftliche Strukturwandel eine Veränderung der allgemeinen sozioökonomischen Verfassung von Arbeitskraft auslösen kann, vor deren Hintergrund sich die Frage nach der »Zukunft des Berufs« ganz anders stellt.

3. Der Arbeitskraftunternehmer – eine neue Grundform der Ware Arbeitskraft?

Verstärkt auf Entgrenzung und Autonomisierung von Arbeit abhebende Formen des betrieblichen Einsatzes von Arbeitskraft finden sich in vielfältigen Erscheinungen, die jedoch gemeinsam eine veränderte Logik betrieblicher Arbeitkraftnutzung aufweisen: Statt durchstrukturierter Arbeitsvorgaben werden temporäre *Auftragsbeziehungen* gebildet, bei denen die konkrete Arbeitsgestaltung verstärkt den Betroffenen zugewiesen wird. Die für jede betriebliche Verwertung von Arbeitskraft konstitutive Sicherung der so genannten »Transformation« von latenter Arbeitskraft in manifeste Arbeitsleistung durch »Kontrolle« wird damit in neuer Qualität auf die Arbeitenden übertragen, also betrieblich *externalisiert*.

Findet nun eine solche Entwicklung großflächig und dauerhaft statt, dann wird dies nicht nur die unmittelbare Arbeitspraxis betroffener Gruppen verändern. Es kann daraus vielmehr eine folgenreiche Veränderung der in unserer Gesellschaft leitenden sozioökonomischen Grundform von Arbeitskraft entstehen: Der bisher dominierende Typus des arbeitsrechtlich in eng definierter Weise lohnabhängigen, stark berufsfachlich basierten und auf eine primär weisungsabhängige Arbeitsausführung ausgerichteten »Arbeitnehmers« könnte nach und nach durch eine neue

Grundform von Arbeitskraft abgelöst werden, den *Arbeitskraftunternehmer.*[5] Seine Eigenschaften lassen sich mit drei, auf basale Funktionsbestimmungen von Arbeitskraft abzielende Thesen charakterisieren.[6]

1. *Selbst-Kontrolle*: Wird die Bearbeitung der betrieblichen Kontrollfunktion in erweiterter Form auf die Arbeitenden ausgelagert, müssen diese die Steuerung ihrer Arbeitstätigkeit verstärkt in Eigenregie übernehmen. Arbeitskraftverausgabung bedeutet dann immer weniger die reaktive Erfüllung fremdgesetzter Anforderungen, sondern immer mehr eine explizite aktive Selbststeuerung im Sinne allgemeiner Unternehmenserfordernisse bei nur noch rudimentären Strukturvorgaben. Das bedeutet keine wirkliche »Autonomie«, da die Reduzierung unmittelbarer Arbeitssteuerung meist von neuartigen Strategien indirekter Steuerung begleitet ist – aber es entstehen oft erweiterte Handlungsspielräume, jedoch mit dem Effekt einer vertieften Ausbeutung menschlicher Arbeitsvermögen.

2. *Selbst-Ökonomisierung*: Folge dessen ist, dass sich das Verhalten der Beschäftigten nicht nur in ihrer konkreten Arbeit ändert, sondern auch gegenüber den eigenen Fähigkeiten als abstrakt-ökonomische »Ware«. Aus bisher meist nur gelegentlich und dabei oft eher passiv auf dem Arbeitsmarkt agierenden Arbeitskraftbesitzern müssen auf neuer Stufe strategisch handelnde Akteure werden, die ihr Arbeitsvermögen kontinuierlich gezielt auf eine nun auch innerbetrieblich verstärkt marktvermittelte wirtschaftliche Nutzung hin entwickeln und verwerten.

3. *Selbst-Rationalisierung*: Folge ist zudem, dass sich langfristig der ganze Lebenszusammenhang von Arbeitspersonen strukturell ändern wird. Aus der bisher für viele Gruppen immer noch typischen primär rekreationsorientierten und in traditionaler Weise nach »Arbeit« und »Freizeit« getrennten Alltagsweise muss immer mehr eine alle individuellen

---

[5] Ähnliches wird z.Zt. gehäuft angesprochen (vgl. z.B. Kommission... 1996/97). Überlegungen dazu finden sich jedoch schon im Umfeld der Sonderforschungsbereiche 101 und 333 und haben dann zum Konzept des »Arbeitskraftunternehmers« geführt (zuerst Voß/Pongratz 1998, aktuell z.B. Pongratz/Voß 2001, 2002; s. auch Pongratz i.d. Band).

[6] Die Thesen zielen auf drei grundlegende gesellschaftliche Funktionsbestimmungen von Arbeitskraft, die mit einer neuen Grundform von Arbeitskraft eine veränderte Bedeutung erhalten: (a) Die *konkrete*, d.h. gebrauchswertschaffende Qualität von Arbeitskraft in der praktischen Arbeitstätigkeit; (b) die *abstrakte*, d.h. tauschwertorientierte Formung und Verwertung von Arbeitskraft sowie (c) die notwendige Bindung von Arbeitskraft an eine *lebendige*, d.h. psycho-physisch konstituierte, aktiv tätige Person und damit auch an deren alltagspraktisch existenziellen Lebens- und Sozialzusammenhang. Diese Bestimmungen lassen sich aus dem Werk von Karl Marx extrahieren. Als »konkrete« und »abstrakte« Arbeit werden die Kategorien industriesoziologisch oft verwendet; die Konnotation »lebendig« ist eher selten (eine Ausnahme ist Negt, aktuell z.B. in 2001).

Ressourcen gezielt nutzende Rationalisierung des gesamten Lebensrahmens werden, der in neuer Qualität auf den Erwerb ausgerichtet wird.

Die Thesen konvergieren darin, dass sich in allen drei genannten Funktionsbereichen von Arbeitskraft (und vermittelt darüber von Arbeit) eine neue Qualität entwickelt: Zunehmend müssen Arbeitspersonen die konkret-nützlichen, die abstrakt-ökonomischen und schließlich auch die lebendig-existenziellen Momente und Bezüge ihrer Arbeitspotenziale und -tätigkeiten auf neuer Stufe aktiv selbst gestalten. In Anlehnung an Ideen zu einer steigenden »Reflexivität« in der »zweiten Moderne« (vgl. z.B. Beck/Giddens/Lash 1996) kann man dies auch als eine sich abzeichnende erweiterte *strukturelle Selbstbezüglichkeit von Arbeitskraft* ansehen. Der Arbeitskraftunternehmer ist dann eine sich im Zuge der zunehmenden Entgrenzung und Autonomisierung von Arbeits- und Beschäftigungsverhältnissen und einer fortschreitenden Vermarktlichung der wirtschaftlichen Basis von Gesellschaft ausbildende, in erweiterter Form reflexiv basierte neue Grundform von Arbeitskraft.

Das für die zweite Industrialisierung charakteristische, auf sozial präformierten und standardisierten Fähigkeitsmustern in Verbindung mit einer Orientierung an individueller Eignung und Neigung beruhende Modell von »Beruf« könnte nun mit dem Übergang zu einer in neuer Qualität marktförmigen Grundform von Arbeitskraft endgültig obsolet werden. Was Arbeitskraftunternehmer als Fähigkeitskombinationen brauchen und was Betriebe als Qualifikationsmuster nachfragen, sind nicht mehr starre Raster von ausschließlich fachlich zugerichteten und eng spezialisierten Fähigkeiten, sondern komplexe, möglichst entwicklungsoffene und vielfältig einsetzbare Qualifikationspotenziale stark individualisierter und »flexibler« (Sennet 1998) Arbeitspersonen, bei denen fachübergreifende Kompetenzen und allgemeine Persönlichkeitsmerkmale tendenziell wichtiger sind als fachliche Spezialfähigkeiten.

4. Der Individualberuf des Arbeitskraftunternehmers

Die Vermutung ist also durchaus naheliegend, dass mit dem Übergang zu einer neuen Grundform von Arbeitskraft der bisherige »Beruf« für Anbieter wie Nachfrager von Arbeitskraft dysfunktional werden könnte. Fraglich ist jedoch, ob das wirklich bedeutet, dass Arbeitspersonen völlig beliebig strukturierte Fähigkeiten mit nur noch begrenzter fachlicher Spezialisierung akkumulieren werden und zu vermarkten versuchen – und dass komplementär dazu Betriebe von Person zu Person variierende diffuse Kompetenz- und Erfahrungsprofile mit reduzierter Fachausrichtung akzeptieren können.

Zu vermuten ist vielmehr, dass der neue Typus von Arbeitskraft nur dann für Subjekte und Betriebe funktional sowie biographisch und historisch stabil sein wird, wenn Arbeitspersonen zwar sehr persönlich und flexibel vielfältige Fähigkeiten kompilieren und anbieten, diese aber trotz allem immer noch stimmige Muster bilden, die auf definierte fachliche Nutzungsmöglichkeiten und spezifische Arbeitsmarktsegmente hin ausgerichtet werden. Das hieße, dass an die Stelle der bisherigen, dominant sozial geprägten Kulturform »Beruf« wieder eine berufliche Form träte – jetzt aber eine von den einzelnen Personen aktiv strukturierte und auf kontinuierliche Selbstvermarktung hin angelegte, sehr persönliche Formung ihrer Arbeitsfähigkeiten, eine Art *individueller Beruf*.

In zwei Schritten lässt sich diese mögliche neue Qualität von »Beruf« näher bestimmen. Sie benennen ein sich wandelndes Verhältnis von Arbeitspersonen zu ihren jeweiligen Potenzialen sowie eine Veränderung im Binnenverhältnis der drei Grundfunktionen von Arbeitskraft.

4.1 Reflexive Gestaltung – die individuelle Formung von Arbeitskraft

Auch wenn mit dem Arbeitskraftunternehmer erweiterte Anforderungen an die je persönliche Entwicklung, Vermarktung und Nutzung der eigenen Arbeitsfähigkeiten entstehen, ist nicht vorstellbar, dass dies zu völlig individuellen Kombinationen, vollständiger struktureller Offenheit und wirklich ständigem Wandel der anzubietenden Fähigkeiten und ihrer betrieblichen Nutzung führen wird. Auch Arbeitskraftunternehmer werden beispielsweise ihre Fähigkeiten in der Regel in institutionalisierten Bildungseinrichtungen mit zertifizierten Abschlüssen erwerben, sich unter Konkurrenzbedingungen auf strukturierten Märkten für Arbeitskraft mit erkennbaren Fähigkeitsprofilen anbieten und in arbeitsteiligen Betriebskontexten ihre Fähigkeiten zuverlässig anwenden usw. Das heißt, Individualität, Offenheit und Wandel von Arbeitspotenzialen und Arbeitspraxis müssen mit den Strukturbedingungen der gesellschaftlich organisierten Arbeitskraftformierung und -verausgabung arrangiert werden. Die verstärkte Individualität von Arbeitskraft kann demnach nicht Beliebigkeit, Formlosigkeit und Instabilität bedeuten, sondern etwas anderes: eine zwar individuell aktive, sich dabei aber gezielt auf gegebene soziale Rahmenbedingungen beziehende und insoweit auch hier als *reflexiv* zu kennzeichnende individuelle *Gestaltung* der eigenen Fähigkeiten und ihrer Anwendungen. »Gestaltung« meint dabei durchaus im engeren Sinne, dass den Kompetenzen und ihrer Verwendung durch die Person eine geschlossene innere und äußere »Gestalt« gegeben wird: eine individuelle *Kultivierung* (als innere Integration und äußere Abrundung), unter bestimmten Bedingungen sogar eine gezielte ästhetische und/oder ethische *Stilisierung* (als innere funktionale Effektivierung und äußere Distinktion) dessen, was man als Arbeitsperson kann und tut.

Das heißt jedoch, dass das, was Personen als erwerbsbezogene Fähigkeiten erwerben, weiterentwickeln, anbieten und verausgaben, weiterhin eine *Form* haben muss, die die persönliche Entwicklung konturiert, persönliche Identität ermöglicht, auf Arbeitsmärkten als Ausweis dienen kann, betrieblich Orientierung für ihre Anwendung bietet usw. Jetzt aber nicht mehr als starre und standardisierte Sozialform (als gesellschaftliche »Schablone« oder soziales »Muster«, vgl. Beck/Brater/ Daheim 1980), sondern als berufliche Form der einzelnen Person, die sie als kontinuierliches und offenes Projekt für ihre Fähigkeiten und Tätigkeiten entwickelt. Dies wird sich zwar immer in den Rahmen sozialer Anforderungen und Zwänge einpassen sowie auf gegebene gesellschaftliche Möglichkeiten und Ressourcen zurückgreifen müssen, und dies wird infolge dessen in wichtigen Anteilen auch nach wie vor soziale Ähnlichkeiten aufweisen, aber es ist trotzdem ein Beruf neuer Art.

4.2 Relativierte Fachlichkeit – das veränderte Funktionsgefüge von Arbeitskraft

Für alle drei oben angedeuteten Funktionsbestimmungen von Arbeitskraft bildet der Beruf in jeder historischen Variante jeweils eine gesellschaftlich typische Kulturform: für die konkret-nützlichen, die abstrakt-ökonomischen und auch die lebendig-existenziellen Momente von Arbeitskraft und ihrer Nutzung. Die Thesen zum Arbeitskraftunternehmer bedeuten jedoch, dass die Funktionsbestimmungen von Arbeitskraft völlig veränderte Konturen erhalten, was in einer neuen Qualität von Beruflichkeit aufscheinen müsste. Und erinnern wir uns an die eingangs resümmierte Diskussion zur »Krise des Berufs«, so weisen die dort diagnostizierten Veränderungen tatsächlich genau in diese Richtung: Alle bisherigen Berufsmodelle wurden durch eine Dominanz der konkreten praktisch-produktiven Fachlichkeit bestimmt. Zwar mussten die beiden anderen funktionalen Bestimmungen (abstrakt-ökonomischer und lebendig-existenzieller Nutzen) immer miterfüllt werden, sie blieben aber meist latent. Natürlich hat Beruf im Zuge der frühen Industrialisierung auch die mit der Warenförmigkeit von Arbeitskraft wichtig werdende Tauschwertseite erkennbar gemacht (der Proletarier i.e.S. war sogar eine dominant ökonomische und in Bezug auf die fachliche Grundlage fast »berufslose« Variante von Arbeitskraft). Im Fordismus wurde dann zudem schon mehr als bei allen Formen vorher erkennbar, dass Beruf immer auch eine auf die existenziellen Erfordernisse von Personen bezogene und insoweit lebendige Funktion erfüllt. Aber bei beiden Formen überwog letztlich nach wie vor das konkret-nützliche Moment, d.h. die fachlich ausgerichtete Gebrauchswertseite von Beruf. Beruf war also bisher immer primär Fachberuf – und genau dies könnte sich nun ändern. Dabei werden, wie gezeigt werden soll, die Funktionsbestimmungen nicht nur in sich (wie bei den Thesen zum Arbeitskraftunternehmer angedeutet), sondern vor allem auch in ihrem *Verhältnis zueinander* und damit als Formbestimmung insgesamt neu ausgerichtet:

1. Auch die Beruflichkeit des Arbeitskraftunternehmers beruht auf *konkret-nützlichen* Fähigkeiten und entsprechenden Tätigkeiten mit aus-

reichender Spezialisierung – und zwar, nach allem was abzusehen ist, mehr denn je. Aber die innere Struktur und das äußere Profil dieser fachlichen Kompetenzen werden stärker als bisher im Gehalt persönlich aktiv ausgestaltet, als Ganzes individueller konfiguriert und systematischer auf Veränderung angelegt, also insgesamt strukturell kontingenter sein. Die Folge ist, dass man zukünftig nicht mehr »eine« feste fachliche Ausrichtung »hat« (die man mit vielen anderen teilt), sondern sein je eigenes Berufsprofil »machen« muss, und zwar als kontinuierliches Projekt mit unklarem Ausgang. Hinzu kommt die für fast alle Beschäftigtengruppen zunehmende Anforderung an zwar immer noch für konkrete Arbeitsprozesse nützliche, aber nicht unmittelbar fachspezifische Fähigkeiten, mit der Folge, dass die Bedeutung der engeren Fachanteile von Arbeitskraft und ihrer Anwendung erheblich relativiert wird. Beides zusammen hat zur Konsequenz, dass die jeweilige fachliche Ausrichtung einer Arbeitskraft zunehmend weniger festlegt, was eine Person faktisch alles genau kann und im Betrieb tatsächlich dann konkret tun wird. Das heißt, »Beruf« ist auch in seiner auf konkrete Arbeit bezogenen Funktionalität weniger denn je, und nicht einmal mehr überwiegend, ein spezifischer Fachberuf.

2. Der Individualberuf wird zudem wesentlich deutlicher als alle Modelle vorher seine *abstrakt-ökonomische* Funktion erfüllen müssen. Arbeitskraftunternehmer sind diejenigen Arbeitskräfte, die (wie nur wenige Varianten von Arbeitskraft vorher) trotz hoher Fachfähigkeit weitgehend ungeschützt auf eine marktförmige Nutzung ausgerichtet sind. Entsprechend werden sie wesentlich systematischer und von jeglicher fachlichen Romantik unbehindert eine aktiv tauschwertorientierte Produktion und Vermarktung ihrer selbst vornehmen müssen. Ihre individuelle Beruflichkeit ist damit zunehmend die Kulturform für eine in historisch neuer Qualität ökonomische Gestaltung, Vermarktung und Verwertung der Ware Arbeitskraft auf überbetrieblichen Arbeitsmärkten wie auch auf den immer häufiger etablierten Quasimärkten für Arbeitskraft innerhalb von Betrieben. Nicht selten werden infolgedessen eng ökonomische Arbeitskraft-Strategien von Betroffenen genauso wichtig sein wie gebrauchswertorientierte Vermarktungsoptionen für ihre konkreten fachlichen Arbeitsfähigkeiten. Wie wirtschaftlich allgemein, müssen jetzt auch für die Vermarktung von Arbeitskraft ausschließlich produktbasierte (d.h. hier: fachliche) Verwertungskonzepte hinter einer abstrakten Marktorientierung zurücktreten: nicht mehr das, was man fachlich »kann«, ist letztlich entscheidend, sondern wie man sich unter den erweiterten Konkurrenzbedingungen mit aktiven Strategien vermarktet und dann im Prozess die eigenen Potenziale profitabel verwertet – ein gutes fachliches (Arbeitskraft-)Produkt reicht in vielen Bereichen nicht mehr, und je nach Marktsituation muss das Angebot an konkreter Arbeitskraft ohne Wehmut modifiziert, diversifiziert oder auch völlig gewechselt werden.

3. Die *lebendig-existenzielle* Funktion von Arbeitskraft schließlich tritt bei ihrer Formierung durch eine neue Beruflichkeit historisch erstmals umfassender in Erscheinung. Schon der Beruf der zweiten Industrialisierung ließ zwar durch den Bezug auf Eignung und Neigung einen unverzichtbaren Subjektbezug erkennen, aber dies wird jetzt in neuer Qualität explizit und damit der reflexiven Gestaltung durch die Person zugänglich: Arbeitskraftunternehmer sind diejenigen Arbeitskräfte, die, wie keine Variante vor ihnen, als aktive Entwickler und Vermarkter ihrer »selbst« immer umfassender agieren und damit nicht umhin kommen, kognitiv, normativ und schließlich auch praktisch anzuerkennen, dass es bei der Ausrichtung ihrer Erwerbstätigkeit zwar um Lohneinkommen und spezialisierte fachliche Tätigkeiten, aber darüber hinaus zunehmend um ihre gesamte Person, ihren gesamten Alltag, ihr gesamtes persönliches Leben, ja sogar ihre gesamte soziale Einbindung geht. Das heißt also, genau dann, wenn Arbeitskraft historisch in neuer Qualität zur abstrakten »Ware« wird, kann sich im Bewusstsein und in der Praxis der Arbeitenden die berühmte Frage, ob man »arbeitet um zu leben« oder nur noch »lebt um zu arbeiten«, unerwartet und in paradoxer Weise neu stellen. Dieser auf neue Weise drängende Bezug zur »lebendigen« Basis von Arbeitskraft und ihrer Verausgabung muss daher zunehmend von den Betroffenen aufmerksam wahrgenommen, bewusst entwickelt, gezielt vermarktet und dazu die persönliche und soziale Grundlage aktiv gestaltet werden. Folge ist nicht zuletzt eine steigende Selbst-Rationalisierung des gesamten Lebenszusammenhangs: von der Effektivierung der alltäglichen Lebensführung (»Selbstmanagement«), über Bemühungen zur gezielten Gestaltung der mikrosozialen Einbindung (»Networking«), bis zur Planung des Lebensverlaufs (»Biografisierung«) und einer erweiterten aktiven Persönlichkeitsentwicklung (»Identitätsmanagement«, »Kompetenzentfaltung«).

Die neue individualisierte Grundform von Arbeitskraft markiert also auch hinsichtlich der drei Funktionen kein Ende von Beruflichkeit überhaupt, sondern das Ende eines historischen *Modells von Beruf*. Der sich abzeichnende Individualberuf des Arbeitskraftunternehmers basiert zwar immer noch auf einem spezialisierten Sachbezug, dieser wird aber nun nicht nur in neuer Qualität durch reflexive Individualisierung kontingent, sondern erhält gleich doppelte Konkurrenz: Zum einen durch eine verstärkte und vor allem explizite *Ökonomisierung* von Arbeitskraft, die zwar im fordistischen Modell schon angelegt war, aber jetzt eine neue Brisanz bekommt. Beruflich gesehen geht damit genau genommen erst jetzt, durch den Übergang zu einer dominant ökonomisch-abstrakten Berufsform, das am handwerklichen Fachideal ausgerichtete Mittelalter zu Ende. Zum anderen durch eine wachsende Bedeutung der bisher eher latenten lebendig-existenziellen Funktion von Arbeitskraft, kurz: durch eine *Existenzialisierung*. Auch dies ist nicht neu, wird aber nun doch gegenüber dem bisherigen Modell von Beruf in neuer Qualität deutlich. Dabei scheint ein Konnex von fachlicher Tätigkeit und existenzieller Lebensbasis von Arbeitenden wieder hergestellt zu werden, wie er für die alteuropäische Beruflichkeit (z.b. der Handwerker und Bauern) konstitutiv war, aber diese Parallele trügt. Fachliche Arbeit und Leben der Person nähern sich zwar wieder an, aber in völlig veränderter Form und mit anderen Konsequenzen als bei vorindustriellen Arbeits- und Lebensweisen. Der existenzielle Bezug erfährt zudem zwar eine subjektive und gesellschaftliche Aufwertung, was aber nur bedingt bessere existenzielle Entfaltungschancen, dafür aber eine erweiterte strukturelle Beherrschung des Lebens von Menschen in der Gesellschaft bedeuten wird.

5. Bildungspolitische Konsequenzen des Individualberufs

Wie der Übergang zu einer neuen Grundform von Arbeitskraft wird auch ein Wandel von Beruflichkeit aller Voraussicht nach erhebliche soziale Folgen haben. Kein Wunder, wenn man bedenkt, wie sehr der bisherige »Beruf« (analog zum »Normalarbeitsverhältnis«) die deutsche Sozialordnung geprägt hat. An dieser Stelle kann dem nicht umfassend nachgegangen werden. Ausblickend soll gleichwohl mit einigen Überlegungen exemplarisch auf mögliche langfristige Konsequenzen für die Bildungspolitik verwiesen werden.[7]

Zur Erinnerung: Die These des Individualberufs meint, dass »Beruf« der Tendenz nach zu einer stark individuell zu gestaltenden *persönlichen Form* werden wird. Dies betrifft zwei Funktionen: die Entwicklung und Kultivierung der auf Erwerbsarbeit zielenden Potenziale sowie die Vermarktung und dann die betriebliche Nutzung der Arbeitsfähigkeiten. Der neue Beruf bildet damit zwar nach wie vor eine wichtige Größe bei der Vermittlung von individuellen Arbeitsfähigkeiten und deren gesellschaftlicher Formung und Nutzung, aber er bekommt eine neue soziale Logik: Er ist nicht mehr primär gesellschaftlich, sondern mehr denn je eine Struktur, die die Person für ihre Erfordernisse in hoher Qualität aktiv *selbst hervorbringen* muss.

Auf eine solche Umstellung muss sich das Bildungssystem einstellen. Bisher wurden Individuen durch Bildung und Ausbildung in sozial (konkret: staatlich) hoch regulierte Berufsformen einsozialisiert. Nun muss es darum gehen, sie bei der lebenslangen Entwicklung eines je individuellen Modells durch gesellschaftliche Maßnahmen und neuartige Institutionen zu *unterstützen*. Zugleich kann (aus organisatorischen Grün-

---

[7] Vgl. dazu auch die Überlegungen in Voß (2000 und 2001a), die mit den folgenden Anregungen weitergeführt werden sollen.

den), darf (politisch-normativ gesehen) und wird (wegen der unvermeidbaren historischen Pfadabhängigkeit solcher Veränderungen) dies nicht bedeuten, Bildung und Ausbildung vollständig zu individualisieren – also ohne öffentliche Regulierung und Verantwortung jedem Einzelnen zu überlassen. Das Bildungssystem und das sich darauf beziehende Bildungsverhalten wird sich auch weiterhin in vielen Bereichen und Dimensionen an etablierten beruflichen Formen orientieren (müssen), aber es wird mit einem möglichen neuen Leitmodell von Beruf doch eine grundsätzlich veränderte Qualität ausbilden müssen, in der sich gesellschaftliche Regulierung und Normierung von Bildung und Ausbildung in ein neues Verhältnis zur individuellen Nutzung und Gestaltung stellen.

Erfordern neue Arbeits- und Beschäftigungsverhältnisse eine verstärkt reflexive individuelle Gestaltung des eigenen Fähigkeitsmusters, muss das Bildungssystem institutionelle Öffnungen oder Flexibilisierungen vornehmen, die dies systematisch flankieren und nicht, wie die bisherigen Strukturen, strukturell behindern. Auf die strukturellen und dynamischen Entgrenzungen von Arbeit und Arbeitskraft muss mit komplementären *Entgrenzungen gesellschaftlicher Bildungsstrukturen* geantwortet werden, um den Betroffenen zu ermöglichen, den steigenden Anforderungen an eine verstärkt individuelle Beruflichkeit zu entsprechen. Nimmt man dies so pauschal, erkennt man, dass eine derartige Entwicklung gar nicht so neu ist, sondern seit Ende der 1990er Jahre in etlichen (vor allem eher praxisnahen) Bereichen eine Öffnung des Bildungssystems diskutiert wird. Was vor dem Hintergrund der oben formulierten Thesen jedoch ansteht, ist eine systematische Anerkennung der Notwendigkeit und eine offensivere Umsetzung eines solchen Strukturwandels gesellschaftlicher Bildung. Gemeint ist nicht weniger als eine Umkehr der bisherigen Logik gesellschaftlicher Bildung und Ausbildung im Verhältnis von öffentlich getragenem und reguliertem Angebot und individueller Nachfrage und Nutzung: Nicht mehr ein System gesellschaftlich hoch formierter Ausbildungsgänge auf Basis starrer Berufsmodelle mit partiellen individuellen Handlungs- und Gestaltungsspielräumen, in dem Betroffene letztlich passive Absolventen von strikt durchgesteuerten Maßnahmen sind – sondern ein System, das nun die *Individuen als die eigentlichen Träger und aktiven Gestalter der gesellschaftlichen Bildung* sieht, die sich kontinuierlich in einer zwar öffentlich geförderten und strukturierten, aber weitgehend *offenen Bildungslandschaft*[8] bewegen, um in *freier aktiver Nutzung*[9] vielfältiger Angebote den je persönlichen Bildungs-

---

[8] ... als möglicher Alternativbegriff zur neoliberalen Vorstellung von »Bildungsmärkten«.

[9] ... um modische (und ideologische) Schlagworte wie »Bildungs-Shopping« oder »Bildungs-Cafeteria« zu vermeiden.

bedarf für eine Verberuflichung ihrer selbst zu decken. Was die Betroffenen (die dann keine »Betroffenen« von Bildung mehr wären, sondern die zentralen Akteure, aber auch die verantwortlichen Träger des Systems) auf diese Weise damit betreiben würden und wobei sie unterstützt werden müssten, wäre ein tagtägliches *persönliches Bildungsmanagement*[10] im Rahmen einer langfristigen *individuellen »Bildungspolitik«*.

So zugespitzt sind dies politisch wie wissenschaftlich riskante und vielleicht utopisch anmutende Empfehlungen, die ausführlicher kommentiert und differenziert werden müssten. Zudem gibt es durchaus Überlegungen in ähnliche Richtungen, die aufzuarbeiten wären.[11] All dies kann hier nicht geleistet werden. Ein stückweit soll jedoch zumindest versucht werden, zu spezifizieren, wie man sich ein auf den Individualberuf ausgerichtetes System von Bildung und Ausbildung vorstellen könnte. Dazu folgende *Leitlinien*:

1. *Umfassende Modularisierung:* Ideen zu einer »Modularisierung« von Bildung werden schon länger diskutiert und sind aus der Sicht der hier verfolgten Thesen vermutlich der Königsweg für ein individualisiertes Bildungssystem. Überlegungen in Richtung Stufenausbildung, einer Kombination von Kernberufen mit darauf aufbauenden Weiterbildungen usw. werden inzwischen teilweise sogar schon umgesetzt. Ein auf den Individualberuf zugeschnittenes System müsste wirklich umfassend ein öffentlich getragenes, aber dezentral institutionalisiertes Repertoire von unterschiedlichsten Bildungsbausteinen anbieten, die weitgehend frei kombinier- und kumulierbar sind und so eine wirklich offene Bildungslandschaft im angedeuteten Sinne darstellen. Angesicht der unaufhaltsamen Internationalisierung von Arbeit und Beschäftigung kann dies schließlich auch nur dann funktionieren, wenn sich ein solches Modell konsequent international öffnet, d.h. für durchlaufene Bildungsmodule transnationale Konvertierbarkeit sicherstellt, und auch möglichst weitgehend eine Anerkennung weltweit erworbener Kompetenzen ermöglicht.

2. *Vollständige Biografisierung:* Über »lebenslanges« Lernen wird ebenfalls seit Jahren geredet, faktisch ändert sich bisher aber wenig. Aus der Perspektive der hier verfolgten Ideen geht es jedoch darum, sicherzustellen, dass sich Bildung und Ausbildung endgültig aus der Bindung an bestimmte Lebensphasen lösen und zu einer tatsächlich den gesamten Lebensweg begleitenden Entwicklung der Potenziale von Menschen werden. Dies heißt nicht, dass alle Berufstätigen unaufhörlich dem Druck zur uferlosen Weitbildung unterliegen sollen, aber durch-

---

[10] Vgl. auch die Idee eines »Subjektiven Wissensmanagements« von Bolder/Hendrich (2002).

[11] Vgl. etwa Geißler/Ortey (1998), Senatsverwaltung ... (1999), Rauner (2000) oder Sauter (2002).

aus, dass sie die Möglichkeit haben, sich alters- und lebensphasenspezifisch und bezogen auf ihre sich dabei wandelnden Anforderungen, Interessen und Potenziale immer wieder neu zu entwickeln. Bildung und Ausbildung wären damit nicht mehr (wie immer noch) eine gesonderte Zeit des (vorwiegend jugendlichen) Lebens, sondern würden mit der Entwicklung des persönlichen Lebens überhaupt zusammenfallen.

3. *Reintegration in die Alltagspraxis:* Analog zu einer Verwebung von Bildung mit dem gesamten (diachronen) Lebensprozess könnte und müsste eine Ausrichtung auf den Individualberuf dann auch bedeuten, dass die Organisation und Institutionalisierung von Bildung wesentlich stärker an die (synchrone) Logik des tagtäglichen Lebenszusammenhangs angepasst wird. Ziel wäre eine tendenzielle Rücknahme der mit der Modernisierung entstandenen (zeitlichen, räumlichen, institutionellen usw.) Trennung von Bildung und Leben und eine systematische Wiederannäherung an die reale Lebenspraxis, um für die kontinuierliche persönliche Bildung in den unterschiedlichsten alltäglichen und biographischen Lebenslagen ein Maximum an Gestaltungsmöglichkeiten zu schaffen. Dass dies unter Bedingungen zunehmender Möglichkeiten vernetzter Informationstechnik eine ganz besondere Relevanz hat, sei nur angedeutet. Die gesellschaftliche Organisation von Bildung würde sich damit wieder an die Logik und Erfordernisse des individuellen Alltags anpassen und nicht (wie bisher) umgekehrt (vgl. ähnlich Bolder/Hendrich 2002).

4. *Individualisierte Zertifizierung:* Auch ein individualisiertes System von Bildung muss (und wird) Selektions- und Allokationsfunktionen wahrnehmen, also nicht nur Qualifikationen ausbilden, sondern auch im Ergebnis personalisiert zurechnen. Ein strikt modularisiertes System wird jedoch kaum die Absolvierung geschlossener »Bildungsgänge« mit standardisierten »Abschlüssen« bestätigen und soll es auch genau nicht. Hier kann und müsste es in gleichfalls strikter Systemumkehr um institutionalisierte Verfahren gehen, mit denen öffentlich kontrolliert die individuellen Bildungsbausteine je einzeln und dann vor allem in ihrer jeweiligen persönlichen Kombination beurteilt und bewertet werden. Aus den bisherigen Berufs- oder Bildungsabschlüssen würden dann persönlich und kontinuierlich sich entwickelnde, aber ebenso persönlich und kontinuierlich extern ergebnisorientiert (z.B. über inhaltlich qualifizierte creditpoints) zertifizierte Qualifikationsportfolios.

5. *Personalisierte Ziehungsrechte:* Die bisherigen Leitlinien skizzieren ein Modell, in dem Personen im Rahmen ihrer individuellen Bildungspolitik in freier inhaltlicher Stückelung, Kombination und zeitlicher Logik auf Bildungsmodule verschiedenster Institutionen zugreifen und diese aktiv in eigener Verantwortung nutzen. Komplementär zur ex post Bewertung der persönlichen Bildungselemente und -profile wäre damit ein analoger individualisierter Ex-ante-Mechanismus naheliegend. Die Zu-

griffe auf Bildung und Ausbildung in diesem Sinne könnten durch ein System öffentlich zugeteilter (Bildungs-) Ziehungsrechte gesteuert werden. Analog zu neuen Formen der Gestaltung von Arbeitszeit könnten damit auch für Bildung individualisierte »Konten« entstehen, in die man einzahlen kann (bzw. für die man zu verschiedensten Anlässen persönlich verwertbare öffentliche Zuwendungen bekommt) und die man abruft, wenn Bildungsschritte gemacht werden sollen. Im Gegenzug könnten über die Wahlentscheidungen der individualisierten Bildungsakteure auf Basis ihrer anteiligen Bildungsrechte (nicht vollständig, aber in wichtigen Teilen) die Anbieter von Bildung die für sie erforderlichen Anteile an öffentlichen Ressourcen erhalten. Stichworte wie »Bildungsschecks« oder »Bildungs-Credits« deuten genau in eine solche Richtung.

6. *Professionelle Begleitung*: Das skizzierte Modell ist nicht nur auf der öffentlichen (Angebots-) Seite hoch voraussetzungsvoll, sondern stellt auch an die individualisierten Nachfrager und Nutzer erhebliche Anforderungen. Dies bedeutet auf allen Qualifizierungsstufen, dass die sich nun aktiv unter Rückgriff auf öffentliche Bildungsmöglichkeiten selber Bildenden auf keinen Fall sich selber überlassen bleiben dürfen. Bildung für den Individualberuf erfordert mehr als jede andere Bildungslogik professionelle Unterstützung und soziale Absicherung. Dies meint (an dieser Stelle) jedoch nicht die didaktische Funktion des Lehrers, Pädagogen, Ausbilders, sondern die erst noch zu schaffende Rolle des Bildungsbegleiters. Wer sich in einem modularisierten System zurechtfinden und sich dort für sich persönlich und das für sich relevante Praxisfeld adäquat kontinuierlich ausbilden will und muss, der braucht dringend kompetente »Berater«, »Coaches« usw.. Diese sind wieder »Berufsberater« – aber ganz andere, als diejenigen, die bisher in Ausrichtung auf das traditionale Berufsmodell so heißen.[12]

7. *Systematische Metabildung*: Schließlich kann ein Modell individualisierter Bildung für einen individualisierten Beruf nur funktionieren, wenn angesichts der hohen personalen Anforderungen genau dafür systematisch ausreichende Qualifikationen geschaffen werden. Wird Beruf reflexiv, muss auch Bildung reflexiv werden und erfordert dazu reflexive Kompetenzen – also eine Metabildung: Fähigkeiten zur aktiven Selbstbildung und zum individuellen Bildungsmanagement, zur Konzipierung und strategischen Verfolgung einer individuellen Bildungspolitik, zur aktiven beruflichen Selbststilisierung als Teil einer persönlichen Berufspolitik, umfassende Lernfähigkeiten und Kompetenzen zum Wissensmanagement

---

[12] Dafür gibt es noch nicht viele Vorbilder. Wo der Bedarf liegt, zeigen jedoch erfolgreiche Bücher, wie das von Bolles (2002); siehe auch die Idee von zu fördernden »Transferfähigkeiten« bei Preißer (2002).

usw. sowie viele weitere Kompetenzen, die schon seit einiger Zeit als überfachliche (soziale, kommunikative, Schlüssel- usw.) Fähigkeiten gehandelt werden. Und nicht zuletzt heißt dies, dass allgemeine Persönlichkeitseigenschaften, ein substanzielles Kulturwissen sowie nicht zuletzt ein breites lebenspraktisches Erfahrungspotenzial (also das, was traditionell »Bildung« heißt) angesichts der hier beschriebenen Entwicklungen mehr denn je Basis jeglichen qualifizierten Berufs sind. Auch dies ist manchem bewusst und wird da und dort diskutiert, aber wo ist es wirklich systematisch Programm und Praxis von Bildung?

Diese (und vielleicht auch noch andere) Leitlinien umreißen, um es noch einmal zu betonen, die Idee eines Bildungs- und Ausbildungssystems, das die bisherige Rationalität von öffentlichem Angebot und individualisierter Nutzung umkehrt. Zentrale Träger und entscheidende Akteure sind hier die individuellen Nachfrager und ihre differenzierten Bedürfnisse angesichts eines tiefgreifenden Strukturwandels von Wirtschaft und Gesellschaft, demgegenüber das öffentliche System als flexible Angebots- und Möglichkeitsstruktur fungiert. Man könnte von einer konsequenten »Kundenorientierung« sprechen, wenn dies nicht zu einem ideologisch verzerrten Schlagwort verkommen wäre. Auf keinen Fall soll dies jedoch so verstanden werden, dass es darum gehe, Bildung und Ausbildung vollständig zu »vermarktlichen« oder zu »privatisieren« (was in Teilen sinnvoll ist) und dabei im neoliberalen Sinne zu »individualisieren«. Im Gegenteil: Forderung ist, ein dynamisches und vielfältiges Bildungssystem jenseits der bisherigen hoheitsstaatlichen Institutionalisierung zu schaffen, das gesellschaftlich reguliert und an sozialen Erfordernissen verantwortlich orientiert gleichzeitig ein Maximum an individuell nutzbaren Bildungschancen für jeden Menschen in der Gesellschaft bietet. Dies wird auf alle Fälle bedeuten, auch weiterhin (und sogar mehr denn je) berufliche Standards zu definieren und gegenüber verengten Wirtschaftsinteressen durchzusetzen, flächendeckend ein hohes Qualitätsniveau des Angebots zu sichern, einen nicht nur kurzfristigen ökonomischen Erfordernissen unterworfenen umfassenden Kern von Bildung und Erziehung zu erhalten und sogar auszubauen, gerade auch benachteiligten Gruppen ein Maximum an Bildung und Ausbildung zukommen zu lassen.

Literatur

Baethge, Martin/Baethge-Kinsky, Volker (1998): Jenseits von Beruf und Beruflichkeit? Neue Formen von Arbeitsorganisation und Beschäftigung und ihre Bedeutung für eine zentrale Kategorie gesellschaftlicher Integration. Mitteilungen aus der Arbeitsmarkt- und Berufsforschung, 31(4), 461-472.

Beck, Ulrich/Brater, Michael/Daheim, Hans J. (1980): Soziologie der Arbeit und der Berufe. Grundlagen, Problemfelder, Forschungsergebnisse. Reinbek.

Beck, Ulrich/Giddens, Anthony/Lash, Scott (1996): Reflexive Modernisierung. Eine Kontroverse. Frankfurt a.M.

Döhl, Volker/Kratzer, Nick/Sauer, Dieter (2000): Krise der NormalArbeit(s)Politik. Entgrenzung von Arbeit – neue Anforderungen an Arbeitspolitik. WSI-Mitteilungen, 53 (1), 5-17.

Bolder, Axel/Hendrich, Wolfgang (2002): Widerstand gegen Maßnahmen beruflicher Weiterbildung: Subjektives Wissensmanagement. WSI-Mitteilungen, 55 (1), 19-24.

Bolles, Richard Nelson (2000): Durchstarten zum Traumjob. Das Bewerbungshandbuch für Ein-, Um- und Aufsteiger. Frankfurt a.M.

Dostal, Werner/Stooß, Friedemann/Troll, Lothar (1998): Beruf – Auflösungstendenzen und erneute Konsolidierung. Mitteilungen aus der Arbeitsmarkt- und Berufsforschung, 31 (3), 438-460.

Fürstenberg, Friedrich (2000): Berufsgesellschaft in der Krise. Auslaufmodell oder Zukunftspotential? Berlin.

Geißler, Karlheinz A./Orthey, Frank M. (1998): Der große Zwang zur kleinen Freiheit. Berufliche Bildung im Modernisierungsprozeß. Leipzig.

Kocyba, Hermann (1999): Das aktivierte Subjekt. Mit post-tayloristischen Formen der Arbeit ändert sich auch die Berufsidee. Frankfurter Rundschau, 28.9.1999.

Kommission für Zukunftsfragen der Freistaaten Bayern und Sachsen (1996/1997): Erwerbstätigkeit und Arbeitslosigkeit in Deutschland (3 Bde.). Bonn (als Buch erschienen 1998, München).

Kurtz, Thomas (2002): Berufssoziologie. Bielefeld.

Kutscha, Günter (1992): »Entberuflichung« und »Neue Beruflichkeit« – Thesen und Aspekte zur Modernisierung der Berufsbildung und ihrer Theorie. Zeitschrift für Berufs- und Wirtschaftspädagogik, 88 (7), 537-548.

Mayer, Karl U. (2000): Arbeit und Wissen: Die Zukunft von Bildung und Beruf. In J. Kocka/C. Offe (Hrsg.): Geschichte und Zukunft der Arbeit (S. 383-409). Frankfurt a.M., New York.

Meyer, Rita (2001): Berufsförmige Organisation von Arbeit und soziale Konflikte moderner Beruflichkeit. WSI-Mitteilungen 54 (6), 391-395.

Minssen, Heiner (Hrsg.) (1999): Begrenzte Entgrenzungen. Wandlungen von Organisation und Arbeit. Berlin.

Moldaschl, Manfred/Voß, G. Günter (Hrsg.) (2002): Subjektivierung von Arbeit. München.

Negt, Oskar (2001): Arbeit und menschliche Würde. Göttingen.

Pongratz, Hans J./Voß, G. Günter (1997): Fremdorganisierte Selbstorganisation. Zeitschrift für Personalforschung, 7 (1).

Pongratz, Hans J./Voß, G. Günter (2001): Erwerbstätige als »Arbeitskraftunternehmer«. SOWI. Sozialwissenschaftliche Informationen, 30 (4), 42-52.

Pongratz, Hans J./Voß G. Günter (2002): ArbeiterInnen und Angestellte als Arbeitskraftunternehmer. Chemnitz (i.V.).

Preißer, Rüdiger (2002): Wer bin ich, was kann ich, wohin will ich? Interview von Sylvia Englert in ChangeX, 9.8.2002.

Rauner, Felix (2000): Gestaltungsorientierte Berufsbildung für eine offene dynamische Beruflichkeit, Bremen.

Sauter, Edgar (2002): Ein neues Praradigma für die Konstruktion von Berufsbildern. WSI-Mitteilungen 55 (1), 3-9.

Senatsverwaltung für Arbeit, Berufliche Bildung und Frauen (Hrsg.) (1999): Berliner Memorandum zur Modernisierung der Beruflichen Bildung. Leitlinien zum Ausbau und zur Weiterentwicklung des Dualen Systems. Berlin.

Sennet, Richard (1998): Der flexible Mensch. Die Kultur des neuen Kapitalismus. Berlin.

Voß, G. Günter (1994): Berufssoziologie. In H. Kerber/A. Schmieder (Hrsg.): Spezielle Soziologien (S. 128-148). Reinbek.

Voß, G. Günter (1998): Die Entgrenzung von Arbeit und Arbeitskraft. Eine subjektorientierte Interpretation des Wandels der Arbeit. Mitteilungen aus der Arbeitsmarkt- und Berufsforschung, 31 (3), 473-487.

Voß, G. Günter (2000): Unternehmer der eigenen Arbeitskraft – einige Folgerungen für die Bildungssoziologie. Zeitschrift für Soziologie der Erziehung und Sozialisation, 20 (2), 149-166.

Voß, G. Günter (2001a): Der Arbeitskraftunternehmer und sein Beruf. In: W. Dostal/P. Kupka, Veränderte Arbeits- und Berufsorganisation als Antwort auf die Globalisierung (BeitrAB 240). Nürnberg.

Voß, G. Günter (2001b): Auf dem Wege zum Individualberuf? Zur Beruflichkeit des Arbeitskraftunternehmers. In Kurtz, Th. (Hrsg.): Aspekte des Berufs in der Moderne. Opladen.

Voß, G. Günter/Pongratz, Hans J. (1998): Der Arbeitskraftunternehmer. Eine neue Grundform der »Ware Arbeitskraft«? Kölner Zeitschrift für Soziologie und Sozialpsychologie, 50 (1), 131-158.

Voß, G. Günter/Dombrowski, Jörg (2001): Berufs- und Qualifikationsstruktur. In: B. Schäfers/W. Zapf (Hrsg.): Handbuch zur Gesellschaft Deutschlands (2. Aufl.) (S. 63-74). Opladen.

Wingens, Matthias/Sackmann, Reinhold (Hrsg.) (2002): Bildung und Beruf. Ausbildung und berufsstruktureller Wandel in der Wissensgesellschaft. Weinheim, München.

Ingrid Drexel
Das Konzept des Arbeitskraftunternehmers – ein Leitbild für gewerkschaftliche Berufsbildungspolitik?

Wie kaum ein anderes neues sozialwissenschaftliches Deutungsangebot für aktuelle Entwicklungen der Arbeitswelt hat das von G. Voß und H. Pongratz formulierte und in zahlreichen Publikationen vorgestellte Konzept des »Arbeitskraftunternehmers« in den letzten Jahren Aufmerksamkeit und Resonanz gefunden. Es wird nicht nur von Wirtschaft und Politik aufgegriffen, auch viele Stimmen aus Wissenschaft und Gewerkschaft beziehen sich teils zustimmend, teils kritisch darauf. Dass nun sogar gefragt wird, ob sich dieses Konzept als neues Leitbild für gewerkschaftliche Berufsbildungspolitik eignet, ist Anstoß für eine (ideologie-)kritische Auseinandersetzung. Das Deutungsangebot von Pongratz/Voß hat zwar – so die zentrale These dieses Aufsatzes – das Verdienst, vielfältige Forschungsergebnisse zur Veränderung der Arbeitsverhältnisse in einem verklammernden Konzept interpretiert und dadurch auf hohem, durch Theorieelemente unterfüttertem Niveau die Diskussion über die Zukunft von Arbeitskraft nachhaltig angeregt zu haben; es ist jedoch aufgrund seiner Grundkonstruktion ein im soziologischen Sinne ideologisches Konzept. Dies zumindest ausschnittweise zu zeigen, ist Ziel dieses Aufsatzes.

Zunächst aber ein paar Anmerkungen zum harten Kern des Konzepts Arbeitskraftunternehmer und zum Begriff der Ideologiekritik.

(1) Das *Konzept Arbeitskraftunternehmer* ordnet neue Entwicklungen, die vor allem in modernen Branchen und qualifizierten Produktions- und Dienstleistungstätigkeiten zu beobachten sind, begrifflich ein und interpretiert sie in einer ganz spezifischen Perspektive, die weitreichende politische Implikationen (u.a. für Berufsbildung) hat. Seine zentrale These postuliert einen grundlegenden Wandel in der Verfassung von Arbeitskraft: Die bisher vorherrschende Form des »verberuflichten Arbeitnehmers« werde zunehmend abgelöst durch einen neuen strukturellen Typus, den »Arbeitskraftunternehmer «(Voß, Pongratz 1998:131). Man stehe vor einem »Übergang zu einem kaum mehr sozialpolitisch normierten, im Gegenzug auf selbstorganisierte Strategien verwiesenen und hochindividualisierten ›Arbeitskraftunternehmer‹ als gesellschaftlichem Leittypus von Arbeitskraft für den globalisierten Neokapitalismus« (Pongratz, Voß 1999: 230). Kennzeichnend für diesen Wandel sei, dass sich Arbeitskräfte sowohl bei der Verausgabung ihrer Arbeitskraft als auch

bei ihrer Formung, Vermarktung und Regeneration »als Unternehmer ihrer eigenen Arbeitskraft verhalten«, also diese selbst organisieren und steuern. Das impliziert u.a., dass Ausbildungs- und Arbeitsmarktprozesse nicht mehr den gesellschaftlich vorgegebenen Strukturen von Beruf und beruflichen Mustern der Arbeitsorganisation sowie des Arbeitsmarktes folgen, sondern individuellen Zielen und Vermarktungsstrategien der Arbeitnehmer. Konsequenz dieses Konzepts ist also eigentlich das Verschwinden von Beruf und gesellschaftlich strukturierter und geregelter Berufsbildung.

Doch so eindeutig legen sich Voß und Pongratz nicht fest: Beruf und Berufsbildung könnten, so Voß (2001), eventuell auch als allgemeine Grundlage des Arbeitskraftunternehmers erhalten bleiben, allerdings nur in neuer Form: bei weitreichendem Bedeutungsverlust sowohl der fachlichen Grundlagen des Berufs als auch seiner gesellschaftlichen Regelung und Vereinheitlichung und mit einem wesentlich größeren Gewicht von Eigeninitiativen und Eigeninvestitionen des Arbeitnehmers bei der Gestaltung seines Kompetenzprofils: An die Stelle des gesellschaftlich profilierten Berufs solle der »Individualberuf« treten (ebd.).

(2) *Ideologien* im soziologischen Verständnis sind nicht, wie in der Alltagssprache, absichtsvoll verlogene Argumentationen, sondern eine Verbindung von Wahrem und Falschem in einer spezifischen Argumentation, die – unabhängig davon, ob dies von den sie formulierenden Personen gewollt ist oder nicht – spezifischen gesellschaftlichen Interessen dient. *Ideologiekritik* bedeutet in diesem Verständnis also nicht etwa »Entlarvung« einer Lüge, sondern »Rekonstruktion des falschen Wahren«, d.h. ein Herausarbeiten sowohl des realen Kerns einer Argumentation als auch der falschen oder vereinseitigten Interpretation dieser Realität sowie die Klärung des gesellschaftlichen Nutzungs- und Verwertungszusammenhangs dieser Argumentation.

Eine solche Rekonstruktion für das in zahlreichen und variantenreichen Veröffentlichungen vorgestellte Konzept des Arbeitskraftunternehmers umfassend vorzunehmen und zudem seine politischen Verwertungspotenziale voll nachzuzeichnen, ist natürlich in diesem Aufsatz nicht möglich. Er kann nur die zentralen Aussagen des Konzepts aufgreifen und nur holzschnittartig auf sie eingehen:[1] zunächst auf allgemeine Strukturmerkmale des Konzepts, die es zu einem »ideologischen Konstrukt« (Deutschmann 2001) machen, dann auf i.e.S. für Berufsbildung relevante Aussagen.

---

[1] Ausgeklammert bleiben vor allem im engeren Sinne empirische Einwände gegen die Plausibilität der von den Autoren angenommenen hohen Funktionalität des Arbeitskraftunternehmers für Betriebe sowie gegen seine wachsende quantitative Bedeutung, ja Generalisierung; wichtige Argumente hierzu finden sich bei Deutschmann (2001).

1. Der reale Kern des Konzepts Arbeitskraftunternehmer

(1) Die These einer für die Zukunft zu erwartenden weiten Verbreitung, wenn nicht Dominanz des Arbeitskrafttypus »Arbeitskraftunternehmer« wird von Voß und Pongratz einerseits begründet mit einer – angesichts des vielfachen Übergangs von konkreten Arbeitsanweisungen zu allgemeinen Auftragsbeziehungen – zunehmend möglichen und notwendigen Selbststeuerung und Selbstkontrolle der Beschäftigten in ihrem Arbeitshandeln; andererseits mit ihrer zunehmend notwendigen Eigeninitiative und Eigensteuerung bei der Formung ihrer Arbeitskraft und bei ihrer Vermarktung sowie mit zunehmender Nutzung von Ressourcen des Privatlebens für das Erwerbsleben (Voß/Pongratz 1998: 131). Die Stichworte lauten: »erweiterte Selbst-Kontrolle«, »Selbst-Ökonomisierung« und »Selbst-Rationalisierung«.

Diese Argumentation greift durchaus reale Entwicklungen auf: Zum einen wird ja tatsächlich die Festlegung der Mittel und Wege, mit Hilfe derer betriebliche Arbeitsaufgaben zu bewältigen sind, in bestimmten Segmenten des Beschäftigungssystems im Rahmen neuer Rationalisierungsstrategien zunehmend an die (an bestimmte) Beschäftigten delegiert, vielfach auch die konkretere Definition der Aufgabe selbst, die das Management gar nicht ausreichend genau leisten kann. Steuerung und Kontrolle durch die Unternehmensleitung erfolgen stärker indirekt. Die Arbeitnehmer erhalten damit neue Gestaltungschancen, sind allerdings auch mit entsprechenden Anforderungen konfrontiert. Zum anderen wächst in der Tat der Druck auf viele Arbeitnehmer, mehr als bisher gezielt selbst in ihre Qualifikation zu investieren, den Arbeitsmarkt in Hinblick auf mögliche Chancen zu beobachten und zu nutzen und ihre private Lebenssphäre für das Erwerbsleben zu funktionalisieren. Voß und Pongratz gehen davon aus, dass sich diese Verhaltensweisen massiv verbreiten werden, sodass der Arbeitskraftunternehmer als ein neuer struktureller Typ von Arbeitskraft den Typus des »verberuflichten Arbeitnehmers« ablösen wird (1998:131), ja, dass er zur »Schlüsselfigur« einer neuen Phase des Kapitalismus – nach dem Proletarier der Frühindustrialisierung und dem verberuflichten Arbeitnehmer des Fordismus/Taylorismus – werden könnte (ebd.:147).

Durch die gemeinsame Thematisierung der genannten neuen Strategien einer wachsenden Zahl von Betrieben und sich verändernder Anforderungen an eine wachsende Zahl von Arbeitnehmern, die insbesondere in der IT-Branche und den Medien, aber auch bei anderen jungen Hochqualifizierten zu beobachten sind, löst das Konzept des Arbeitkraftunternehmers bei vielen Soziologen, aber auch bei manchen Arbeitnehmervertretern, die mit diesen Gruppen befasst sind, Wiedererkennungseffekte aus: Die neue, zugleich griffige und assoziationsreiche Bezeichnung des »Arbeitskraftunternehmers« scheint diese Beobachtungen zusammenfassend auf einen guten Begriff zu bringen. Bei genauerer Betrachtung zeigt die Argumentation jedoch eine Reihe von hochproblematischen Vereinseitigungen, die sie zu einem »ideologischen Konstrukt« machen.

2. Die vereinseitigende Interpretation des »Wahren« im Konzept Arbeitskraftunternehmer

Vier konkretere Momente des »Falschen im Wahren« seien angesprochen:

(1) Zunächst ist auf die fehlende *Unterscheidung zwischen Rhetorik und Realität* hinzuweisen, auf die Deutschmann (2001) bereits aufmerksam gemacht hat: Die Appelle des betrieblichen Managements, der Unternehmensberater und Politiker an die Arbeitnehmer, sich als Arbeitskraftunternehmer zu sehen und zu verhalten, können nicht gleichgesetzt werden mit den realen Einschätzungen, Interessen und Strategien der Betriebe, und schon gar nicht mit dem Verhalten der Arbeitnehmer. Weder eine volle Übertragung der Steuerung des Arbeitshandelns auf den einzelnen Arbeitnehmer noch die volle Übertragung der Verantwortung für die Reproduktion von Arbeitskraft auf ihn liegt im Interesse der Betriebe; für beide Seiten ist weder das eine noch das andere eine tragfähige Perspektive. Die vor allem von Unternehmensberatern häufig propagierten neuen Politiken und Instrumente zur Erzeugung von Selbststeuerung und Selbstkontrolle bei den Arbeitnehmern (insbesondere Zielvereinbarungen) greifen ja nur sehr sehr begrenzt und nur mit problematischen Nebenfolgen – auch für die Betriebe selbst (Bahnmüller 2001; Drexel 2002).

(2) Eine spezifische Vereinseitigung liegt zweitens in der *Überhöhung eines aktuell sich verstärkenden Sachverhalts zu etwas historisch ganz Neuem* mit epocheprägender Bedeutung. Zwar werden immer wieder Kontinuitäten (»Vorläufer«) konzediert, aber mit Charakterisierungen wie »historisch neue Stufe«, »ganz neue Qualität« etc. wird historische Neuartigkeit reklamiert – für Sachverhalte, wo dies mehr als fraglich ist. Viele der das Konzept des Arbeitkraftunternehmers begründenden Sachverhalte sind ja für marktwirtschaftliche Gesellschaften ganz generell konstitutiv, auch wenn sie – in Deutschland! – in der jüngeren Vergangenheit zeitweise weniger sichtbar waren als heute.

Konkreter: Zum einen ist das Problem, dass der Unternehmer zwar die Arbeitskraft des Arbeitnehmers kauft, damit jedoch noch nicht die jeweils notwendige konkrete Leistung sicherstellen kann, ein seit langem diskutiertes Grundproblem marktwirtschaftlicher Gesellschaften; immer schon waren dafür zusätzliche personalpolitische Instrumente notwendig (Kontrolle durch den unmittelbaren Vorgesetzten bei tiefgegliederter Hierarchie, Druck und/oder intrinsische Motivierung der Arbeitnehmer, Leistungs- und Bewährungsanreize durch finanzielle Gratifikationen und Aufstiegschancen etc.). Diese Instrumente haben in der Tat durch die Rationalisierungsprozesse des letzten Jahrzehnts erheblich an Funktionsfähigkeit verloren (Drexel 2002). Darin, dass sie jetzt durch Selbststeuerung und Selbstkontrolle, die durch Zielvereinbarungen, Einbindung in Unternehmenskulturen und/oder Angst um den Arbeitsplatz gesichert werden, ersetzt werden sollen, besteht eine wichtige Veränderung, aber doch nichts strukturell Neues.

Analoges gilt zum anderen für die Formung und Vermarktung von Arbeitskraft: Für den »freien Lohnarbeiter« kapitalistischer Gesellschaften ist ja generell charakteristisch, dass er, um existieren zu können, selbst dafür sorgen muss, seine Arbeitskraft entsprechend dem Bedarf der Betriebe zu formen, dass er sie – auch unter Einsatz von Ressourcen seiner Privatsphäre – im Laufe seines Erwerbslebens immer wieder anpassen, regenerieren und auch erweitern muss, und dass er selbst für ihren Verkauf an den Unternehmer Sorge tragen muss. Asendorf-Krings u.a.(1976) haben diese Anforderung an den Arbeitnehmer schon vor 25 Jahren, also unter ganz anderen Rahmenbedingungen, als generelle Anforderungen an »Reproduktionsvermögen« analysiert. Der notwendigerweise individuelle Charakter von Bildungs- und Berufswahl, von Lernen, von Arbeitsplatzsuche, Karriereplanung und Fortbildung – all das sind Phänomene einer immer schon vom Arbeitnehmer selbst »unternommenen« Aktivität der Erhaltung und Vermarktung der eigenen Arbeitskraft und der damit verbundenen »Selbstökonomisierung«. Nur in dem verzerrten Bild des »verberuflichten Arbeitnehmers«, in dem diesem »nur marginale Fähigkeiten zur Selbststeuerung und Selbstintegration in den Betrieb, zur gezielten Saelbstökonomisierung sowie zur Selbstrationalisierung« zugestanden werden (Voß 2001:299), kann dies verschwinden.

Konkretere Veränderungen gibt es allerdings auch hier: Die Eigenleistungen der Arbeitnehmer in die Reproduktion ihrer Arbeitskraft wurden in den Nachkriegsjahrzehnten zunehmend durch gesellschaftliche, öffentlich verantwortete Politiken und Strukturen gestützt und flankiert: durch öffentlich geregelte Bildungssysteme, durch Arbeitsmarktinstitutionen, durch Arbeitszeitgesetze, durch öffentliche Freizeiteinrichtungen, Gesundheitsvorsorge, Rehabilitationsdienste etc. und nicht zuletzt durch betriebsübergreifend etablierte Karrieremuster, auf die sich individuelles Weiterbildungs- und Leistungsverhalten beziehen kann.

Diese gesellschaftlichen Strukturen nun sind in der Tat im letzten Jahrzehnt teilweise erheblich geschwächt worden. Vor allem aber sollen sie nach neoliberalen Zielvorstellungen in Zukunft massiv an Bedeutung verlieren oder sogar ganz verschwinden; die Stichworte: Deregulierung der Arbeitsmärkte und der Tarifverträge, Modularisierung oder sogar

Ablösung öffentlich geregelter Aus- und Weiterbildung durch informelles Lernen im Arbeitsprozess, ja »Kompetenzerwerb« in beliebigen Lernumwelten, Selbstorganisation von Weiterbildung und Eigenverantwortung für Employability.

(3) Anzusprechen ist in diesem Kontext auch die im Konzept Arbeitskraftunternehmer enthaltene *Affirmation und unilineare Extrapolation partikularer Entwicklungen*: Beobachtungen, dass Arbeitnehmer mehr als früher für die Formung und Vermarktung ihres Arbeitsvermögens aktiv sind und ihre individuelle Lebenswelt dafür und für den Betrieb funktionalisieren, werden ohne Angabe möglicher Alternativentwicklungen zum zwingenden Trend einer breiten Entwicklung erklärt. Dass solche Tendenzen immer charakteristisch sind für wirtschaftliche Krisenperioden wird ebenso ausgeblendet wie die Tatsache, dass die Individualisierung von Krisenfolgen und -prävention eine sehr spezifische Antwort ist. Die Frage, ob dieser Trend, der ja längerfristig auch für Betriebe negative Konsequenzen haben wird, durch andere Krisenreaktionen ersetzt werden oder wieder verschwinden könnte, wird nicht gestellt.

(4) Damit hängt unmittelbar zusammen die für das Konzept des Arbeitskraftunternehmers charakteristische *weitgehende Ausklammerung von politischer Gegenwehr der Arbeitnehmer gegen diese Entwicklung* und ihre Ursachen, sowohl auf individueller wie auf kollektiver Ebene: Zwar beschreiben Pongratz und Voß sehr realistisch die in eine zunehmende Selbststeuerung und Selbstkontrolle eingebauten Tendenzen zur »Selbstausbeutung«und die Notwendigkeit, sich davor zu schützen; doch hat in ihren Prognosen Gegenwehr von Arbeitnehmern gegen diese Tendenzen keinen systematischen Stellenwert. Auch dass sich Arbeitnehmer gegen die massiv verschärfte Konkurrenz, die aus »unternehmerischem Verhalten« beim Verkauf ihrer Arbeitskraft resultieren muss, und gegen die zunehmende Funktionalisierung des Privatlebens für das Erwerbsleben wehren können und früher oder später zwingend wehren müssen – und dass dies die Gesamtentwicklung ändert – bleibt außen vor. Konsequenterweise werden dann, wenn von den vielen Schlüsselqualifikationen die Rede ist, die Arbeitskraftunternehmer erwerben müssen (z. B Voß/Pongratz 1998:155), Kompetenzen zu individuellem und kollektivem Widerstand gegen solche Zwänge nicht angesprochen.

Auch von kollektiver Interessenvertretung wird ein solcher Widerstand gegen die Ausbreitung des Arbeitskraftunternehmers bzw. seine Entstehungsbedingungen nicht erwartet, im Gegenteil: Interessenvertretung müsse sich in Anpassung an seine Merkmale grundlegend verändern. Sie könne, neben individuell konsultierter Psychologie und Beratung, dem einzelnen Arbeitnehmer gegen die Gefahren wachsender Selbstausbeutung »zur Seite stehen«. »Entscheidend für das Gelingen einer Interessenvertretung des Arbeitskraftunternehmers wird es (...) sein, seine spezifische Situation als Unternehmer seiner selbst zu akzeptieren, ernstzunehmen und ihn darin zu unterstützen«(Voß/Pongratz 1998:152; Pongratz/Voß 1999: 240ff). Oder knapper formuliert: Aufgabe der Gewerkschaft in diesem Kontext sei, dass sie »die Arbeitnehmer/innen in ihrer individuellen Selbstbehauptung unterstützen« (Pongratz 2001:1). Dabei müsse sich auch die Form der Interessenvertretung weitreichend verändern: »Etablierte sozialpolitische, tarifvertragliche und arbeitsrechtliche Regelungen zur Begrenzung der Nutzung von Arbeitskraft« seien ein am bisherigen Typus von Arbeitskraft orientiertes Modell der Interessenvertretung, das zwar vorübergehend der Entwicklung angepasst werden könne; »langfristig wird es aber den neuen Erwerbschancen und -risiken und damit den gewandelten Arbeitsinteressen in weiten Bereichen nicht mehr gerecht werden« (Pongratz/Voß 1998:240).

Voß und Pongratz plädieren also letztlich für eine einseitige Anpassung der Interessenvertretung an die individualistischen Distinktions- und Durchsetzungsinteressen einer Teilgruppe und ihre individuellen Beratungs- und Unterstützungsbedarfe – und damit für die Aufgabe der traditionellen Ziele, gemeinsame Interessen aller Arbeitnehmer zu identifizieren und durchzusetzen und dafür auch eine gewisse Vereinheitlichung von Arbeits- und Lebenslagen und Probleminterpretationen anzustreben. Die real ja sehr widersprüchliche Entwicklung – gleichzeitige Heterogenisierung und Angleichung von Arbeits- und Lebensbedingungen der abhängig Beschäftigten (übrigens auch unter Einschluss der als Arbeitskraftunternehmer zu bezeichnenden Arbeitnehmer, wie nicht zuletzt viele realistische Beschreibungen der ambivalenten Folgen der neuen Entwicklungen durch die Autoren zeigen) – wird also ganz einseitig in Richtung der Heterogenität, ja Individualisierung hin aufgelöst. Dass es immer auch Aufgabe von Interessenvertretung sein muss, neuen Arbeitnehmergruppen Einsichten zu vermitteln, die über deren eigene Interessen und den Moment hinausgehen, wird ebensowenig berücksichtigt wie die hochproblematischen Folgen eines Aufgebens solcher Instrumente wie Tarifvertrag und Arbeitsrecht.

3. Das Konzept Arbeitskraftunternehmer und Berufsbildung: die These vom Individualberuf

Die Aussagen zur Berufsbildung gehen – über die skizzierten Vereinseitigungen hinaus – teilweise von problematischen Voraussetzungen aus und haben problematische Implikationen. Drei Punkte seien aufgegriffen:

(1) Zum einen gibt es hier handfeste *sachliche Fehleinschätzungen*. Der »verberuflichte Typus von Arbeitskraft«, gegen den die Autoren den Arbeitskraftunternehmer absetzen wollen, erscheint als restriktiv qualifizierter, passiver und rigide auf betriebliche Anweisungen reagierender

Typus von Arbeitskraft. Berufe seien bisher »starre Raster von ausschließlich fachlich zugerichteten und eng spezialisierten Fähigkeiten« (Voß 2001: 299) und damit ein Element des Taylorismus, das mit diesem zusammen obsolet werde (ebd.: 292/3).

Dem ist entgegenzuhalten, dass die wichtigsten positiven Potenziale, die die Autoren dem Arbeitskraftunternehmer zuschreiben, gerade auch für viele Facharbeiter und Fachangestellte charakteristisch und in ihren Ausbildungen angelegt sind: Eigeninitiative und selbstgesteuerte Aktivität, die Fähigkeit zur Planung, Gestaltung und Steuerung individueller und Gruppenarbeit sowie die Fähigkeit zur Planung des eigenen beruflichen Wegs. Der berufsförmige Zuschnitt von Arbeitskraft ist gerade ein Gegenprinzip gegen tayloristisch zugeschnittene Arbeit, wie nicht zuletzt Vergleiche mit anderen Ländern zeigen, in denen es Berufe und beruflich geschnittene Ausbildung nicht (mehr) gibt: Geregelte duale Systeme der Berufsbildung mit Ausrichtung auf gesellschaftlich standardisierte breite Fachqualifikationen sind gerade ein zentraler Grund dafür, dass sich der Taylorismus in Deutschland, in Österreich und in der Schweiz – und insbesondere in Branchen, deren Arbeitskraftbedarf durch das duale System gedeckt wird – längst nicht so breit durchgesetzt hat wie in Ländern, wo das Feld durch Allgemeinbildung in Kombination mit betriebsspezifischer Anlernung geprägt wird. Es sind gerade die in der dualen Ausbildung erzeugten breiten fachlichen Qualifikationsgrundlagen und -überschüsse, die wesentliche Voraussetzungen schaffen können für die Selbststeuerung des Arbeitshandelns auch auf Arbeiterebene, für die Potenziale von Facharbeitern und Fachangestellten (und von Ingenieuren mit vorangegangener Lehre), Arbeitsaufgaben auf der Basis nur ganz allgemeiner betrieblicher Zielvorgaben zu interpretieren und konkrete Probleme und Problemlösungen zu identifizieren; es ist die auf Beruf und Facharbeit ausgerichtete Ausbildung, die die Basis legt für ein intrinsisch motiviertes Einbringen beruflicher Qualitäts- und Kompetenznormen in betriebliche Anforderungen, die vom Management nicht im Detail zu definieren sind.

Dass beruflich geschnittenes Arbeitsvermögen kein Gegensatz zu Selbststeuerung und -kontrolle ist, wird in der These eines mit dem Ende des Taylorismus Obsolet-Werdens beruflich geformter Arbeitskraft ebenso wenig berücksichtigt wie die Entwicklung des Dualen Systems in den letzten Jahrzehnten: die massive Rücknahme von Spezialisierungen und der systematische Einbau von Planungs- und Steuerungsfähigkeit in die Ausbildung. Die bislang bestehende Berufsform erscheint nur als Zerrbild einer rigiden »starren und standardisierten Sozialform« (Voß 2001, S. 301), und die darauf bezogene berufliche Sozialisation und Ausbildung von jungen Facharbeitern als deren fremdgesteuerte Anpassung, die sie passiv, ohne eigene Gestaltungsmöglichkeiten hinnehmen müssen.

(2) Dazu kommt zweitens die *subjektive Seite* im engeren Sinn: Pongratz und Voß setzen geregelte Berufe gleich mit Restriktionen für das Individuum. Dies ist unter bestimmten Bedingungen, bei eng geschnittenen Berufen und nur auf betrieblichen Gewinn hin angelegten Ausbildungsverhältnissen, sicher nicht von der Hand zu weisen. Bei einer Bewertung muss jedoch systematisch auch in Rechnung gestellt werden, dass beruflich strukturierte Ausbildung und Arbeitskraft zunächst und vor allem eine Alternative zur restriktivsten aller Formen der Qualifizierung und der Verwertung von Arbeitskraft darstellt: zur einzelbetrieblichen Anlernung und zur Arbeit als Angelernte(r). Anlernqualifikationen sind – gleichgültig auf welchem Niveau – in aller Regel enger geschnitten und viel risikoreicher als beruflich geschnittene Qualifikationen. Sie bedingen notwendigerweise eine Bindung an den jeweiligen Betrieb, die viel stärker zur schrankenlosen Akzeptanz betrieblicher Anforderungen drängt als die Identifikation mit einem Beruf, die ja auch Vorstellungen von »angemessener« Arbeit und Leistung, d.h. von Grenzen der Zumutbarkeit, beinhaltet. Vor allem aber führt Anlernung, da sie den Arbeitnehmer viel stärker vom jeweiligen Einzelbetrieb abhängig macht, zu niedrigerer und weniger gesicherter Entlohnung und zu größerem Arbeitsplatzrisiko. Dies sind ja die Gründe, weshalb Gewerkschaften auf gesellschaftlich strukturierter Ausbildung bestehen, die auf in der ganzen Gesellschaft anerkannte Berufe bezogen ist.

(3) Im *Konzept des Individualberufs* (Voß 2001) wird die Annahme eines Obsoletwerdens des Berufs zusammen mit dem Taylorismus modifiziert in der These, er könne eventuell auch in Zukunft Bedeutung behalten, aber nur in neuer Form: als »Individualberuf«. Voraussetzung sei ein massiver Bedeutungsverlust von Fachlichkeit, vor allem jedoch von Gesellschaftlichkeit: Zwar würden die Menschen vermutlich auch in Zukunft gesellschaftliche Ausbildungsinstitutionen mit zertifizierten Abschlüssen durchlaufen (Voß 2001:300); doch würden Berufsbildungsabschlüsse ihre Funktion für Arbeitsplatzzuweisung und Beurteilung verlieren (Voß/Pongratz 1998:148). »Der Individualberuf ist (...) nicht mehr primär gesellschaftlich (d.h. eine im engeren Sinn soziale Form), sondern er ist eine Kulturform, die die Person für ihre Erfordernisse aktiv selbst hervorbringt und unter den gewandelten Verhältnissen verstärkt und in hoher Qualität gezielt vorbringen muss, also eine primär *personale Form*« (Hervorhebung durch den Autor, Voß 2001:309). Beruf ist nur noch ein in sich stimmiges Muster von Kompetenzen, das der Einzelne organisiert und sichert. Diese Aussagen nehmen also die individualistische Stoßrichtung des Konzepts Arbeitskraftunternehmer auf und konkretisieren sie für Berufsbildung, allerdings in modifizierter, teilweise auch inkohärenter und diffuser Form.

4. Zum politischen Verwertungszusammenhang des Konzepts Arbeitskraftunternehmer

Das Konzept Arbeitskraftunternehmer ist nicht im luftleeren Raum entstanden, seine Entstehung und Rezeption sind mitbestimmt durch die aktuelle politische Konstellation von Interessenlagen, politischen Zielen und Kräfteverhältnissen. Es erlaubt, auch wenn die Autoren dies nicht beabsichtigen, eine Abstützung neoliberaler Antworten auf aktuelle Krisentendenzen, ja, legt eine solche Verwertung mit seiner Begrifflichkeit und vor allem mit den skizzierten Vereinseitigungen und inhaltlichen Aussagen sogar nahe. Vor allem zwei Perspektiven einer solchen Nutzung zeichnen sich ab:

(1) Zum einen finden die Konzepte »Arbeitskraftunternehmer« und »Individualberuf« Anschluss an offen *auf Deregulierung zielende (berufbildungs-)politische Diskussionen und Forderungen*: Der gesellschaftliche Nutzen des dualen Berufsbildungssystems wird heute von neoliberalen Kräften vielfach grundsätzlich in Frage gestellt, nicht mit dem Ziel, es zu reformieren, sondern die öffentlich geregelte und dadurch strukturell vereinheitlichte Aus- und Fortbildung zurückzudrängen zugunsten von »Lernen im Arbeitsprozess«, »Erfahrungslernen«, »selbstgesteuertem und -organisiertem Kompetenzerwerb in beliebigen Lernfeldern und Netzwerken« etc. – die Stichworte sind bekannt. Diese Forderungen sind teilweise begründet im Interesse, betriebliche Ausbildungskosten zu vermeiden bzw. sie auf die Arbeitnehmer zu überwälzen, teilweise mit dem Ziel, Arbeitskräfte nur für bestimmte Arbeitsplätze zu qualifizieren und an den Betrieb zu binden. Die weitergehenden unter diesen Forderungen, die sich auf völlige Ablösung gesellschaftlich strukturierter Aus- und Weiterbildung durch individuelle Lernprozesse richten, haben auch tarifpolitische und i.e.S. politische Ziele; das zeigen analoge politische Kampagnen in Frankreich und England, die schon in die Praxis umgesetzt worden sind: Die Bedeutung öffentlicher Abschlüsse für tarifliche Eingruppierung und Entlohnung soll ersetzt werden durch die Bewertung der erzeugten Qualifikation durch den jeweiligen Betrieb oder eine Zertifikationsagentur seines Vertrauens (Drexel 2002 a). In dieser Verbetrieblichung der Bewertung von Qualifikation, die bei einer Entstandardisierung von Lernprozessen und Qualifikationsaprozessen unvermeidlich ist – und in der damit zwingend verbundenen Unterminierung von Tarifverträgen und Gewerkschaften –, ist das eigentliche politische Ziel von Forderungen nach Deregulierung bzw. Eliminierung von öffentlich geregelten Berufsbildungssystemen zu sehen. Die von Pongratz und Voß formulierten Thesen zum Individualberuf, zum notwendigen weitreichenden Bedeutungsverlust gesellschaftlicher Regelung und Standardisierung von Ausbildung sowie von Fachkompetenz stützen, auch wenn das nicht ihre Absicht ist, diese Forderungen. Das Konzept Arbeitskraft-

unternehmer wird in diesem Kontext zum wissenschaftlichen Kronzeugen von Deregulierungsvorschlägen und für alle möglichen Zukunftskommissionen, die für sie Akzeptanz schaffen und ihre politische Durchsetzung vorbereiten.

Zum anderen hat das Konzept auch *Potenziale einer »Indoktrination«* (Deutschmann 2001) der Arbeitnehmer: Die Propagierung des Arbeitskraftunternehmers, der die Formung und Vermarktung seines Arbeitsvermögens selbstgesteuert betreibt, kann genutzt werden, den Abbau gesellschaftlicher Institutionen der Reproduktionssicherung zu legitimieren und die Schuld für Arbeitslosigkeit den Arbeitnehmern zuzuweisen. Die These der Überholtheit des »verberuflichten« Arbeitnehmers, der streng zwischen Arbeit und Privatleben trennt, kann genutzt werden, um den totalisierten Zugriff des Betriebs auf den Menschen und sein ganzes Leben als selbstverständliches Element der »modernen« Arbeitswelt zu legitimieren, ja, durch die sprachliche Assoziation mit dem Unternehmer zu beschönigen. Nicht zuletzt bietet sich das Konzept des Arbeitskraftunternehmers natürlich auch an als Leitbild für neoliberale Inhalte der beruflichen Sozialisation: für eine Erziehung junger Arbeitnehmer zur Funktionalisierung ihrer Privatsphäre für den Betrieb, zur Aufgabe jeglicher Distanz gegenüber betrieblichen Leistungsanforderungen und damit jeglichen Selbstschutzes, und vor allem zu Individualismus und Konkurrenzverhalten.

5. Das Resümee: das Konzept Arbeitskraftunternehmer – kein Leitbild für gewerkschaftliche Berufsbildungspolitik

Angesichts der kritisierten Strukturprobleme und Inhalte erscheint das Konzept Arbeitskraftunternehmer als Leitbild für Berufsbildung(spolitik) nicht geeignet, und schon gar nicht als Leitbild für gewerkschaftliche (Berufsbildungs-)Politik: nicht, weil es nicht sinnvoll wäre, ein erweitertes und autonomeres Profil des Arbeitnehmers zu entwickeln, hierfür geeignete Realentwicklungen aufzugreifen und ggfs. auch das Profil der Berufe zu modifizieren, sondern, weil der gesellschaftliche Charakter von Berufsbildung – eine gewisse Normierung der Qualifikationsprofile, die sie transferierbar macht, und die gesellschaftliche Basisverantwortung für die Reproduktion von Arbeitskraft – für von bezahlter Arbeit Abhängige unverzichtbar bleibt. Neue, aus gewerkschaftlicher Perspektive positive wie negative Entwicklungen, für die das diskutierte Konzept die Aufmerksamkeit geschärft hat – teilweise wachsende Freiräume für die Ausgestaltung der eigenen Arbeit, wachsende Anforderungen an individuelle Investition in Aus- und Weiterbildung und an aktives Arbeitsmarktverhalten sowie zunehmender Zugriff der Arbeits- auf die Privatsphäre – erfordern, da sie mit den traditionellen Bedingungen und Anforderungen der Arbeitnehmer-Existenz verknüpft werden müssen, andere Antworten als die Ausbildung zum Arbeitskraftunternehmer in einem Individualberuf.

Zentrales Ziel gewerkschaftlicher Berufsbildungspolitik muss nach wie vor sein – das zeigen nicht zuletzt die jüngsten Erfahrungen in den Branchen, für die das Konzept besonders relevant zu sein schien –, eine breite, in andere Betriebe transferierbare und für ein Weiterlernen anschlussfähige Fachqualifikation. Zentrales Ziel müssen aber weiterhin oder sogar wieder verstärkt ausgeprägte politische und Reproduktionsqualifikationen sein, insbesondere die Fähigkeiten zu solidarischem Verhalten gegenüber Kollegen und zu Kritik und Widerstand dem Betrieb gegenüber. An diesem Kern des traditionsreichen Leitbilds gewerkschaftlicher Berufsbildungspolitik ändern auch die unbezweifelbaren Veränderungen der Arbeitswelt – das »Wahre« im kritisierten Konzept – nichts.

Allerdings erfordern sie teilweise neue Konkretisierungen und ein »Nachschärfen«: Bei Ausbildungsberufen, die bislang noch keine ausreichende Planungs- und Steuerungsfähigkeit vermitteln, muss natürlich das Potenzial für selbständiges Arbeiten gestärkt werden; das ist gewerkschaftliche Forderung seit langem. Hinzu kommen müssen allerdings die Bildungsziele eines erweiterten individuellen und kollektiven Selbstschutzes gegen die »Versuchungen« einer verstärkten Einbeziehung in betriebliche Prozesse und eines größeren Gestaltungsfreiraums: Die Fähigkeit zur Steuerung der eigenen Arbeit muss verbessert werden, vor allem aber muss sie ergänzt werden durch die Fähigkeit, Grenzen zu setzen und die Fallen neuer Partizipationsangebote zu durchschauen und zu vermeiden. Zur Fähigkeit zum kollektiven Widerstand gehören in Zukunft nicht nur die traditionellen Potenziale Solidarität, Strategiefähigkeit und Kampfbereitschaft, sondern auch die Fähigkeit, die mit der Hereinnahme von Marktelementen in den Betrieb geschaffenen wachsenden Konkurrenzen zwischen Belegschaftsteilen zu unterlaufen und/oder durch Regelungen zu begrenzen und zu »zivilisieren«. Kritikfähigkeit muss sich nicht nur auf Aussagen und Strategien des Managements richten, sondern auch auf solche, die von Politikern, Medien und Wissenschaft (vor)formuliert werden. Diese (zu erweiternden) Beispiele der notwendigen neuen Konkretisierungen des Leitbilds gewerkschaftlicher (Berufs-)Bildungspolitik zeigen: Aus den Entwicklungen, auf die sich das Konzept Arbeitskraftunternehmer stützt, sind andere berufsbildungspolitische und gewerkschaftspolitische Schlussfolgerungen zu ziehen als die Empfehlung des »Individualberufs«.

Literatur

Asendorf-Krings, I., Drexel I., Nuber Ch. (1976): Reproduktionsvermögen und die Interessen von Kapital und Arbeit – ein Beitrag zur theoretischen Bestimmung von Qualifikation. In: ISF München (Hrsg.): Betrieb – Arbeitsmarkt – Qualifikation, Frankfurt/München.

Bahnmüller, R. (2001): Stabilität und Wandel der Entlohnungsformen – Entgeltsysteme und Entgeltpolitik in der Metallindustrie, in der Textil- und Bekleidungsindustrie und im Bankgewerbe, München/Mehring.

Bayer, M.(2002): Bundesgesetzinitiative zur Weiterbildung – Anstöße und Verlauf. In: Faulstich, P. (Hrsg.): Lernzeiten – für ein Recht auf Weiterbildung. Hamburg 2002.

Drexel, I. (2002): Neue Leistungs- und Lohnpolitik zwischen Individualisierung und Tarifvertrag. Deutschland und Italien im Vergleich. Frankfurt/New York.

Drexel, I. (2002a): Das Konzept von Kompetenz und die Interessen der gesellschaftlichen Akteure – Erfahrungen aus dem europäischen Ausland. In: Dehnbostel P. u.a. (Hrsg.): Vernetzte Kompetenzentwicklung. Alternative Positionen zur Weiterbildung. Berlin.

Deutschmann, Ch. (2001): Die Gesellschaftskritik der Industriesoziologie – ein Anachronismus? In: Leviathan, Heft 1.

Pongratz, H. (2001): Das Beste herausholen. In: Die Mitbestimmung online, Heft 10.

Voß (2001): Auf dem Wege zum Individualberuf? Zur Beruflichkeit des Arbeitskraftunternehmers, in: Kurz, Th. (Hrsg.): Aspekte des Berufs in der Moderne.

Voß, G. und Pongratz, H. (1998): Der Arbeitskraftunternehmer. Eine neue Grundform der »Ware Arbeitskraft«? Kölner Zeitschrift für Soziologie und Sozialpsychologie, Heft 50.

Michael Ehrke
»Unternehmerisches Handeln« – mögliches Leitbild bei der Modernisierung von Ausbildungsberufen?

1. Zur bildungspolitischen Aktualität des Themas

Das Thema »Unternehmerisches Handeln« hat in erster Linie seinen Stellenwert in der Allgemeinbildung. Hier fordern vor allem Wirtschaftsverbände in letzter Zeit immer wieder die Vermittlung entsprechender Inhalte als Essenz einer modernen Wirtschaftsbildung. Unternehmerisches Handeln als Bildungsziel steht in untrennbarem Zusammenhang mit dem Ziel des »selbständigen Unternehmers«.

Es geht um eine gezielte mentale und qualifikatorische Ausrichtung auf Entrepreneurship. Das ist deutlich zu unterscheiden von dem ebenfalls aktuellen Thema der Verbesserung von Beschäftigungsfähigkeit (Employability) und es sollte auch nicht – wie immer wieder zu beobachten ist – durcheinander geworfen werden mit Begriffen wie Dienstleistungs-, Kunden-, Prozess- oder Geschäftsprozessorientierung.

Dazu später mehr. Hier sei zunächst vermerkt, dass das öffentliche Interesse an »unternehmerischem Handeln« als Bildungsauftrag zweifellos im Kontext der Werbung für mehr Selbständige und der Kampagnen für mehr Existenzgründungen steht. Vor dem Hintergrund des neoliberalen Zeitgeistes, der »Start up«-Euphorie im Zusammenhang mit überzogenen Hoffnungen auf die New Economy geht es hierbei teilweise um ein fragwürdiges Ideologem, wonach das Heil aller Wirtschafts- und Arbeitsmarktprobleme in einer Gründungswelle gesehen wird und Wachstum und Beschäftigung allein aus dem unternehmerischen Handeln findiger und risikofreudiger Einzelner kommen, und alle Probleme des Strukturwandels gelöst werden könnten, wenn nur genug junge Leute sich als (Klein-)Unternehmer versuchten. Damit geht es zugleich sicherlich auch generell um mehr Einfluss von gängigen Marktideologien auf Schule und Unterricht – quasi um ein besseres Merchandising der Marktradikalen.

Lassen wir einmal den politisch-ideologischen Hintergrund beiseite, so gibt es in der Tat nicht nur abhängig Beschäftigte, sondern auch Selbständige. Sie bilden zweifellos eine große Gruppe in unserer Gesellschaft, deren berufliche Probleme in unserem Bildungswesen genauso wenig behandelt werden wie die der abhängig Beschäftigten. Warum sollte also eine lebensweltlich orientierte Schule sich diesen Fragen nicht widmen? Auffällig bleibt allerdings, dass in die allgemeine Berufsorientierung der Schule bisher bei weitem nicht so viel politische Energie gesteckt wird wie in das Thema der wirtschaftlichen Selbständigkeit. Dabei geht es in den Schulen logischerweise nicht um eine unmittelbare Vorbereitung auf eine unternehmerische Tätigkeit, sondern um das Kennenlernen, Interesse wecken und Akzeptanz herstellen durch Beschäftigung mit betriebswirtschaftlichen Abläufen und der Funktionsweise einer Firma. Dabei wird oft die Vermittlung von allgemeinen Schlüsselqualifikationen betont, wie die Förderung von Eigeninitiative, Teamfähigkeit und Verantwortungsbereitschaft, die als generelles Rüstzeug für den Übergang von der Schule in den Beruf gesehen werden.

Abgeleitet von der Idee der Übungs- bzw. der Juniorenfirma, ein Konzept, das in der kaufmännischen Ausbildung schon seit Jahrzehnten gang und gäbe ist, wurden in den letzten Jahren vermehrt »Schülerunternehmen« gegründet, die keine realen Firmen sind, sondern Schulprojekte mit pädagogischen Zielsetzungen. Sie haben erheblichen Zulauf bekommen. Es hat sich schon fast eine Bewegung daraus entwickelt,[1] die ein Netzwerk ähnlich dem Deutschen Übungsfirmenring unterhält. Ein »Schülerunternehmen« wird wie folgt charakterisiert:

»Es ist eine Chance, eine eigene Geschäftsidee fast wie erwachsene Existenzgründer umzusetzen und solche Fähigkeiten und Fertigkeiten zu erwerben und anzuwenden, die Euch im späteren Berufsleben von Nutzen sein werden. In einer Gruppe werdet Ihr:
– Euch für eine Geschäftsidee entscheiden;
– Euch für die Organisationsform Eures Unternehmens entscheiden;
– ein Unternehmen mit seinen Abteilungen und Funktionen organisieren;
– Stammkapital einbringen;
– Dienstleistungen anbieten oder Produkte herstellen und verkaufen;
– Kosten berechnen und Preise kalkulieren;
– Geschäftsbeziehungen aufbauen und unterhalten;
– über die Verteilung der erwirtschafteten Gewinne entscheiden;
– neue Mitarbeiter einarbeiten;
– Treffen organisieren;
– gemeinsame Höhepunkte gestalten.

Denkt immer daran, dieses Schülerunternehmen wird Eures sein, Ihr seid für die Geschäfte verantwortlich und auch dafür, ob sie ein Erfolg

---

[1] Näheres im Internet unter www.schuelerfirmen.de, http://www.schule-wirtschaft-thueringen.de, http://www.wir-in-berlin.de/nbs – Netzwerk Berliner Schülerfirmen; vgl. auch die Veröffentlichungen: »Unser Chef geht in die 9b« – Schülerfirmen in Sachsen – Deutsche Kinder- und Jugendstiftung (DKJS); 1.Aufl. (1997); »Checkliste« – zur Gründung einer realen schulischen Junioren-GmbH Ich-Mach-Mit GmbH (Juniorenfirma der kaufm. Schulen Bühl) 1.Aufl. (1999).

werden. Lehrer und Schulleiter, Eltern und Bekannte werden Euch unterstützen.«[2]

Für solche Projekte gibt es inzwischen Förderprogramme etwa der Deutschen Kinder- und Jugendstiftung und etlicher Unternehmen.[3] Neben den Schülerfirmen sind auch Unternehmensplanspiele in zunehmendem Maße im Einsatz.

Anders als man vermuten möchte, spielt das Lernziel »unternehmerisches Handeln« sowohl in der Allgemeinbildung als auch in der Berufsbildung und an den Hochschulen bisher kaum eine explizite Rolle. Zwar versteht sich die universitäre Betriebswirtschaftslehre traditionell als eine Führungslehre, jedoch sind die entsprechenden Studiengänge nicht auf das Ausbildungsziel Selbständigkeit hin profiliert. Speziell an Fachhochschulen werden allerdings neue Modelle in diesem Umfeld entwickelt. So hat die FHT Esslingen im SS 2002 ein Programm »Unternehmerisches Handeln lernen« begonnen. Die Zielgruppe sind Studierende an der FHTE in allen Fachbereichen, die ihren Weg als Unternehmensgründer oder Nachfolger in einem Unternehmen sehen. Als Entrepreneure werden hier aber auch Leute verstanden, die in jungen Unternehmen und dynamischen Märkten tätig sind. Ihnen wird unabhängig von ihrem Hauptfach eine neue Vertiefungsrichtung angeboten, die vier Fächer umfasst, die im Hauptstudium belegt und erfolgreich bestanden werden müssen:

Kurs 1: Praxiswerkstatt Toolkit Entrepreneur, einschließlich Unternehmensplanspiel

Kurs 2: Leadership Skills – Act as a manager

Kurs 3: Businessplan

Kurs 4: Projektseminar Businessplan

Die Zielsetzung der Vertiefung lautet:

■ dauerhafte Etablierung einer Kultur des unternehmerischen Handelns in der Lehre;

■ Absolventinnen und Absolventen mit einem Fertigkeits- und Fähigkeitsprofil zu entlassen, das eine erfolgreiche Zukunft als Entrepreneur ermöglicht;

■ Studierende zu befähigen, unternehmerisch zu denken.

Die Praxisnähe des Programms wird gewährleistet durch externe Referenten aus Betrieben und die Berührungsmöglichkeiten für die Studierenden durch Erfahrungsberichte von Entrepreneuren. Der Werkstatt-

---

[2] Text der Deutschen Kinder- und Jugendstiftung, Vorsitzende Christina Rau und Lothar Späth, im Internet unter http://www.dkjs.de/

[3] Zum Beispiel: http://www.NetzWorkShop.de – bundesweite Initiativen von Wirtschaftsunternehmen, die Schülerunternehmen fördern; http://www.zukunft-unternehmen.de, Förderung und Informationen zu den Projekten: Schüler im Chefsessel – Unternehmer im Klassenzimmer – Zukunft unternehmen!

Abb.1: Vom Lehrling zum Unternehmer nach Kruse-Heun

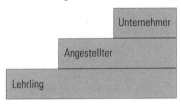

gedanke setzt sich im ganzen Studium fort. Die Aktivität der Studierenden steht im Vordergrund. Die konzeptionellen Grundlagen werden über Lehrbriefe gelegt, so dass in den Präsenzphasen nur die Umsetzungen durchgesprochen werden. Die Führung von Unternehmen wird als funktionsübergreifender Vorgang verstanden. Daher sind die Kurse auf praktisches Management-Handeln ausgerichtet. Dieses besteht aus der Planung und Geschäftsführung, der Anwendung von analytischen Methoden sowie sozialen Managerkompetenzen. Als Lehrmethoden finden das freie Unterrichtsgespräch, Kleingruppenarbeit, Planspiele, Projektarbeiten sowie klassische Vorlesungen (maximal 25%) Anwendung.[4]

Was die *duale Berufsausbildung* anbelangt, so ist Ausbildung für Selbstständigkeit keine neue Erfindung. Im Handwerk beispielsweise war die Berufsausbildung schon immer eine Vorstufe für den selbständigen Handwerksmeister. Und gerade im Handwerk wird in den kommenden Jahren mit einem großen Nachfolgeproblem gerechnet, da Hunderttausende von Betriebsinhabern in Rente gehen. Insofern kommt diesem Thema momentan im Handwerk eine besondere Bedeutung zu. Dieser Zusammenhang wurde aber nie so verstanden, dass in der Berufausbildung bereits Unternehmerqualifikationen, d.h. Wissen und Techniken der Betriebsführung erworben werden. Dies bleibt traditionell der Meisterfortbildung vorbehalten. Ähnlich war es im Einzelhandel oder in den freien Berufen, bei denen zum Teil – etwa bei Rechtsanwälten oder Apothekern – die berufsständischen Hürden noch viel höher liegen als im Handwerk. Zwar fanden sich besonders in kaufmännischen Fachbüchern für die Berufsschule über Jahrzehnte hinweg Darstellungen wie das berühmte Treppenbild von *Kruse-Heun,* jedoch mehr als ideologische Aufmunterung, denn als harter Qualifizierungsanspruch (s. Abbildung 1).

Insoweit gehörte die Orientierung auf unternehmerisches Handeln bei Angestellten schon immer zur sozialen Spezifik dieser Gruppe. Die Aufgabenstellung der Angestellten war ja geschichtlich aus der Unternehmeraufgabe abgeleitet, worauf sich besondere Vertrauensbeziehun-

---

[4] Näheres unter der Internetadresse www.fht-esslingen.de oder per e-mail über Helmut.Kohlert@fht-esslingen.de

gen gründeten. Die Unternehmerrolle wurde aber in der kaufmännischen Berufsausbildung nie als reales Ausbildungsziel exekutiert, findet sich in keinen Ausbildungsplänen und Fachinhalten. Was die – vor allem in Berufsschulen gebräuchlichen – Lehrbücher dazu bisher brachten, waren nur recht seichte Definitionen, von operativem Betriebsführungswissen (mit Ausnahme von Bilanz- und Steuerfragen) keine Spur.

In einem Forschungsprojekt des Bundesinstituts für Berufsbildung wurden im Jahr 2000 exemplarisch Unternehmerinnen und Unternehmer aus den Branchen Einzelhandel und Tourismus nach ihrer Einschätzung hinsichtlich der Rolle der Berufsbildung für die Vorbereitung auf Entrepreneurship befragt. Diese Fragestellung wurde in Verbindung mit der Einschätzung der notwendigen Qualifikationen für Unternehmerinnen und Unternehmer gewählt. Die Mehrheit der Befragten führte relativ kleine Unternehmen mit bis zu zehn Beschäftigten. Von ihnen hatten vier Fünftel einen Ausbildungsberuf erlernt, am häufigsten einen Ausbildungsberuf der jeweiligen Branche, zu dem das Unternehmen gehört.

Die überwiegende Mehrheit ist der Ansicht, dass die Berufsausbildung unternehmerisches Denken und Handeln fördern sollte, ganz unabhängig davon, ob die Auszubildenden eine eigene Existenzgründung planen. Zwei Drittel vertreten zudem die Meinung, dass im Rahmen der Berufsausbildung die Existenzgründung als berufliche Perspektive aufgezeigt werden soll. Weniger als ein Drittel stimmt einer expliziten Vorbereitung auf eine eigene Existenzgründung in der Berufsausbildung zu. Mehrheitlich sprechen sich die befragten Unternehmerinnen und Unternehmer dafür aus, auf freiwilliger Basis zusätzliche gründungsrelevante Inhalte in die Berufsausbildung aufzunehmen (72%). 57% der Befragten befürworten die Aufnahme weiterer Fachinhalte und knapp die Hälfte ist der Ansicht, die bisherigen Ausbildungsinhalte müssten inhaltlich anders gewichtet werden, um in der Berufsausbildung auf die unternehmerische Selbständigkeit vorzubereiten.

Für die Vermittlung von unternehmerischer Selbständigkeit kommen nach Meinung der befragten Unternehmerinnen und Unternehmer nur praxisorientierte Ausbildungsmethoden in Frage, vor allem praxisnahe Beispiele und Aufgaben zur Existenzgründung, Gesprächsrunden mit Selbständigen sowie Projektarbeit. Fallstudien und Rollenspiele finden sich am unteren Ende der Skala. Um die Praxisrelevanz zu realisieren, soll eine Qualifizierung zur unternehmerischen Selbständigkeit vorwiegend am betrieblichen Arbeitsplatz (90%) sowie in inner- und überbetrieblichen Seminaren (jeweils 80%) angeboten werden. Ca. 60% sprechen sich für die Berufsschule als adäquaten Lernort aus. Die Befragten halten jedoch nur ca. 20% ihrer Auszubildenden für grundsätzlich geeignet, selbst Unternehmer bzw. Unternehmerinnen zu werden. Im Einzelhandel wird die Eignung der Auszubildenden eher skeptisch beurteilt, mehr als die Hälfte attestiert keinem ihrer Auszubildenden hinreichendes unternehmerisches Potenzial. Insgesamt sprechen sich mehr als drei Viertel der befragten Unternehmerinnen und Unternehmer dafür aus, die Qualifizierung zur unternehmerischen Selbständigkeit nur leistungsstarken Auszubildenden zu ermöglichen. Eine Differenzierung nach Vorbildung oder Ausbildungsberuf befürwortet hingegen weniger als die Hälfte.[5]

2. Unternehmerisches Handeln und Neuordnungspolitik

Die Ergebnisse der Befragung zeigen, dass im Bereich der Kleinunternehmen durchaus Offenheit gegenüber einer Verbindung von dualer Ausbildung und Entrepreneur-Qualifikationen besteht, wenngleich damit kein Pflichtangebot im Sinne allgemeinverbindlicher Berufsbildinhalte gemeint ist und im übrigen die Mehrzahl der Auszubildenden als nicht befähigt zur Selbständigkeit eingeschätzt wird. Dies ist aber nur einer der Widersprüche, die die Neuordnungspolitik in dieser Frage bisher gekennzeichnet haben. Die Modernisierung der Berufe als ein Kernstück der Qualitätsentwicklung des dualen Systems der Berufsausbildung geschieht über die Neuordnung von Ausbildungsberufen. Diese Neuordnung wird nach Berufsbildungsgesetz und seinen Begleitregularien in den Grundzügen und Eckwerten zwischen den Tarifparteien verhandelt und dann in einem Erarbeitungs- und Abstimmungsverfahren unter Federführung des Bundesinstituts für Berufsbildung in eine Rechtsverordnung sowie in einen Bundesrahmenlehrplan für die Berufsschulen ausformuliert.

Ein ernsthaftes Interesse der Arbeitgeberseite zu einer Berücksichtigung von Entrepreneur-Qualifikationen bei der Neuordnung der Berufsbilder hat es bis heute nicht gegeben. Das hat seine besondere Bewandtnis. Das Lernziel »Unternehmerisches Handeln« zielt im Kern (mit Ausnahme vielleicht von speziellem »Existenzgründungswissen«) auf die Vermittlung von allgemeinen *Managementkompetenzen*. Dieser Ansatz steht zunächst einmal dem Auftrag einer Berufsausbildung, *Mitarbeiterkompetenzen* zu vermitteln, diametral entgegen. Dabei steht insbesondere die Facharbeiterausbildung in der Tradition und im Spannungsfeld einer tayloristischen Arbeitspolitik, die für die deutsche Industriegeschichte bis in die 1980er Jahre maßgebend war. Für den Taylorismus ist die scharfe Trennung zwischen Führung und Ausführung, zwischen Denken und Handeln, zwischen Planen und Durchführen essentiell. Noch in den 1970er Jahren galt die *Polarisierungsthese*, nach der für die Mas-

---

[5] Vgl. Berufsbildungsbericht 2002, hrsg. vom Bundesministerium für Bildung und Forschung (BMBF), S. 141ff.

se der Arbeitenden die Qualifikationsanforderungen tendenziell sinken und nur für eine kleine Minderheit berufliche Anforderungen erweitert werden müssen. Der Dequalifizierungstrend galt als unüberwindlich, weshalb auch die Gewerkschaften der Einführung der *Stufenausbildung* zustimmten, die auf diese Weise Eingang in das Berufsbildungsgesetz von 1969 fand. In der Berufsausbildung herrschte das Primat der Fertigkeiten, theoretische Kenntnisse waren als »Kunde« auf dem Niveau von »Werkregeln« didaktisch organisiert (Fachkunde, Fachzeichnen, Fachrechnen).

Vor diesem Hintergrund sind das tayloristische Leitbild vom Facharbeiter als »Anhängsel der Maschine« und das Leitbild »unternehmerischen Handelns« meilenweit voneinander entfernt. Erst seit den 1980er Jahren und der damaligen Debatte über ein »Ende der Arbeitsteilung«,[6] in der sich eine arbeitspolitische Wende zum *Postfordismus* abzeichnete und das Fließband nicht mehr als höchste Stufe der industriellen Entwicklung galt, wurde auch für die Berufsausbildung verstärkt eine *Reprofessionalisierung* und die Überwindung der Trennung von Hand- und Kopfarbeit gefordert. In der Folge war die Neuordnung der Metall- und Elektroberufe der 80er Jahre mit der Konzentration von mehr als 40 Berufen auf sechs Grundberufe ein zentraler Einschnitt, der einen neuen Qualifikationsbegriff hervorbrachte, der die Einheit von Planen, Durchführen und Kontrollieren in der Facharbeitertätigkeit postulierte. Daraus entstand das Leitbild beruflicher Handlungsfähigkeit. Anstelle von Fertigkeiten und Kenntnissen sollten Kompetenzen vermittelt werden. Dieser Erwerb von Handlungskompetenz im Beruf sollte didaktisch umgesetzt werden als Einheit von Fach-, Methoden- und Sozialkompetenz, ein Dreigestirn, dessen Gültigkeit mittlerweile auch in Arbeitgeberkreisen nicht bestritten wird.

Mit diesen Leitbildveränderungen seit Ende der 80er Jahre wurde die tayloristische Spaltung in Mitarbeiter- und Managementqualifikationen infrage gestellt. Seitdem hat Modernisierung von Ausbildung auch sehr viel zu tun mit einem Verteilungskampf zwischen den beiden Polen von Steuerungs- und Ausführungswissen. Diese Auseinandersetzung wird in der Regel von Gewerkschaftsseite initiiert und geführt, während die Arbeitgeberseite in Neuordnungsverhandlungen immer nach dem Grundsatz verfährt, die Ausbildung möglichst auf reines Durchführungskönnen zu beschränken. »Das muss ein Auszubildender nicht wissen« oder »Das ist Führungswissen und gehört nicht hierher« sind typische Abwehrargumente in Neuordnungskommissionen von Arbeitgeberseite, wenn Qualifikationen operativ ausformuliert werden sollen (siehe Abbildung 2).

---

[6] Vgl. Kern/Schumann, Ende der Arbeitsteilung?, Frankfurt a.M. 1985.

Abb. 2: tayloristische und posttayloristische Modernisierungsansätze von Ausbildung

Managementkompetenzen
»Herrschaftswissen«

Fachkräftekompetenzen

Managementkompetenzen

Abgabe von Herrschafts- wissen?

Fachkräftekompetenzen

Tatsache ist jedoch, dass im Zeichen von modernen Organisationskonzepten, von Gruppenarbeit, Delegation von Verantwortung und flacher Hierarchie, die Handlungs- und Entscheidungsspielräume auf der Facharbeiterebene wachsen. Unter dem Einfluss der wachsenden Computerisierung der Arbeit wirken zudem neue ökonomische Strategien, wie sie in Schlagworten wie Lean Production, Profitcenter, Outsourcing usw. aufscheinen, unmittelbar auf die Facharbeiterplätze ein. Dadurch gewinnen auch betriebswirtschaftliche Inhalte »on the shop-floor« an Bedeutung: Die klassische Spaltung zwischen Technik- und Wirtschaftshandeln, die seit dem 19. Jahrhundert charakteristisch war für die Abgrenzung von Arbeiter- und Angestelltenausbildung, lässt sich so nicht mehr aufrecht erhalten. Gleichzeitig wandelt sich die Produktion von der Massenfertigung zur auftrags- bzw. kundenorientierten Fertigung, vom Serienprodukt zur kundenspezifischen Lösung – eine Folge der flexiblen Automation, also veränderter Fertigungstechnologien einerseits und des Wandels vom Verkäufermarkt zum Käufermarkt, vom Verteilen zum Verkaufen andererseits. Folgerichtig gewinnen Leitbilder wie Dienstleistungs- und Kundenorientierung an Bedeutung.

Fazit: Die moderne Arbeitslandschaft eröffnet Perspektiven für eher *ganzheitliche Qualifizierungskonzepte*, weil auch auf Fachkräfteebene mehr Handlungs- und Gestaltungsspielräume entstehen (können). Folglich sind Planungs- und Entscheidungskompetenzen, Eigeninitiative, Kreativität usw. verstärkt zu fördern. Die Schlüsselqualifikationen, um die es hier geht, sind zweifellos nicht substanziell, sondern nur graduell verschieden von denen, die auch das Management oder der Entrepreneur benötigt. (Würde man eine Qualifikationsstudie im Management machen, würde man vielleicht feststellen, dass diese Kompetenzen auch dort Mangelware sind. Aber dies nur nebenbei!) Insofern besteht zweifellos ein Zusammenhang zwischen »unternehmerischem Handeln« und der elaborierten Handlungskompetenz des modernen Facharbeiters. Hier gerät allerdings die Arbeitgeberseite in das typische postfordistische »Herrschaftsdilemma«: Einerseits muss das Management aufgrund objektiver Strukturveränderungen »Herrschaftswissen« nach unten abgeben, andererseits möchte es aber keine Macht abgeben. Je mehr Führungs- und Kontrollwissen, je mehr Einflussmöglichkeiten auf das Betriebsergebnis sich über alle betrieblichen Handlungsebenen verteilen, desto schwammiger wird allerdings der Begriff »unternehmerisches Handeln«. Die Tatsache, dass Fachkräfte tendenziell mehr dispositive Aufgaben übernehmen und über mehr dispositive Kompetenzen verfügen, als »unternehmerisches Handeln« zu bezeichnen, führt aber m.E. zu keinem tieferen Verständnis der neuen dispositiven Qualifikationen (wie z.B. Kostenrechnung, Umgang mit Kennziffern, Personaleinsatz, Zielvereinbarungen, Auftragsverhandlung, Kundenkontakt usw.) und dürfte von daher wenig hilfreich sein, um den qualitativen beruflichen Wandel zu verstehen.

Auch für den Trend zum Arbeitskraftunternehmer im Sinne von Scheinselbständigkeit, Leiharbeit usw. gilt, dass eine Patchwork-Biografie oder ein Leben in ungeschützten Arbeitsverhältnissen möglicherweise auch qualifikationsrelevante Auswirkungen hat. Am allerwenigsten dürfte es dabei aber um Unternehmer-Qualifikationen gehen. Es sei denn, die Tatsache, dass das Kapital der Arbeitnehmer ihre Arbeitskraft ist (die sich am Markt natürlich immer nur als spezifisch qualifizierte Arbeitskraft verkaufen lässt) und sie nur dieses am Markt einsetzen können, würde sie zu Unternehmern qualifizieren. Dann waren Arbeitnehmer aber schon immer Unternehmer.

Dass man diesem Zusammenhang heute den Namen »Ich AG« verpasst, muss man wohl eher als typisch postmodernen Reformkitsch abtun. Für ein neues Ausbildungs-Leitbild jedenfalls gibt dieser Zusammenhang gar nichts her.

3. Berufliches Handeln in neuen Zusammenhängen

»Unternehmerisches Handeln« als Ziel von Ausbildung ist primär gebunden an Aufgaben und Qualifikationen der Unternehmensführung – so wird es bisher in der Allgemeinbildungsdebatte und in den Betrieben gesehen. Da, wo unternehmerisches Handeln in betriebliche Leitbild-Entwicklung Eingang gefunden hat, ist es i.d.R. klar an Führungskräfte adressiert. So etwa bei der Körber AG in Hamburg. Dort heißt es:
»Unternehmerisches Handeln erwarten wir von allen, die direkte Verantwortung für das wirtschaftliche Ergebnis von Konzernteilen tragen. Das verlangt von den Führungskräften bestimmte Grundeinstellungen:

■ Sie konzentrieren sich auf das gegenwärtige Geschäft und die Zielerreichung.

■ Sie suchen nach Feldern, in denen neue wirtschaftliche Chancen liegen.

■ Sie sind bereit, Wagnisse einzugehen, die sie sorgfältig bewertet haben.

Wir stehen in ständiger Veränderungsnotwendigkeit. Wirtschaftliche, technische Entwicklungen und neue Formen der Arbeitsorganisation lassen mancherorts Arbeit und Arbeitsplätze wegfallen. Es zeigt sich aber, dass andere Arbeiten an denselben oder anderen Orten neu entstehen. Diese Arbeiten erfordern häufig andere Qualifikationen und sie verlangen gegebenenfalls von Führungskräften und von Mitarbeitern die Bereitschaft zur Mobilität. Unsere Unternehmensleitungen müssen ihre Unternehmen wettbewerbsfähig halten und Arbeitsstrukturen ändern, wenn dadurch das wirtschaftliche Ergebnis nachhaltig zu verbessern ist. Sie müssen solche Kapazitäten und Strukturen abbauen können, für die es keine wirtschaftlichen Aussichten gibt, und sie müssen neue Kapazitäten und Strukturen aufbauen können, für die sich langfristige Perspektiven eröffnen. Sie müssen die Qualifikationen ihrer Mitarbeiter weiterentwickeln, neue, fähige Leute suchen, ihnen Aufgaben stellen und Raum geben für eigene Ideen und Initiativen.«

Hier sind ganz klar Führungsaufgaben angesprochen. Mitarbeiter tauchen nur unter dem Begriff Mobilität auf.

Auch in der Berufsausbildung hat sich ein Lernziel »unternehmerisches Handeln« bisher nicht durchgesetzt. Neu stellt sich allerdings die Frage postfordistischer Schlüsselqualifikationen, die im Kern stärker selbstgesteuertes (Team-)Handeln in größeren Zusammenhängen zum Ziel haben. Insoweit wurde in jüngsten Neuordnungen auch der »neue Qualifikationsbegriff« erweitert. In der Ausbildungsordnung der IT-Berufe von 1007 heißt es nun:

»Die in dieser Verordnung genannten Fertigkeiten und Kenntnisse ... sollen so vermittelt werden, dass der Auszubildende zur Ausübung einer qualifizierten beruflichen Tätigkeit ... befähigt wird, die insbesondere selbständiges Planen, Durchführen und Kontrollieren sowie das Handeln im betrieblichen Gesamtzusammenhang einschließt.«[7]

In der neuen Ausbildungsordnung »Industriekaufmann/Industriekauffrau« wurde das Ausbildungsziel wie folgt formuliert:

»Die in dieser Verordnung genannten Fertigkeiten und Kenntnisse sollen so vermittelt werden, dass der Auszubildende zur Ausübung einer qualifizierten, an den Geschäftsprozessen ausgerichteten kaufmänni-

---

[7] Verordnung über die Berufsausbildung im Bereich der Informations- und Telekommunikationstechnik vom 10. Juli 1997 (BGBl. I S. 1741) § 3.

Abb. 3: Wertschöpfungsprozess und Geschäftsprozess

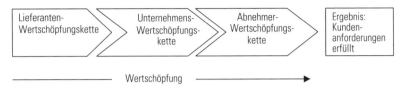

schen Berufstätigkeit .... befähigt wird, die insbesondere selbständiges Planen, Durchführen und Kontrollieren einschließt.« Und in einem weiteren Absatz wird ergänzt:»In einem Einsatzgebiet ist die berufliche Handlungskompetenz durch Fertigkeiten und Kenntnisse zu erweitern, welche im jeweiligen Geschäftsprozess zur ganzheitlichen Durchführung komplexer Aufgaben befähigen.«[8]

Die wichtigsten aktuellen Begriffe in der Neuordnungsdebatte sind:

▦ Dienstleistungsorientierung;

▦ Kundenorientierung;

▦ (Geschäfts-)Prozessorientierung.

Die *Geschäftsprozessorientierung* wurde erstmalig in den IT-Berufen eingeführt. Sie geht von einem Arbeitsprozess aus, der nicht mehr entlang einer funktional gegliederten Organisation ausgerichtet ist, und korrespondiert mit der starken Projektorientierung in der IT-Branche (siehe Abbildung 3).

Geschäftsprozesse decken die Tätigkeiten eines Unternehmens durch unternehmensweite und abteilungsübergreifende Prozesse ab. Sie beziehen sich in der Regel auf Geschäftsfelder. Geschäftsprozesse bilden einen Wertschöpfungsprozess ab. Idealtypisch sind diverse Projektteams in dieser Wertschöpfungskette systematisch miteinander verknüpft. Geschäftsprozesse zielen oft auf Leistungen für einen Einzelkunden oder speziellen Auftraggeber. Neue Aspekte für die Berufsausbildung ergeben sich z.B. aus dem deutlicheren Bezug zur Wertschöpfungskette, aus der notwendigen Optimierung der Teilprozesse und aus den wechselnden Kundenanforderungen.

Die aktuelle Betonung von Dienstleistungs- und Kundenorientierung ist eine Folge des Strukturwandels der Wirtschaft und der Märkte. Alleinstellungsmerkmale am Markt sind in Zeiten eines globalen Verdrängungswettbewerbs in den hochindustrialisierten Ländern nicht mehr über den Grundnutzen eines Produktes, sondern nur noch über Zusatznutzen zu erreichen, wobei die Waren sich vielfach von Produkten zu Lösungen wandeln. Anders als in der klassischen Industrieporduktion ist das Agie-

---

[8] Verordnung über die Berufsausbildung zum Industriekaufmann/zur Industriekauffrau vom Juli 2002 (Entwurf) § 3.

Abb. 4: Auswirkung von Kundenorientierung im Handwerksbetrieb[9]

Von der »herkömmlichen« Dienstleistung zur Kundenorientierung	
Allgemeine Merkmale	
· Gestaltung des Geschäfts- und Arbeitsprozesses aus vorrangig betrieblicher Sichtweise · Dienstleistungen wenig variabel und innerhalb fester Arbeitszeiten · Zusatzleistungen als Ausnahme	· Gestaltung des gesamten Geschäfts- und Arbeitsprozesses aus Sicht der Kunden · Anpassung der Arbeitszeit an Bedürfnisse der Kunden · Zusatzleistungen als durchgängiges Prinzip
Akquisition und Angebotsformen	
· durch allgemeine Werbung oder spezielle Werber · Standardangebote mit geringer Variationsbreite · Angebotspolitik für »anonymen« Markt	· Auftragseinwerbung auf Grund von Kundenzufriedenheit und Kundenpflege · Flexible Anpassung der Offerten an Kundenwünsche · Aktive Berücksichtigung von Kundenwünschen
Prozessabläufe	
· Beratung nach relativ gleichförmigem Beratungsmuster · Entwicklung und Planung der Angebote für möglichst großen Kundenkreis · Arbeitsdurchführung nach innerbetrieblichen Erfordernissen · Übergabe »und Tschüss«	· Individuelle Beratung · Kundenspezifische Entwicklung · Ablauf der Arbeiten in Abstimmung mit Kunden · Übergabe und umfassende Einweisung · Nachbetreuung/Serviceangebote

ren eines Unternehmens nicht mehr an den Möglichkeiten der Technik (Was könnten wir technisch herstellen?), sondern an den Möglichkeiten des Marktes (Was wollen die Kunden? Was nimmt der Markt auf?) ausgerichtet (siehe Abbildung 4).

Kunden- und Dienstleistungsorientierung verändert folglich die Abläufe im Unternehmen und verlangt auch vom einzelnen Beschäftigten andere Vorgehensweisen. Dies führt mittlerweile auch in der Neuordnungspolitik zu eher integrativen Qualifizierungsansätzen, wie sie bei den IT-Berufen bisher vielleicht am weitestgehenden umgesetzt wurden, indem Technik, Informatik, Betriebswirtschaft, Organisation und Kundenkontakt über den didaktischen Rahmen des Geschäftsprozesses in einem Berufskonzept relativ gleichgewichtig zusammengebunden wurden. Die IT-Berufe stellen Dienstleistungsberufe neuen Typs dar, insoweit sie technische Lösungen nach kundenspezifischen Anforderungen produzieren. In der Umsetzung erhält die Teamarbeit in Projekten einen zentralen Stellenwert. Obwohl hier Selbständigkeit groß geschrieben wird,

---

[9] Nach Herkner/Pahl, in: lernen&lehren Vierteljahreszeitschriften der Bundesarbeitsgemeinschaften Elektrotechnik – Informatik und Metalltechnik, Heft 66/ 2002, S. 54.

wird man auch dieses Handlungsmodell nicht als Unternehmerhandeln bezeichnen können.

Auch die IT-Neuordnungskonzeption ist ja nicht völlig neu, sondern verwandt mit dem, was schon immer zum Selbstverständnis des Handwerks gehörte, das sich als Dienstleistungsbranche bezeichnet und im wesentlichen von der Einzelfertigung im speziellen Interesse eines Kunden lebt. Die öffentliche Meinung über die Dienstleistungsqualität des Handwerks ist allerdings nicht besonders hoch. Von daher besteht Nachholbedarf. In einer Befragung von Handwerksauszubildenden zeigte sich, dass nur etwa 10-15 Prozent systematisch auf den Umgang mit Kunden vorbereitet werden.[10] Spezielle didaktische Ansätze zur Kunden- und Dienstleistungsorientierung in der Berufsausbildung sind relativ neu. Derzeit werden einige Modelle der Auftrags- und Kundenorientierung erprobt.[11] Dabei zeigt sich z.b., dass die Gewerkegliederung und berufsständische Gewerkeabschottung ein Hindernis darstellt, das aus der Wirtschaftspraxis heraus für die Berufsausbildung kaum noch sinnvoll vertretbar ist. Die IG Metall bemüht sich folgerichtig um Zusammenfassungen von gewerkespezifischen Berufen und Berufsfamilien.

»Unternehmerisches Handeln« hat als Leitbild für die aktuelle Neuordnungsdebatte der Ausbildungsberufe keine durchschlagende Bedeutung. Inwieweit dieser Begriff helfen kann, den Strukturwandel der Arbeit und die daraus resultierenden Anforderungen an neue Qualifikationskonzepte und Berufsbilder richtig zu verstehen und didaktisch zu gestalten, ist zweifelhaft. Dass im Zusammenhang mit neuen Beschäftigungsstrategien mehr junge Leute handfest auf Entrepreneurship vorbereitet werden, mag sinnvoll sein. Dies kann jedoch in der Berufsausbildung nur als spezielles Ergänzungsangebot berücksichtigt werden – etwa in Form von freiwilligen Zusatzqualifikationen, die z.B. Existenzgründerwissen vermitteln. Die Fähigkeit zum selbständigen dispositiven Handeln, zu Eigeninitiative und Mitgestaltung wird selbstverständlich in allen Berufsbereichen immer wichtiger. Dies zusätzlich noch mit einem »unternehmerfreundlichen« Terminus zu belegen, stiftet kaum neue Erkenntnis und dürfte auch als Motivationsschub für Auszubildende kein rauschender Erfolg werden.

---

[10] Volkmar Herkner/Jörg-Peter Pahl, Dienstleistung und Kundenorientierung im Handwerk – Referenzpunkte für berufliches Lernen, in: lernen&lehren, Vierteljahreszeitschriften der Bundesarbeitsgemeinschaften Elektrotechnik – Informatik und Metalltechnik, Heft 66/2002 S. 53ff.

[11] Michael Sander/Jörg Veit, Auftrags- und Kundenorientierung im Handwerk – Lernen an gewerkübergreifenden virtuellen Kundenaufträgen. In: lernen&lehren, Vierteljahreszeitschriften der Bundesarbeitsgemeinschaften Elektrotechnik – Informatik und Metalltechnik. Heft 66/2002, S. 64ff.

Wilfried Kruse
Selbstmanagement und Beruflichkeit: Was wird beim Übergang ins Arbeitsleben gelernt?

Die Debatte um die Individualisierung von Arbeitsverhältnissen wurde und wird in verschiedenen Arenen geführt. Eine frühe Diskussionslinie gründet in der Jugend- und subjektbezogenen Ausbildungsforschung der 1980er Jahre. Neben interessiert vorgetragenen Bedenken, dass die Jugend nicht mehr leistungsbereit sei, stand im Vordergrund vor allem die »Entdeckung« neuer Orientierungsmodelle für Arbeit und Lebenszusammenhänge auch bei der arbeitenden Jugend, die auf eine stärkere Sinn- und Bedürfnisorientierung und darauf hinausliefen, viel stärker als in der Elterngeneration beobachtet, für die eigene Biografie gestalterische Selbstverantwortung zu reklamieren. Gegenüber den Zeiten stark vorgeprägter biografischer Verläufe und Lebensmuster und auch gegenüber den autoritären Verhältnissen in der betrieblichen Berufsausbildung, gegen die die damalige Lehrlingsbewegung opponiert hatte (»Lehrjahre sind keine Herrenjahre«), wurden die neuen Befunde mit einem durchaus optimistischen Unterton vorgetragen.[1] Kritische und skeptische Einwände, die sich auf das *Enttäuschungspotenzial* und die *Zumutungen* beziehen, die in dieser Entwicklung auch enthalten sind, wurden erst später vorgetragen. In dieser Linie, die stärker jene Ambivalenzen ausarbeitet, liegt auch die aktuelle *Shell-Jugendstudie*.

Die damalige Diskussion identifizierte die Strukturen, Verläufe und »Inhalte« des *Übergangs* von der Schule in die Arbeitswelt – und in ihrem Zentrum die Duale Berufsausbildung als einen prägenden Kontext für die Chancen zur Entfaltung neuer biografischer Muster und Orientierungen. Die *sozialisierenden Funktionen und Effekte* des Übergangssystems interessierten also durchaus; eine Sichtweise, die in der heutigen Diskussion über »Arbeitskraft-Unternehmer«, »Ich-AG« usw. kaum präsent ist. Im folgenden Beitrag wird deshalb versucht, einige Bezüge herzustellen. Ausführlicher wurden diese Argumente auf einer Kooperationsveranstaltung zum Thema »Lernen in der Wissensgesellschaft« vorgetragen, die im Herbst 2001 anlässlich seines 30jährigen Bestehens beim ISO-Institut in Köln stattfand.[2]

---

[1] Beispielhaft hierfür: Kruse, Paul-Kohlhoff 1987.
[2] Die Beiträge der Tagung finden sich in: Heinz, Kotthoff, Peter 2002.

Selbstmanagement »ante portas«

Der Titel dieses Beitrags »Selbstmanagement und Beruflichkeit« kann Irritationen auslösen. Nach landläufigem Verständnis handelt es sich bei Beruflichkeit um eine bestimmte fachlich-soziale Strukturiertheit von Arbeitsvermögen, bei Selbstmanagement um eine bestimmte, nämlich als rational und effizient unterstellte Umgangsweise mit sich selbst. Hindert Beruflichkeit daran? Gefährdet Selbstmanagement Beruflichkeit? Auf dieser allgemeinen Ebene kann eine Entgegensetzung kaum plausibel gemacht werden. Wonach also mit diesem Titel gefragt werden soll, ist eher: Setzt die Art und Weise von Beruflichkeit, die wir in Deutschland im Bereich der Fachtätigkeiten (noch mehrheitlich) antreffen, dem Selbstmanagement des eigenen Berufsweges Hindernisse entgegen, zum Beispiel durch eine zu geringe Förderung von Autonomie gegenüber dem eigenen Beruf?

Umgekehrt: Ist Selbstmanagement des eigenen Berufswegs ohne eine fundierte berufliche, in Verschränkung von Theorie und Praxis hervorgebrachte Basis nicht bloße Marktanpassung ohne Substanz und Widerständigkeit? Und: Wird Selbstmanagement des eigenen Berufsweges wirklich eine unabweisbare Anforderung, die über das hinausgeht, was jeder einzelne sowieso schon immer im Rahmen seiner beruflichen Planungen tut?

Die in der jüngeren Vergangenheit auch in Deutschland zu beobachtende allmähliche Auflösung tradierter sozialer Muster von Berufs- und Arbeitswegen (die schlagwortartig im »Lebensberuf« bzw. in der »Normalarbeitsbiografie« zusammengefasst waren) führt dazu, dass die Individuen stärker in die eigene Verantwortung für die Gestaltung *ihres* – vermutlich zunehmend weniger gradlinigen – Berufsweges gesetzt werden (vgl. hierzu Kruse 2000). Für deren Bewältigung ist ein Bündel von Kompetenzen erforderlich, das mit *Selbstmanagement* bezeichnet werden könnte, und zwar fortschreitend für *alle* – und nicht mehr nur für das Segment der schon bislang besonders Mobilen. Aus Europa, genauer von der EU, kommen hierzu insofern dynamisierende Impulse, als in Gefolge des EU-Weißbuchs »Lehren und Lernen« (Europäische Kommission 1996) insbesondere diese individuelle Seite der neuen wissensgesellschaftlichen Herausforderungen stark gemacht worden ist, bis hin zu dem sich immer mehr konkretisierenden Programm des »Lebenslangen Lernens« (European Commission 2001). Im Kern dreht es sich bei den aufgeworfenen Spannungsverhältnissen also um das persönliche Verhältnis zur eigenen Beruflichkeit als Teil der Persönlichkeit und als Basis für (Arbeits-) Markterfolg und gesellschaftliche Positionierung. In einer solchen *subjektorientierten Perspektive* kommt die biografische Phase der Übergangsjahre von der Schule in die Arbeitswelt erneut in den Blick: In der Auseinandersetzung mit den Optionen, die die Arbeitswelt, so, wie sie sich über den Arbeitsmarkt selektiv darstellt, bietet, wird in dieser Periode der Umgang mit dem eigenen *Arbeitsvermögen* gelernt.

Ambivalente Eigenverantwortlichkeit

Heute sind die Einzelnen immer stärker genötigt, auf dem Arbeitsmarkt und im Betrieb weitgehend allein zurechtzukommen, »zu navigieren«, ihre Interessen zu verfolgen, Entscheidungen zu treffen, ihre eigene Arbeitsbiographie »zu managen« (Stichwort: Individualisierung). Diese Anforderungen sind zwiespältig: Sie bedeuten nämlich auf der einen Seite mehr Freiheit, mehr Eigensinn, und auf der anderen Seite erhebliche Risiken des Scheiterns – und Scheitern ist dann immer ein *persönliches Scheitern,* weil immer weniger der Bezug auf ein Klassenschicksal als Entlastung zur Verfügung steht. In einer Gesellschaft, die in ihrem Selbstverständnis »durchlässig« geworden ist, seit den Arbeiterkindern der Weg in die Hochschulen geebnet wurde (obwohl die Zahlen nach wie vor eine deutliche Sprache hinsichtlich der Reproduktion sozialer Benachteiligung sprechen), lastet mangelnder Erfolg weitgehend dem Einzelnen an. Genauer müsste man wahrscheinlich sagen: lasten die Einzelnen oftmals sich selbst Misserfolg als Versagen und Schuld an. Das Bedürfnis nach Selbstverantwortung, das eine Hauptlinie des intergenerationellen Wertewandels zu kennzeichnen scheint, hat eben hierin seine Kehrseite. Persönliche Souveränität gegenüber dem eigenen Arbeitsmarkt-Schicksal wäre demnach eine wichtige Voraussetzung, um z.B. bei einem erzwungenen Tätigkeits- oder Betriebswechsel nicht in die »Falle« einer tiefen Identitätskrise zu geraten. Eine wichtige Komponente, möglicherweise in diesem Zusammenhang die wichtigste, ist das Erlernen eines distanzierteren Verhältnisses zur eigenen Beruflichkeit; besser gesagt: zu vermeiden, die jeweils erlernte und praktizierte Tätigkeit mit dem eigenen Potenzial an Beruflichkeit gleichzusetzen. Die vom deutschen Übergangssystem bislang vor allem ausgehenden sozialisatorischen Effekte aber legen den Jugendlichen und jungen Erwachsenen dies immer noch nahe.

Ausgelerntheit und spätere Zumutungen

Bolder/Hendrich (2000) haben den »Beruf«, wie er bislang wirksam ist, als »Subjektschablone« bezeichnet, die in der Berufsfindungs- und Integrationsphase aufgebaut und – gewissermaßen abschließend mit dem »Facharbeiter-Brief« – als abgeschlossene Ausgelernten-Identität erworben ist und bestätigt wird. Diese starke Behauptung, dass das Subjekt durch die »Schablone« des Berufs hindurch gezeichnet wird, begründet sich in der Kompaktheit und eindeutigen Lebensphasenzuordnung beruflicher Grundprägung, die sich im »Dualen System« im Durchschnitt drei Jahre lang meist direkt an die allgemeinbildende Schule anschließt. Auf diese Weise wird in der Regel eine massive Identität mit dem erlernten Beruf erzeugt, die durch jede Anforderung des Neu- und Umlernens deshalb heftig in Frage gestellt werde. Damit erklären sich *Bolder/Hendrich* offenbar u.a., wieso es bei Weiterbildungsanforderungen zu den von ihnen beobachteten Persönlichkeitserschütterungen kommt. Je rigider diese berufliche Grund-Formung ausfällt – so möchte ich ihren Gedankengang fortsetzen –, und je umfassender die Anforderungen an flexible eigenständige Gestaltung der beruflichen Entwicklung werden, desto schärfer wird der Widerspruch, den die Individuen aushalten müssen und oftmals dann als Überforderung erfahren.

Eine solche Veränderungsanforderung, die nicht als Chance, sondern als bedrohliche Krise aufgefasst wird, nennen Bolder/Hendrich *Zumutung*, weil sie etwas einzureißen droht, das von den Individuen als *gesettled*, auch deswegen als gesichert angesehen wurde, weil dies eine der wichtigen Botschaften war, die sie aus der sozialen Organisation der Aneignung beruflicher Identität (»Übergangssystem«) empfangen haben. Erworben wurden in diesem Prozess ja nicht nur berufliche Kompetenzen als Basis für nachfolgende qualifizierte Arbeitstätigkeit, sondern auch arbeitsbezogene Lebenskonzepte, die bestimmte Vorstellungen über die Phasierungen der Arbeitsbiografie einschließen.

Wandelwiderstand als rationales Verhalten meint dann vor allem, sich dem Einreißen der eigenen, mit Anstrengung erreichten Lebensgrundlagen und -orientierungen zu verweigern – möglicherweise mit der fatalen Folge, die durch äußere Umstände, z.B. eine Kündigung, aufgezwungene Veränderung nicht oder nur unzureichend bewältigen zu können. Wenn also beides – Verweigerung sowie Sich-Einlassen – seine spezifische Rationalität hat, dann besteht das Kernproblem darin, dass viele Individuen aus sich allein heraus die Diskrepanz zwischen diesen beiden Rationalitäten nicht »überbrücken« können, weil sie nicht oder nicht ausreichend über Ressourcen (im differenziertesten Sinne) hierzu verfügen.

An dieser Stelle kann also als Zwischenresümee festgehalten werden: Alle neuen, auf wirkliche berufliche Veränderung zielenden Anforderungen an Lernen stoßen an eine *persönliche Stabilitäts-Balance*. Wie unbefriedigend diese auch im Einzelnen erlebt wird, sie macht ein Eingerichtet-Sein aus, das aus einer definierten Arbeitsrolle, aus erwartbarem Einkommen, aus einem kalkulierbaren Verhältnis von Arbeitszeit und arbeitsfreier Zeit, aus einem eingependelten Modus von Arbeit und Privatleben besteht. Die Stabilitätsachse, um die sich dieses Eingerichtet-Sein dreht, ist die durch berufliche Sozialisation und Spezialisierung aufgebaute berufliche Identität.

Lernen als Verunsicherung
Aber dies ist es nicht allein. Wie wir alle aus eigener Erfahrung wissen, ist *Lernen für das Individuum ein sehr widersprüchlicher Vorgang.* Lernen ist unabweisbar notwendig. Aber Lernen ist mühselig, weil es das Eingeständnis unzureichenden Wissens voraussetzt. Lernen ist oft frustrierend, weil es den Lernenden in seinen bisherigen Auffassungen, aber möglicherweise auch Denk- und Verhaltensweisen in Frage stellt und somit zugleich ein Prozess der *Selbstveränderung* ist. Lernen wird mit dem Ziel begonnen, mehr Sicherheit zu gewinnen, und mag dies auch das letztliche Resultat sein, so führt der Lernprozess, in dem notwendigerweise vieles des bisher Selbstverständlichen infrage gestellt werden muss, zu einem *hohen Maß an Verunsicherung* – umso mehr, je komplexer und widersprüchlicher jenes Wissen ist, das man sich lernend anzueignen versucht. Lernen erfordert ein erhebliches Maß an Selbstdisziplin, Zeit- und Energieaufwand, während die Individuen in unseren Gesellschaften sich immer weniger präzise die Frage beantworten können, ob *sich dies denn alles lohne.*

Die Ausgestaltung der »learning society« setzt also eine sehr gründliche Beschäftigung nicht nur mit den *Chancen und Notwendigkeiten, sondern auch mit den Zumutungen des Lernens* voraus. Dabei wird sich zeigen, dass die in den letzten Jahrzehnten sehr in den Vordergrund getretene Orientierung des Lernens an unmittelbarer Nützlichkeit, an direkter Verwendung zu einem Hemmnis für die Entfaltung von Lernmotivationen geworden ist. Hier erscheint eine konzeptionelle Entkopplung von Bildung und ihren Verwendungszusammenhängen sinnvoll, was keineswegs als ein Plädoyer für eine weitere »weltferne« Verschulung verstanden werden soll.

Gerade wenn das Individuum stark in das Zentrum strategischer Optionen rückt, muss der *persönlichkeitsbildenden Implikation von Lernen* besondere Beachtung gewidmet werden. Je nachdem, ob Lernen mehr als Entdecken verstanden und gelebt wird, oder als Reproduktion, entwickeln sich im Resultat andere Persönlichkeitsstrukturen. Für die Gestaltung der »learning society« bedarf es also auch einer Vision über die Charakteristika der Bürgerin und des Bürgers, die eine solche Gesellschaft tragen soll.

Typisch deutsch: hohe Abhängigkeit der Berufsausbildung vom Einzelbetrieb
Auf den »Übergang« zurückgewendet, der in Deutschland vor allem durch das »Duale System« strukturiert wird, ist sehr zu bezweifeln, ob – eben aufgrund der »bornierenden Beruflichkeit« – ausreichende Voraussetzungen für den lernenden Umgang mit Veränderungen erworben werden. Ist damit aber das deutsche Übergangssystem ausreichend gekennzeichnet? Gerade aus der Sicht anderer Länder, z.B. aus dem Süden Europas, sticht die zentrale Stellung der *Betriebe* in der deutschen

Berufsausbildung hervor, auf deren zahlenmäßig eindrucksvolles Ausbildungsengagement manchmal neidvoll geblickt wird.

In der europäischen Diskussion – aber auch in Deutschland selbst – wird in diesem Zusammenhang vor allem davon ausgegangen, dass ein didaktisches oder curriculares Prinzip in Deutschland erfolgreich etabliert und konsolidiert sei, dessen Sinnfälligkeit man kaum bestreiten kann: die *Dualität* des beruflichen Lernens. Dies ist aber eine Verkürzung.

Entscheidend für das Verständnis ist, dass das deutsche Berufsbildungssystem als mit dem Beschäftigungssystem eng verbundenes *Sonder-Bildungs-Teilsystem* ausgebracht und etabliert ist und damit eine vom allgemeinen Bildungssystem klar separierte besondere rechtliche und materielle Grundlage aufweist. In ihm erfolgt Berufsausbildung vor allem und typischerweise auf der privatrechtlichen Grundlage eines Ausbildungsvertrages zwischen Auszubildendem und ausbildendem Betrieb, der eine Sonderform eines Arbeitsvertrages darstellt. Hieraus resultiert das ordnungspolitische Gewicht der Sozialpartner oder Arbeitsmarktparteien im deutschen Berufsbildungssystem (vgl. hierzu Heidemann, Paul-Kohlhoff 1998).

Der Einzelbetrieb ist folglich nicht lediglich Kontext für berufliches Lernen – wie in der Berufspädagogik manchmal unterstellt wird –, sondern ist eine Basisstruktur für berufliches Lernen; insofern wäre auch von einer *einzelbetrieblich mit strukturierten Beruflichkeit* zu sprechen. Die einzelbetriebliche Fassung beruflicher Grundsozialisationen ist ein wesentliches Charakteristikum des besonderen deutschen Übergangssystems.

Berufsausbildung im Betrieb als Erfahrungsprozess

Das hat für die berufliche Sozialisation natürlich weitreichende Konsequenzen. Dabei war folgender, den Jugendlichen in der »Dualen Ausbildung« gegebener, Zusammenhang zentral (Kruse et al. 1981: 24f.):

»Was die Beruflichkeit ihres Arbeitsvermögens real und in der Wahrnehmung der Jugendlichen ausmacht, ist die betriebliche Formung im Rahmen überbetrieblich geltender Normierungen. Die während der Ausbildung zunehmend sichtbar, erfahrbar und nachvollziehbar werdenden einzelbetrieblichen Anwendungsbedingungen des Arbeitsvermögens beeinflussen die Vorstellung, die die Jugendlichen von der Beruflichkeit ihres Arbeitsvermögens haben, entscheidend. Denn die einzelbetriebliche Ausbildung ist nicht nur Vorbereitung auf die Zukunft – in unserem Fall: industrielle Facharbeit in einem Großbetrieb –, sondern, besonders ab dem zweiten Ausbildungsjahr, die konkrete Anschauung und Erfahrung dessen, was Industriearbeit ausmacht. Wir sprechen daher von der Prototypik des Arbeitskräfteeinsatzes und der Arbeitsbedingungen im Ausbildungsbetrieb für die Beruflichkeit und die durchschnittlichen Einsatzbedingungen des eigenen Arbeitsvermögens. Der Umstand, dass die Jugendlichen in Betrieben lernen, macht ihnen ihre eigene künftige Beruflichkeit und die zu erwartenden Lohn- und Arbeitsverhältnisse anschaulich: bei ihren Kollegen, die als Arbeiter beschäftigt sind, und Gespräche führen (...). Der betriebliche Arbeitskräfteeinsatz ist das zentrale Moment der ›objektiven‹ Strukturierung der Berufserfahrungen der Auszubildenden (jenseits der speziellen Ausbildungseinrichtungen). Dass die Auszubildenden in einem einzigen Betrieb lernen, reduziert die Erfahrungsmöglichkeiten und erhöht die Prototypik.« Faktisch handelt es sich um eine »erlebte und gelebte Einheit von diesem Beruf und diesem Betrieb«.

Auch hier gilt in Analogie zum Beruf: Je enger der betriebliche Erfahrungshorizont, je statischer die Anforderungen, je konservativer die Arbeitsorganisation und je umfassender die Anforderungen an flexible, eigenständige Gestaltung der beruflichen Entwicklung werden, desto schärfer wird der Widerspruch, den die Individuen aushalten müssen.

Der Übergang wird immer kritischer

Es war also zu fragen, was die Ergebnisse unserer subjekt- und betriebsorientierten Übergangsforschung für die Organisation der Berufsausbildung bedeuten könnten. Ausgangspunkt war dabei die – am Beispiel der Jugendlichen, die im Großbetrieb Facharbeiter werden – analysierte Ambivalenz der einzelbetrieblichen Grundlage der Berufsausbildung, die wir zunehmend als *zu eng* ansahen: zu eng in ihrem beruflich-sozialisatorischen Horizont und auch zunehmend zu eng im Sinne einer quantitativen »Versorgung«. Der *Lernort Betrieb wurde mehr und mehr zu einem »knappen Gut«*; und zwar insbesondere auch unter dem Gesichtspunkt seiner Qualität. Diese Entwicklung zeichnete sich schon in den 1980er Jahren mit dem Trend zur »Verallgemeinerung der Berufsausbildung auf der Basis des dualen Systems« (Kruse 1986) ab und verschärfte sich in den 90er Jahren durch ein zunehmendes strukturelles Zurückbleiben des Angebots an Ausbildungsplätzen hinter der Nachfrage, was vor allem die neuen ostdeutschen Bundesländer betraf, in denen die großbetrieblichen Ausbildungsverhältnisse weggebrochen waren. Vor allem aber auch unter der Prämisse der Erfahrbarkeit des Gestaltetseins und der Gestaltbarkeit von Arbeit und Technik diagnostizierten wir: »Für die Entwicklung eines Verständnisses von der Gestaltbarkeit von Arbeit und Technik als Voraussetzung von Gestaltungsfähigkeit wird sich der Einzelbetrieb als zu eng erweisen« (Kruse et. al. 1989: 78ff). Mit der Kritik an der Erfahrungsenge des Einzelbetriebes kam die ausbildungsbegleitende (Teilzeit-)Berufsschule neu in den Blick: »Die Berufsschule könnte ihre Trennung vom Betrieb (...) eben positiv wenden, wenn sie eine pädagogisch-didaktische Strategie auf die Betriebe hin entwickelt, die durch Distanz, Reflexion und Exemplarik gekennzeichnet ist.« Die Debatte um ein neues fachliches, pädagogisch-didaktisches und organisatorisch-steuerungsbezogenes Verhältnis der verschiedenen Lernorte in der Berufsausbildung zueinander wird seit dieser Zeit bis heute ohne Unterbrechung, aber aktuell mit neuer Verve geführt.

Das Dilemma, auf den Betrieb als Lernort nicht verzichten zu wollen

Unsere eigene Position in dieser Debatte konnte unbequemer nicht sein. Unsere Kritik daran, dass ihre bislang systembedingte Einzelbetriebs-Abhängigkeit die Qualität (und Quantität) der Berufsausbildung erheblich beschränkt, richtet sich gegen die rechtlich-organisatorische Verfasstheit der »Dualen Ausbildung«, nicht aber gegen Betriebe als Lernort. Wir sind im Gegenteil der Auffassung, dass der Betrieb als *ein* Lernort auch in jene beruflichen Bildungsgänge (auch »oberhalb« der Facharbeit) eingesetzt werden muss, wo dies noch nicht der Fall ist; »Dualisierung« also. Es ist fast ein Dilemma: Die Berufsausbildung aus der einzelbetrieblichen Dominanz zu lösen, ohne damit den Betrieb als Lernort zu gefährden.

Warum ist der Betrieb – besser: mehrere Betriebe in einer sinnvollen fachlich-didaktischen Kombination – als Lernort unverzichtbar? Der Betrieb »ist der Ort, wo zielgerichtet und marktbezogen gearbeitet wird; der Verwirklichungsbereich beruflicher Handlungsfähigkeit. Für nahezu alle Dimensionen beruflicher Handlungsfähigkeit, vor allem natürlich auch für das Erlernen von Gestaltungsfähigkeit und Partizipation, ist der Betrieb als Erfahrungszusammenhang von ›Ernstsituationen‹ unverzichtbar. Zugleich ist er ein ›permanentes Laboratorium‹. Dort wird über die Gestaltung der Arbeitsorganisation und des Technikeinsatzes praktisch entschieden, dort geht es um eine Qualitätsproduktion unter realen Bedingungen; die Entscheidungen folgen marktwirtschaftlichen Kriterien und sind in soziale Aushandlungs- und Auseinandersetzungsprozesse eingebettet. Dieser komplexe Zusammenhang kann nirgendwo auch nur annähernd simuliert werden.« (Kruse et.al. 1996: 32) Allerdings zeigte die vor allem in den 1970er und 1980er Jahren geführte Debatte um die Krise des Arbeitsplatzes oder des Arbeitssystems als Lernort, dass die Bildungspotenziale der betrieblichen Wirklichkeit sich nicht schon bei bloßer physischer Anwesenheit der Auszubildenden und ihrer Aufgeschlossenheit ergeben, sondern dass sie mit Hilfe von berufspädagogisch didaktischen Konzepten systematisch erschlossen werden müssen. Für den Gang unserer Argumentation bedeutet dies nun, dass auf die betrieblichen Lernprozesse unter dem Gesichtspunkt von Autonomiegewinn und Selbstmanagement besonderes Augenmerk gerichtet werden muss.

Schwache Zukunftsoffenheit am Ende der Ausbildung?
Wenn man also danach fragt, welchen Grad an Autonomie für seine eigene Beruflichkeit ein junger Erwachsener im Verlaufe seiner Ausbildung gewinnt, dann ist die skizzierte enge Verschränkung beruflicher und einzelbetrieblicher Strukturierungen und Prägungen zu berücksichtigen. Diesbezügliche Befragungen gegen Ende der Ausbildung können hierzu Aufschluss geben. Ziemlich genau mit dieser Frage haben sich auch Bremer »Statuspassagen«-Forscher beschäftigt, wie aus dem Aufsatz von *Witzel/Kühn* (2000) über »Orientierungs- und Handlungsmuster beim Übergang in das Erwerbsleben« hervorgeht. In ihrer Untersuchungsgruppe konnten sie unterschiedliche »Berufsbiografische Gestaltungsmuster (BGM)« identifizieren und sie unterscheiden typologisch verschiedene berufliche Kontextbedingungen. Ihre Frage, die uns in diesem Zusammenhang interessiert, ist, ob sich die Verteilung der berufsbiografischen Gestaltungsmuster aussagefähig bestimmten Kontextbedingungen zuordnen lässt, ohne davon auszugehen, dass sie in einem »Determinierungsverhältnis« zueinander stehen. Das Ergebnis lautet: »Die Verteilung der BGM zeigt einen deutlichen Bezug der Typologie auf berufliche Kontextbedingungen, d.h. ungleich verteilte berufliche Chancen und Risiken: Eröffnen sie vielfältige Handlungsmöglichkeiten, stabilisieren sie die Karriereambitionen der Akteure; eingeschränkte Chancenstrukturen fördern das Statusarrangement. (...) Insbesondere die auf einen Autonomiegewinn zielenden BGM (...) zeigen, wie sich Akteure auf der Grundlage ihrer produktiven Unzufriedenheit mit beruflichen Rahmenbedingungen neue Handlungsspielräume verschaffen. Sie entsprechen am deutlichsten einer ›individualisierten‹ Biografieentwicklung (...). Allerdings ist diese Ausrichtung der Biografiegestaltung nur bei wenigen Fachkräften anzutreffen« (Witzel, Kühn 2000: 26).

Dieser empirische Befund ist gleichlaufend zu den Einschätzungen, die meiner Argumentation zugrunde liegen – und sie bestätigen auch am Ende der 1990er Jahre noch im Großen und Ganzen empirisch begründete Einschätzungen aus dem Beginn der gemeinsamen Übergangsforschungs-Diskussionen. Nur eine Minderheit verlässt offenbar das »Übergangssystem« für Fachkräfte, also vor allem die »Duale Ausbildung« mit einer Perspektive, sich aktiv und selbstgestaltend berufliche Optionen offen zu halten.

Gründe für Beharrung 1: die Interessen mächtiger Akteursgruppen
Es ist vermutlich nicht übertrieben, eine solche schwache Zukunftsoffenheit – als Disposition zu aktiv suchendem und gestaltendem Handeln verstanden – riskant zu finden; riskant für die Einzelnen, riskant aber auch für die Gesellschaft. Wie erklärt sich dann die – alles in allem – enorme Stabilität unseres tradierten, durch die »Duale Ausbildung« dominierten Übergangssystems?

Ein wichtiger Grund hierfür liegt darin, dass die Berufsstruktur der bestehenden gesellschaftlichen Organisationsform von Berufsausbildung und den ihr inhärenten Interessen nicht äußerlich ist, sondern gerade einer ihrer Effekte, wie *Baethge* (1999: 376) betont:»Das Berufsprinzip konnte sich im institutionellen und politischen Gefüge der Bundesrepublik so hartnäckig halten, weil es über lange Zeit eine positive Verschränkung der Interessenlagen der großen Akteursgruppen des industriellen Kapitalismus, der tonangebenden Gruppen der Arbeitnehmer und Kapitaleigner, im Sinne einer Aufwärtsspirale oder eines win-win-Spiels sicherte«. Es ist aber eben nicht lediglich das Berufsprinzip, das einer solchen verschränkten Interessenlage lange Zeit entsprach, sondern es ist – insbesondere – eben die einzelbetriebliche Fassung des Erwerbs von Beruflichkeit, die hier interessierte. Um den Betrieb, auch als zentrales Terrain von Konflikt und Ausgleich der Interessen zwischen Kapital und Arbeit verstanden –, kristallisierte sich das mächtige *Kernmilieu* der Dualen Ausbildung. Ob es – angesichts der absehbaren Risiken – bei dieser defensiven Verschränkung von Interessen bleibt, oder das Kernmilieu aufbricht oder möglicherweise an Einfluss auf die Gestaltung des Übergangssystems einbüßt, muss abgewartet werden. Die Ergebnisse unserer kürzlichen High-level-Experten-Erhebung (vgl. Grollmann et al. 2001) zeigen einerseits, dass viel über Reformen nachgedacht wird, andererseits aber nach wie vor eine bemerkenswert starke Abschottung des »Dualen Kernmilieus« besteht.

Gründe für Beharrung 2: die Nachfrage
Wie aber schon die kritischen Einwände gegen die »Delors'schen« Zumutungen permanenter Bildung erkennen lassen, sind es eben nicht nur diese »großen Akteursgruppen«, die für die Schwerkraft des tradierten Übergangssystems verantwortlich sind. Die Jugendlichen (und ihre Eltern) bestätigen insbesondere seine Kernstruktur durch eine nicht nachlassende Nachfrage nach Dualer Berufsausbildung, nach einer *Lehrstelle.* Auch der krisenhaft angespannte Ausbildungsstellenmarkt der letzten Jahre hat daran nichts geändert. Mit Dualer Berufsausbildung verbindet sich offensichtlich in Deutschland ein hohes und in den Augen von Jugendlichen und deren Eltern nicht wirklich diskreditiertes *Versprechen* auf eine solide Grundlage für das anschließende Arbeitsleben und eine gute Einfädelungschance. Mit der Verallgemeinerung der Berufsausbildung – auf der Basis des »Dualen Systems« – als eine Art von *conditio sine qua non* für den Eintritt ins Arbeitsleben, die in den 1980er Jahren zu beobachten war (Kruse 1986), wird Ausbildung nicht nur wünschenswert, sondern es wird zum Allgemeingut, dass *ohne* Ausbildung die Arbeitsmarktrisiken ungleich größer seien. *Keine* Ausbildung zu haben, wird zu einem der zentralen Merkmale für soziale Benachteiligung. Es ist nur folgerichtig, dass vor diesem Hintergrund die in Zeiten des

Ausbildungsplatzmangels insbesondere von den Gewerkschaften vehement vorgetragene Forderung nach »Ausbildung für Alle« eine hohe moralische Autorität erreicht und zeitweilig die Legitimität der einzelbetrieblichen, d.h. privaten Verfügung über Ausbildungsplätze in Frage stellen konnte und immer wieder zu einer verstärkten Mobilisierung von Ausbildungsplatz-Reserven führte, deren Wert unter dem Gesichtspunkt von Ausbildungsqualität oftmals durchaus in Zweifel gezogen werden konnte (aber auch zum Aufbau von über- und außerbetrieblichen Ausbildungseinrichtungen, die heute als Bestandteil des faktisch vorhandenen *Mischsystems* [vgl. Kruse et al. 1996] kaum noch wegzudenken sind). Nicht zuletzt die so genannte Ausbildungsplatz-Garantie von *Helmut Kohl* mit seiner mittlerweile sprichwörtlich gewordenen Formel der »ausbildungsfähigen und ausbildungswilligen« Jugendlichen ist Ausdruck der *Schlüsselstellung,* die Ausbildung im Übergang gewonnen hatte und innehält. Dabei geht es nicht um »Ausbildung schlechthin«, sondern um jene Ausbildungsgänge, die ihre Regulierung einschließlich einer Mindestausbildungsdauer und -qualität auf der Grundlage des 1969 beschlossenen Berufsbildungsgesetzes unter umfassender Beteiligung der Sozialpartner (vgl. Heidemann, Paul-Kohlhoff 1998) erfahren. Die sich wechselseitig vorantreibenden Interessen in dieser großen »Ausbildungs-Allianz« erzeugen eine Dynamik im Faktischen, die den Anspruch auf einen Ausbildungsplatz nahezu als Rechtsgut erscheinen lässt. Damit tritt aber die Bildungsfrage hinter der sozialen Frage zurück.[3]

Ausbildungsplatz-Garantie als soziale Errungenschaft

Die faktische Durchsetzung eines »Rechts« auf eine geregelte, meist drei- bis dreieinhalb jährige Ausbildung zeigt sich in dieser Perspektive als große *soziale Errungenschaft*, die erheblich zur Verbesserung der sozialen Lage und der Perspektiven für Kinder aus der Arbeitnehmerschaft beigetragen hat – mithin ein wichtiges Stück verbesserter sozialer Gerechtigkeit. Ein Verzicht darauf käme der Preisgabe dieses erreichten Standards gleich. Alle vorgetragenen konservativen ordnungspolitischen Argumente haben offenbar auch diesen sozialen Kern. Daneben aber steht die Wirklichkeit der Ausgrenzung eines Teils der schulentlassenen Jugendlichen aus der regulierten Berufsausbildung.

Berufsausbildung – *ein Ausbildungsplatz* – wurde also als soziales Sicherheitsversprechen zu einem wichtigen Baustein des wohlfahrtsstaatlichen Arrangements in Deutschland. Wenn man so will, bewegt sich also die Qualifikations-Dimension in zunehmend heftigerem Widerspruch zur sozialen Dimension des Problems: Grundlegende Reformen des Berufsbildungssystems, die aus Gründen der Modernisierung der Kom-

---

[3] Das hat eine lange deutsche Tradition, vgl. Paul-Kohlhoff (1996).

petenz-Potenziale angezeigt und insofern »objektiv« auch im Interesse derjenigen wären, die sich am Beginn ihres Berufswegs befinden, kollidieren mit dem sozialen Sicherheitsversprechen, das vom überkommenen System ausgeht, auch wenn es selektiv ist und es einer starken Minderheit von Jugendlichen nicht gelingt, in es einzutreten, obwohl sie es möchten.

Dieses Auseinandertreten von qualifikatorischen und sozialen Aspekten und die damit verbundenen Ungleichzeitigkeiten scheinen ein typisches Phänomen von Epochenüberlagerungen zu sein; während die generalisierte Ausstattung künftiger Beschäftigter mit beruflichen Kompetenzen weit in die Zukunft der »Wissensgesellschaft« weist, entspricht ihre gesellschaftliche Organisationsform noch der industriegesellschaftlichen Hochphase in Deutschland.

Erneutes Lernen als Provokation für den Lebenszusammenhang

Schließlich soll noch auf eine weitere *Message* hingewiesen werden, die die Art und Weise, wie bei uns Berufsausbildung vor allem sozial organisiert ist, jungen Erwachsenen vermittelt. Die als riskant eingeschätzte so genannte zweite Schwelle, die durch das Ende der Ausbildung und das Erfordernis, einen Arbeitsplatz zu finden, markiert ist; das noch lebendige Alltagsverständnis davon, dass »Lehrjahre keine Herrenjahre« seien; verbunden mit so mancher noch anzutreffenden autoritären Tradition; vor allem aber die sehr lange schulisch-berufliche Vorbereitungszeit, die mehrheitlich ohne Unterbrechung absolviert wird – dies alles macht den Wunsch sehr mächtig, nun die Lebensphase, in der man psychologisch und sozial vor allem ein *Lernender* war, hinter sich gebracht zu haben. Dabei wird die Situation als Lernender häufig in Verbindung gebracht mit Unfertigkeit, Abhängigkeit und relativer Armut im Sinne geringer eigener Einkünfte. Im jungen Erwachsenenalter machen sich überdies nun andere Lebensinteressen, die zum Teil, aber nicht mehr so rigide wie früher aufgeschoben wurden, geltend: Freizeit, Konsum und Ausstattungen, etwas Erleben, Unabhängigkeit vom Elternhaus, eine eigene Wohnung, Zusammenziehen mit einem Partner oder einer Partnerin, womöglich eigene Kinder. Die aktuell anstehende Gestaltung des *erwachsenen Lebenszusammenhangs*[4] bedarf offenkundig bei vielen einer »Beruhigung« im Beruflichen, jedenfalls was größere Veränderungen betrifft. Sich-Einrichten im Erwachsenen-Leben bedeutet vor allem auch, eine lebbares Verhältnis zwischen den verschiedenen Sphären, die zusammen den Lebenszusammenhang ausmachen, zu erreichen. Nach klassischem »tayloristischen« Muster geschieht dies vor allem durch eine Grenzziehung zwischen Arbeit und Nicht-Arbeit, die vermit-

---

[4] Zum Konzept des Lebenszusammenhangs vgl. Kruse et al. (1981).

telst der Arbeitszeitregimes, der Einbettung in andere terminlich gebundene Verpflichtungen, z.b. im Familien- und Freundeskreis, vor allem aber auch durch mentales Ab- und Umschalten erfolgt. Erneutes berufliches Lernen, Weiterbildung, wenn sie mehr als eine Begleiterscheinung des Arbeitens ist, bedeutet als Prozess der persönlichen Verunsicherung dann eben zugleich auch die Gefährdung der meist routiniert gehandhabten Grenzziehungen im Lebenszusammenhang. Um es noch einmal zu verdeutlichen: Nach Ende der Ausbildung wird vor dem Hintergrund der erreichten Sicherheiten erneutes Lernen dann zu einer Zumutung, wenn es – auch in sich wiederholender Reihe – als Sonderanforderung in das normale Leben»einbricht« und dann häufig als die Negation von Normalität erlebt wird. Das tradierte gesellschaftliche Muster der Getrenntheit von Lernen und Arbeiten – insbesondere im biographischen Verlauf – wirkt also nicht nur einfach weiter, sondern es wird nach wie vor durch das Übergangssystem auch reproduziert. Eine Dimension der Selbstmanagement-Kompetenz wäre demgegenüber, von einer gefahrlosen Verschränkung von Lernen und Praktizieren (erforschen, im Betrieb arbeiten, familiäre Aktivitäten entwickeln, helfen) im gesamten Verlauf des Lebens ausgehen zu können.

Kein Umbau ohne ein äquivalentes Sicherheitsversprechen

So betrachtet, werden die Zumutungen, die mit einem Selbstmanagement-Konzept verbunden wären, wenn dies *nicht auf seine sozialverträglichen Umsetzungsbedingungen* hin überprüft würde, benennbar: Auf die Persönlichkeit bezogen, könnte es *Entstabilisierung* bedeuten, auf die Lebenszusammenhänge bezogen, *Entgrenzung* und auf das Übergangssystem als Teil des wohlfahrtsstaatlichen Arrangements bezogen *Entsicherung.* Vor dem Versuch, den Individuen nach neo-liberalem Muster die Verantwortung für ihre berufliche Entwicklung weitgehend allein verantwortlich aufzulasten, ohne die Bedingungen mit zu gestalten, die ihnen dies ermöglichen und ohne sorgfältig und mit ihnen gemeinsam die weiteren Hemmnisse aus dem Weg zu räumen, ist sehr zu warnen. Worum es vielmehr geht, ist: Konturen eines neuen Übergangssystems zu entwickeln, das die Stärkung der Persönlichkeit ins Zentrum setzt, dessen Strukturiertheit nicht mehr so stark wie in der Vergangenheit horizontbeschränkend auf den Individuen lastet. Zugleich muss aber jedes neue Übergangssystem ein dem bestehenden System, nach den verschiedenen diskutierten Dimensionen hin, *mindestens äquivalentes Sicherheitsversprechen glaubhaft zu geben in der Lage* sein. Im Engeren betrachtet kommt Selbstmanagement ohne ein ihm adäquates Unterstützungssystem nicht aus. Die Übergangsforschung könnte hierfür in anwendungsorientierter Perspektive ihr Wissen zur Verfügung stellen.

Im Kernbereich des deutschen Übergangssystems müsste es gelingen, das Spezialistische und einzelbetrieblich Beschränkte der überkommenen Beruflichkeit zu überwinden und diese neu zu *öffnen*. Dies wäre ein wichtiger deutscher Beitrag für ein Europa, in dem es noch kein konsensfähiges Leitkonzept offener, moderner Beruflichkeit (vgl. Heidegger, Rauner 1997) gibt. Viele Entwicklungen in Deutschland zeigen, dass dies Chancen haben könnte,[5] so z.b. Neuordnungen von Ausbildungsberufen dann, wenn Spezialisierungen zurück gebaut werden, Ausbildungsverbünde und neue Ausbildungspartnerschaften; das deutsche »Übergangssystem« ist in dieser Hinsicht eine Art Baustelle. Statt nun aber, wie es oft geschieht, in Europa die deutsche Berufsausbildung so zu vertreten, wie sie (vielleicht) einmal war und immer stärker in die Defensive zu geraten, wäre es besser, mit den Bauarbeiten als Impulse an der Konstruktion eines europäischen (Berufs-) Bildungsraums teilzunehmen. Selbstmanagement des eigenen Berufsweges erhielte durch eine neu bestimmte und *anders angeeignete* Beruflichkeit, die gute deutsche Traditionen »aufhebt«, ein solides Fundament.

Literatur

Álvarez, Nieves/ Paul-Kohlhoff, Angela/Kruse, Wilfried/Lauterbach, Uwe (1995): Länderstudie Spanien, in: Lauterbach, Uwe, et al. (Hrsg.): Internationales Handbuch der Berufsbildung, Baden-Baden.

Baethge, Martin (1999): Gesellschaftliche Integration – Jenseits von Beruf und Beruflichkeit? Oder: Zum Gegensatz der soziologischen und qualifikationsstrukturellen Dimension in der Berufskategorie, in: Kaiser, Franz-Josef (Hrsg.): Berufliche Bildung in Deutschland für das 21. Jahrhundert, Beiträge zur Arbeitsmarkt- und Berufsforschung BeitrAG 238, Nürnberg.

Bolder, Axel/Hendrich, Wolfgang (2000): Fremde Bildungswelten. Alternative Strategien lebenslangen Lernens, Opladen.

Braun, Frank (1996): Lokale Politik gegen Jugendarbeitslosigkeit, München.

Brock, Dietmar/Hantsche, Brigitte/Kühnlein, Gertrud/Meulemann, Heiner/Schober, Karen (Hrsg.) (1991): Übergänge in den Beruf. Zwischenbilanz zum Forschungsstand, München.

Dostal, Werner/Stooß, Friedemann/Troll, Lothar (1998): Auflösungstendenzen und erneute Konsolidierung, in: Mitteilungen zur Arbeitsmarkt und Berufsforschung 3/1998, Nürnberg.

Europäische Kommission (1996): Lehren und Lernen. Auf dem Weg zur kognitiven Gesellschaft. Weißbuch zur allgemeinen und beruflichen Bildung, Luxemburg.

European Commission (2001): Making a European Area of Lifelong Learning a Reality. Comunication from the Commission 21.11.01, Brussels (COM [2001] 678.final).

Frerichs, Joke/Fricke, Werner et al. (Hrsg.) (1986): Jahrbuch Arbeit und Technik in Nordrhein-Westfalen 1986, Bonn.

---

[5] Hierzu als sorgfältige Bilanzierung: Dostal, Stooß, Troll (1998) und weiterer konzeptioneller Perspektive: Sachverständigenrat 1998

Grollmann, Philipp/Kruse, Wilfried/Rauner, Felix (2001): Final Report of the German Study of the Project Scenarios and Strategies for VET in Europe by CE-DEFOP-ETF, Bremen/Dortmund.

Heidegger, Gerald/Rauner, Felix (1997): Reformbedarf in der beruflichen Bildung. Gutachten im Auftrag des Landes Nordrhein-Westfalen, Düsseldorf

Heidemann, Winfried/Paul-Kohlhoff, Angela (1998): Regulierung der Berufsbildung durch Mitbestimmung. Reihe: Mitbestimmung und Neue Unternehmenskulturen. Ein Projekt der Bertelsmann Stiftung und der Hans-Böckler-Stiftung, Gütersloh.

Heinz, Walter R. (Hrsg.) (2000): Übergänge. Individualisierung, Flexibilisierung und Institutionalisierung des Lebensverlaufs, 3. Beiheft 2000 der ZSE. Zeitschrift für Soziologie der Erziehung und Sozialisation, München.

Heinz, Walter R./Kotthoff, Hermann/Peter, Gerd (Hrsg.) 2002: Lernen in der Wissensgesellschaft, Münster (Dortmunder Beiträge zur Sozial- und Gesellschaftspolitik Bd. 37)

Kruse, Wilfried (1986): Verallgemeinerung der Berufsausbildung auf der Basis des »dualen Systems«. Zur Schlüsselfunktion der betrieblichen Berufsausbildung für den Eintritt ins Arbeitsleben, in: Frerichs, Fricke (1986).

Kruse, Wilfried (2000): Jugendliche heute: auf unsicherem Weg ins Arbeitsleben, in: Naegele, Peter (2000, 31ff.).

Kruse, Wilfried/Paul-Kohlhoff, Angela (1987): Doch nicht die Lust an der Arbeit verloren... Jugend und Arbeit; Jugendforschung und Jugendliche, in: Die neuer Gesellschaft, Frankfurter Hefte 11/1987.

Kruse, Wilfried/Paul-Kohlhoff, Angela/Kühnlein, Gertrud/Eichler, Susanne (1996): Qualität und Finanzierung der beruflichen Bildung in der Mitte der 90er Jahre, Düsseldorf.

Kruse, Wilfried/Kühnlein, Gertrud/Paul-Kohlhoff, Angela/Strauß, Jürgen (1989): Berufsausbildung im Wandel – Neue Aufgaben für die Berufsschule, Frankfurt am Main.

Kruse, Wilfried/Kühnlein, Gertrud/Müller, Ursula (1981): Facharbeiter werden – Facharbeiter bleiben? Betriebserfahrungen und Berufsperspektiven von gewerblich-technischen Auszubildenden in Großbetrieben, Frankfurt/New York.

Naegele, Gerhard/Peter, Gerd (Hrsg.) (2000): Arbeit-Alter-Region, Münster.

Paul-Kohlhoff, Angela (1998): Das Berufsprinzip als Grundlage für berufliche Ausbildung – ein Stück deutscher Geschichte?, in: DGB, DAG, sfs: Ist der Beruf noch zu retten? Dortmund.

Sachverständigenrat Bildung bei der Hans-Böckler-Stiftung (1998): Ein neues Leitbild für das Bildungssystem – Elemente einer künftigen Berufsbildung, Düsseldorf.

Witzel, Andreas/Kühn, Thomas (2000): Orientierungs- und Handlungsmuster beim Übergang ins Erwerbsleben, in: Heinz (2000).

Eva Kuda
Neue Leitbilder von Facharbeit
Bildungspolitische Aspekte aus
gewerkschaftlicher Sicht

Aktuelle Bezüge

Die gewerkschaftliche Debatte über neue Erwartungen an die Arbeitnehmer, ihr Selbstverständnis als abhängig Beschäftigte zu verändern und unternehmerische Denk- und Verhaltensweisen aufzugreifen, ist im Gange. Dies belegt die Aktionsinitiative der IG Metall »Arbeiten ohne Ende – meine Zeit ist mein Leben« ebenso wie der IG Metall-Zukunftsreport, in dem es heißt: »Die IG Metall muss sich mit dem Konzept des ›Arbeitskraftunternehmers‹, der immer stärker qualifizierte Facharbeit und Angestelltentätigkeit abzulösen droht, auseinandersetzen und Gestaltungskonzepte entwickeln«. Der konkrete Auftrag lautet: »...es müssen Konzepte entwickelt werden, die die Selbständigkeit in der Arbeit fördern, aber ... die Verlagerung von Unternehmerrisiken auf die Arbeitnehmerinnen und Arbeitnehmer verhindern.« (IG Metall 2001) Somit gilt die gewerkschaftliche Schutz- und Gestaltungsfunktion auch gegenüber diesem neuen Arbeitnehmertypus. Er stellt – in der Formulierung des Zukunftsreports – für die Sozialfigur des qualifizierten Facharbeiters zunächst eine »Bedrohung« dar. Arbeitsmarkt- und auch Personalpolitiker dagegen wollen einem unkritisch als positives Leitbild verstandenen »Arbeitskraftunternehmer« noch weiter auf die Sprünge helfen, Eigeninitiative und Selbstverantwortung der Beschäftigten fördern, deren Arbeitsmarktposition durch Bildung von Ich-AG's und Selbst-GmbH's stärken und damit zum Abbau der Arbeitslosigkeit beitragen. Prominenteste Vertreter dieser Richtung waren Experten der Hartz-Kommission.

In dem Spannungsfeld zwischen Skepsis und Hoffnung bleibt die *Rolle der beruflichen Bildung* als Vermittlungsinstanz von Orientierungen und Handlungskompetenzen, die den autonomen, mündigen, gegenüber sich und anderen unternehmerisch handelnden Menschen auszeichnen sollen, *seltsam unbeachtet.*

Im Gutachten der Hans-Böckler-Stiftung heißt es: »Das Menschen- und Gesellschaftsbild dieses (neuen – Anm. d. A.) Bildungssystems geht von einer größeren Autonomie der einzelnen Menschen bei der Nutzung von Bildungschancen aus...« »Das Bildungssystem wird damit ... dem Anspruch gerecht, den selbstverantwortlichen und mündigen Menschen als Subjekt anzunehmen und anzuerkennen.« (Sachverständigenrat 1998: 12)) Doch auch wenn das Bildungssystem in der Lage sein sollte, den Menschen (endlich) als Subjekt anzunehmen, bleibt die wichtigere Frage: Wie kann das Bildungs- und vor allem auch das Berufsbildungssystem die Menschen (mit)befähigen, in häufig wechselnden Lebens- und Berufslagen eigenverantwortlich zu entscheiden, erhöhte betriebliche Anforderungen an Selbstorganisation und Selbstkontrolle zu erfüllen, falls angesagt als Selbständiger erfolgreich zu arbeiten und das eigene Arbeitsvermögen in schnell wechselnden Marktlagen marktgerecht zu erhalten? (Diese Umkehr der Fragestellung gilt auch für das Beschäftigungssystem.) In Zeiten tiefgreifenden gesellschaftlichen Wandels kann es sicher nicht allein »Bringschuld« der Individuen sein, sich für gewandelte Anforderungen zu rüsten. Dagegen spricht nicht nur der gesunde Menschenverstand, sondern zum Beispiel auch der gesetzliche Auftrag des Berufsbildungsgesetzes.

Wir wollen im Folgenden »das Unternehmertum der Arbeit und des Lebens« (zit. nach Pongratz, in diesem Band) und damit einen weiten Begriff von unternehmerischem Handeln als relevanten Entwicklungstrend in der Erwerbsarbeit und als Aufgabenstellung für die Beschäftigten ernst nehmen, ohne ihn mit der Sozialfigur des bisherigen kapitalistischen Unternehmers gleichzusetzen. Worin genau bestehen damit verbundene Herausforderungen für Gewerkschaften und deren Berufsbildungspolitik? Müssen Gewerkschaften ihren Anspruch auf »Qualifizierungspolitik im Arbeitnehmerinteresse« neu definieren? Vergrößern sich die Schnittmengen zwischen Arbeitnehmer- und Unternehmerinteressen in der beruflichen Bildung, fallen sie gar gänzlich zusammen? Eine unserer zentralen Thesen ist, dass hierbei die Orientierung am Berufsprinzip eine wichtige Rolle spielt.

Im Folgenden werden die Fragen vor allem am Beispiel der Neuordnung industrieller Metallberufe diskutiert.

Braucht die Neuordnung der industriellen Metallberufe neue Leitbilder von Facharbeit?

Unser Ausgangspunkt ist die Annahme, dass sich in Folge betrieblicher Reorganisation, neuer Steuerungsprinzipien, von Vernetzung und Vermarktlichungsprozessen, Globalisierung und verschärftem Wettbewerb betriebliche und auch gesellschaftliche Anforderungen an berufliches und soziales Arbeitshandeln verändern – und zwar auch dahingehend, dass von den Beschäftigten Einstellungen und Verhaltensweisen gefordert werden, die traditionell als typisches Handeln von Unternehmern und Managern angesehen werden. Dazu gehören das eigenverantwortliche Verfolgen langfristiger Projekte, organisatorische Kompetenzen, kalkulatorisches wirtschaftliches Denken und auch die aktive Steuerung des eigenen Qualifikationsprofils. Daran schließt sich die naheliegende Frage an, ob die Neuordnung industrieller Metallberufe neue Leitbilder von Facharbeit braucht – denn schließlich sind es die in Ausbildungsordnungen festgelegten Lerninhalte und Lernziele, die zwischen den Anforderungen der Arbeit und den Fähigkeiten der arbeitenden Menschen vermitteln. Das beinhaltet auch die Frage nach den bisherigen Leitvorstellungen bei der Gestaltung von Berufen und ob diese tatsächlich an ihre Grenzen gestoßen sind.

Welchen Stellenwert haben Leitbilder von Facharbeit bei der Gestaltung neuer Berufe?

Die Leitbilder von Facharbeit, von denen die Neuordnungsexperten und ihre Verbände bei der Erarbeitung neuer Berufe ausgehen, sind von unmittelbar praktischer Relevanz. Über Inhalt und Anspruchsniveau von Berufen werden ökonomische und soziale Interessen in hohem Maße berührt; es werden Weichen gestellt für die *berufliche Handlungsfähigkeit* der Beschäftigten, für *Status und Einkommen* künftiger ArbeitnehmerInnen, für berufliche und *persönliche Entwicklungsprozesse*. Weichen werden auch gestellt für künftige Einsatzstrategien der Unternehmen gegenüber Facharbeit, für technisch und arbeitsorganisatorisch unterschiedliche Lösungen, für Innovationsfähigkeit von Betrieben.

Für die *einzelnen Individuen* ist die über Ausbildungsordnungen geregelte Qualität beruflicher Ausbildung wichtig für die Verbesserung ihrer Arbeits- und Berufschancen. Neuordnungspolitik als Bestandteil gewerkschaftlicher Bildungspolitik zielt aber auch auf Bildungsqualität im Sinne der *Verbreiterung beruflicher Lern- und Lebenschancen für alle*, z.B. durch Gewährleistung der Grundlagen für lebenslanges Lernen.

Ausbildungsordnungen sind in der Regel ein Kompromiss. Sie sind das Ergebnis von Aushandlungsprozessen über Inhalte und Strukturen ganz konkreter Qualifikationen, gleichzeitig aber auch über generelle Vorstellungen, hier Leitbilder genannt, was qualifizierte Facharbeit ausmacht oder doch in Zukunft ausmachen sollte.

Konkrete Auswirkungen unterschiedlicher Leitbilder von Facharbeit werden deutlich in der Entwicklung der industriellen Metallberufe seit 1969 – dem Zeitpunkt des Inkrafttretens des Berufsbildungsgesetzes und damit eines geregelten rechtlichen Rahmens für die berufliche Neuordnungsarbeit.

Das Leitbild des selbständig handelnden Facharbeiters

Der Neugestaltung der Berufe der Metallindustrie standen zu Beginn grundlegende Differenzen zwischen Arbeitnehmer- und Arbeitgebervertretern (IG Metall und Gesamtmetall) im Wege (IG Metall 1975). Die Leitbilder künftiger Facharbeit, insbesondere was das erforderliche und gewünschte Ausmaß künftiger Facharbeit und damit die Qualifikationsstruktur der Erwerbsarbeit insgesamt betraf, wichen erheblich voneinander ab.

Für die Arbeitgeber schien der Siegeszug des Taylorismus umfangreiches spezielles Fachwissen entbehrlicher zu machen. Das Interesse der Betriebe verschob sich tendenziell auf soziale Komponenten der Facharbeiterqualifikation im Sinne traditioneller Arbeitstugenden wie Pünktlichkeit, Zuverlässigkeit usw. Facharbeiter wurden zwar nach wie vor beschäftigt, aber verstärkt in an- und ungelernten Positionen. Aus Sicht der Arbeitsmarkt- und Berufsforscher zeichnete sich ein Bedeutungswandel der Facharbeiterausbildung zur Ausbildung für gehobene Anlernpositionen in der Industrie ab. Wobei die Vorteile für die Betriebe auf der Hand lagen, die Nachteile für die Beschäftigten jedoch erst auf längere Sicht erkennbar wurden.

Bei den Gewerkschaften richtete sich aufgrund negativer Rationalisierungsfolgen, die in den 1970er Jahren verstärkt zu Tage traten, das Augenmerk auf die qualitative Gestaltung der Arbeit und damit auch auf die Gestaltungsfähigkeit der Arbeitenden: Qualifizierungspolitik wurde auf die Ziele der »Humanisierung der Arbeit« ausgerichtet. Chancengleichheit, Technikbeherrschung und Mitbestimmung waren bis in die 1980er Jahre Leitvorstellungen einer arbeitnehmerorientierten Qualifizierungspolitik (Schriftenreihe 109 der IG Metall 1984). Die Formel »attraktive Ausbildung für attraktive Arbeit« wurde gleichermaßen zum Handlungsauftrag und Ausdruck gewerkschaftlichen Politikverständnisses in der beruflichen Bildung.

Gesamtmetall legte dagegen im Herbst 1976 ausgearbeitete Pläne zur Neuordnung der Metallberufe vor, die als »differenziertes Ausbildungsmodell« bezeichnet wurden. Der Vorschlag beinhaltete eine Teilung der bisher einheitlichen Facharbeiterausbildung in zwei- und mehrjährige Ausbildungsberufe. Verbunden war das Modell mit Vorschlägen zu einer entsprechenden Lohndifferenzierung.

Von den weitreichenden Ansprüchen gewerkschaftlicher Berufs- und Qualifizierungspolitik war ein solches Modell gesellschaftlicher Spaltung und Ungleichheit natürlich weit entfernt. Es sollte dann auch insgesamt zehn Jahre dauern, bis die neue Qualifikationsstruktur für die industriellen Metall- und Elektroberufe zwischen den Verbänden unter der Federführung des Bundesinstitutes für Berufsbildungsforschung ausgehandelt wurde und in Kraft treten konnte. Im Verlauf des langjährigen Aushandlungsprozesses wurden Strukturen der Zusammenarbeit zwischen Arbeitgebern, Gewerkschaften und staatlichen Instanzen entwickelt, die trotz aller Schwierigkeiten im Detail zu einer ansatzweise gemeinsamen Verständigung über die grundsätzliche Bedeutung umfassender beruflicher Qualifizierung führten (Brown u.a. 2001: 259), obwohl der Begründungskontext, über gemeinsame Schnittstellen hinaus, ein jeweils anderer bleibt.

Im Falle der Neuordnung führte die Verständigung zur einvernehmlichen Definition des Leitbildes *»selbständige Facharbeit«* und *»vollständige Arbeitshandlungen«*. Durchsetzen konnte sich dieses neue Facharbeiterleitbild aufgrund der *»Neuen Produktionskonzepte«*, die in den 1980er Jahren auf der Tagesordnung standen. Deren Kennzeichen: *»...eine Rücknahme rigider Arbeitsteilung, eine innerbetriebliche Aufwertung der Produktion, eine weitgehende Integration von Aufgaben auf dem Niveau fachlich anspruchsvoller Produktionsarbeit und die Verbreiterung von Qualifikationsprofilen in Richtung auf Polyvalenz.«* (Wittke 1995: 110)

Prozessorientierung als neues Leitbild von Facharbeit
Fast ein Vierteljahrhundert[1] orientierte sich die moderne Berufsbildungspraxis am Leitbild des selbständig handelnden Facharbeiters. In zahlreichen Modellversuchen wurde das *Lernziel Handlungsfähigkeit* erprobt, *Projektausbildung* und *Leittextmethode* wurden zum Inbegriff von Lernkonzepten, die dem neuen Facharbeiter zum Durchbruch verhelfen sollten. *»Selbständigkeit beim Lernen möchte man durch die Leittexte erreichen, und Selbständigkeit ist es auch, was als übergreifende Arbeitshaltung vom späteren Facharbeiter bei der Wartung und Reparatur von Großanlagen gefordert wird.«* (Schmidt-Hackenberg 1987: 136) Sind damit die von Arbeitnehmern heute verstärkt geforderte *Selbständigkeit* und *Eigenverantwortung* »alte Hüte«? Reicht es aus, das traditionelle Leitbild des Facharbeiters und dazugehörige Lernkonzepte neu hinzugekommenen Anforderungen anzupassen? Worin bestehen diese und wo schlagen sie sich in der aktuellen Berufsordnungsarbeit nieder?

Seit dem Jahr 2000 stehen IG Metall und DGB, Arbeitgeber- und Berufsverbände sowie das BiBB vor der zweiten Welle der Neuordnung industrieller Metall- und Elektroberufe. Eine Rahmenvereinbarung zwischen Gewerkschaften und Arbeitgeberverbänden ist unterschrieben. In den grundsätzlichen Absichtserklärungen heißt es: Wir halten am Berufskonzept fest, orientieren uns dabei an den Anforderungen veränderter Facharbeit, entwickeln das Modell der vollständigen Handlung im Sinne der erforderlichen Prozesskompetenzen weiter und sichern die Verbindung zur Weiterbildung (Rahmenvereinbarung 2001).

Während *Prozesskompetenz* als neu ins Spiel gebrachte Anforderung an berufliches Arbeitshandeln von Facharbeitern bezeichnet werden kann, stellt das *Berufskonzept* gleichsam die verbindende Klammer zwischen »alten und neuen« Leitvorstellungen in der beruflichen Bildung dar. »Die Bedeutung von an Prozessen orientierter Facharbeit steht zweifellos im Zusammenhang mit neuen betrieblichen Steuerungsprin-

---

[1] Das ist der Zeitrahmen, wenn man vom Beginn der Verhandlungen über die »Eckwerte zur Neuordnung industrieller Metallberufe« ausgeht.

zipien, die eben als prozessorientiert statt funktions- und berufsorien-
tiert gekennzeichnet werden und im Zusammenhang mit daraus abgeleiteten Arbeitsorientierungen. Diese Entwicklungen greifen seit Ende
der 80er, Anfang der 90er Jahre. Stichworte sind hier: externe und auch
interne Kundenorientierung, integriertes Qualitätsmanagement, Dezentralisierung und detaillierte Kostenkontrolle, multifunktionale Produktions-
teams mit erweiterter dispositiver und z.T. auch strategischer Verantwortung... Es geht dann z.b. darum, den eigenen Arbeitsbeitrag als Glied in
einer Prozesskette zu verstehen, beurteilen und auch nach bestimmten
übergreifenden Kriterien (wie Zeit, Kosten, Qualität) (mit)steuern zu können...« (Strauss 2001: 11f.)

Arbeits- und Geschäftsprozessorientierung wird seit Ende der 1990er
Jahre als neue Anforderung an die Fachkräfte in Ausbildungsordnungen
festgeschrieben. Insbesondere in den IT-Berufen, aber auch im 1998
neu geordneten Ausbildungsberuf MechatronikerIn, beim KFZ-Service-
techniker und anderen mehr. Auf das Konzept der IT-Berufe und seinen
Anwendungsbezug geht der Beitrag Ehrkes in diesem Band ausführlich
ein; insofern wenden wir uns dem *Ausbildungsberuf Mechatroniker/Me-
chatronikerin* zu.

Der neue Beruf MechatronikerIn in wird einer gemeinsam herausge-
gebenen Broschüre von BiBB, VDMA und IG Metall wie folgt kommentiert:»Dem Berufsbild des Mechatronikers liegt ein *erweitertes Verständnis von beruflicher Handlungskompetenz* zugrunde. Die Auszubildenden sollen Qualifikationen erwerben, die zur Gestaltung des Arbeitspro-
zesses befähigen.« Entsprechend zugeordnete Qualifikationen wie z.B.
selbständiges Planen von Arbeitsabläufen, Planen der Teamarbeit, In-
formationsbeschaffung usw. haben im Ausbildungsrahmenplan des Mechatronikers einen zeitlichen Anteil von ca. 30% (Borch 2000).

Qualifikationsforscher aus dem europäischen Ausland bewerten das
neue Berufsbild des Mechatronikers geradezu euphorisch als Beispiel
für eine Berufsausbildung, die dem Leitbild des mündigen Bürgers ver-
pflichtet ist (»it is an example of a technical training embedded in a con-
cept of citizenship« – Brown u.a. 2001: 170). Hier wird erkannt (und anerkannt), was in der Tat ein weitergehender Anspruch gewerkschaftlicher Berufsbildungspolitik ist: einen Beitrag zu leisten zur *Demokratisie-
rung gesellschaftlicher Strukturen* und zur *Persönlichkeitsbildung.*

Können wir also (unter Berufung auf den Mechatroniker) davon ausgehen, dass die tendenzielle Zurücknahme tayloristischer Arbeitsstrukturen, verbunden mit erhöhten Anforderungen an *Prozesskompetenz* der
FacharbeiterInnen und damit an *Zusammenhangswissen, Organisations-
und Managementkompetenz,* weitergehende Bildungsansprüche sowie
Arbeitnehmerinteressen quasi im *Selbstlauf* befördern? Der mündige
Bürger – ein Resultat notwendiger betrieblicher Qualifizierungsprozes-
se?

Dem steht einiges entgegen. So wird die Anforderung, prozesskompetent zu arbeiten, vor allem abgeleitet aus neuen Wettbewerbsmodellen und damit verbundenen Umstrukturierungen von Unternehmen, Betrieb und Arbeit. »Die Betriebe stehen durch die Globalisierung der Märkte unter einem verschärften Qualitäts-, Kosten- und Zeitdruck. Der Wettbewerb verlangt rationellen Technik- und Personaleinsatz... Dem Problemdruck können die Betriebe nur begegnen, wenn den betrieblichen Problemen nicht mehr zergliedert und arbeitsteilig, sondern ganzheitlich begegnet wird.« (Borch 2000: 6)

Auf diese Begründung beschränkt, so unsere Behauptung, geht mit der Erweiterung des Leitbildes »selbständige Facharbeit« zum Leitbild »prozesskompetente Facharbeit« gleichzeitig eine Verengung einher: Qualifizierungsziele, die allein aus der Veränderung betrieblicher Arbeitsorganisation abgeleitet werden, bleiben auf betriebliche Organisation und Qualifikationserfordernisse beschränkt, ganzheitlichere Bildungsansprüche bleiben auf der Strecke. Ebenso geraten durch die (inzwischen vorherrschende) einseitige Betonung von »Qualifikation als Wirtschafts- und Standortfaktor« die gestalterischen Zielvorstellungen zur »Humanisierung der Arbeitswelt« ins Hintertreffen. Dies ist insofern kein Streit um des Kaisers Bart oder auch nur Wortklauberei, als (Re)Qualifizierungs- und Polarisierungsthese, wie Klaus Lang es in seinem Beitrag zu diesem Buch ausdrückt, nicht im Gegensatz zueinander stehen. Gerade in »wissensbasierten Volkswirtschaften sind Polarisierung und Ungleichheit (als Entwicklungstrend) sehr viel wahrscheinlicher als Annäherung und Gleichheit« (Brown 2001: 252). Mehr Wissen auf Seiten der Arbeitnehmer bedeutet nicht unbedingt »mehr Macht« – wie es der Bildungsoptimismus der 1970er Jahre (Wissen ist Macht) einst versprochen hatte. Auch ein »Mehr« an Chancengleichheit scheint damit nicht garantiert. Trotz behaupteten oder auch tatsächlichen Facharbeitermangels in einigen Bereichen ist es schon lange ein Kennzeichen der Metallindustrie, dass es bei weitem nicht für alle, die qualifiziert ausgebildet sind, genügend qualifizierte Arbeitsplätze gibt (v. Henninges 1981). Eine Entwicklung, die, nüchtern betrachtet, durch den prozesskompetenten Facharbeiter, seine Flexibilität, Innovationsfähigkeit, selbständige Handlungsfähigkeit und Zusammenhangswissen eher noch verstärkt wird. So wurden beim Mechatroniker ganz bewusst Berufsinhalte bisher getrennter Tätigkeitsbereiche – mechanische und elektronische – in *einem* neuen Beruf zusammengeführt und verdichtet. Dazu der Ausbildungsleiter eines Großbetriebes: »Notwendig ist ein Denken in Prozessen. Detailwissen ist an dieser Stelle nicht mehr so sehr erforderlich. Der Mechatroniker wird als Generalist die Spezialisten nicht verdrängen, allerdings wahrscheinlich ihre Anzahl reduzieren.« (Borch 2000: 11)

Auch bei Kompetenzgewinn auf Seiten der Facharbeit als Rationalisierungsfolge bleibt die Erkenntnis: »wahrscheinlich wird auch in Zukunft nicht jeder qualifiziert beschäftigt werden bzw. einen qualifizierten Arbeitsplatz finden können«.[2] »Wie aber Gesellschaften mit dem Problem sozialer Ausschließung und dem Positionierungswettbewerb beim Zugang zu Bildung, Ausbildung und Arbeit umgehen, wird in allen Ländern zum entscheidenden Knackpunkt.« (Brown 2001: 252)[3] Dabei gestaltend mitzuwirken, ist für die Gewerkschaften eine Zukunftsaufgabe von herausragender Bedeutung, wenn nicht die Zukunftsaufgabe schlechthin. Nicht nur, aber auch und verstärkt in der beruflichen Bildung.

Zwischenbilanz

Durch die Orientierung beruflicher Bildungskonzepte am Leitbild prozessorientierter Facharbeit können sich für Beschäftigte die Möglichkeiten des Zurückdrängens fremdbestimmter Arbeitsinhalte verbessern. Verbesserungen für die Arbeitnehmer insgesamt, mehr Chancengleichheit oder Demokratie werden jedoch nicht durch eine umstandslose Anpassung betrieblicher Bildungsprozesse an betriebliche Steuerungsprinzipien und Steuerungsprozesse erreicht. *Das in prozessorientierter Facharbeit angelegte Prinzip der Ganzheitlichkeit erweist erst dann seine emanzipatorische Funktion, wenn umfassendes Produktionswissen und Arbeitserfahrung dazu führen, die Handlungsfähigkeit von Arbeitnehmern im betrieblichen und gesellschaftlichen Gesamtzusammenhang zu stärken* (Kruse 2001, Strauss 2001). Es bleibt Aufgabe gewerkschaftlicher Berufsbildungspolitik, z.B. im Rückgriff auf berufspädagogische Konzepte der Arbeitsprozessorientierung, die Befähigung zur Mitgestaltung der Arbeitswelt als Leitbild beruflicher Bildung zu erneuern und vor allem auch durchzusetzen. Prozessorientierung – so scheint es – bietet dafür einige Anknüpfungspunkte. Eine Chance für gewerkschaftliche Berufsbildungspolitik, die in den Betrieben durchaus erkannt und entsprechend abgewehrt wird.[4]

---

[2] »It is inevitable that not everyone will find high skill employment« (Brown 2001: 51.)

[3] »How societies tackle the problem of social exclusion and the positional competition for education, training, and jobs is therefore an important pressure point for all countries.« (Brown, Green, Lauder, High Skills, Globalization, Competitivness and Skill Formation, Oxford Press 2001: 252, eigene Übersetzung).

[4] Dazu die Erfahrung eines Berufschullehrers: »Die Vermittlung von Prozesskompetenz greift in den Verantwortungsbereich verschiedener Abteilungen ein – die Einlösung der geforderten Qualifikationen sorgt für Unruhe im Betrieb«. »In eigentümergeprägten Unternehmen wird die Einsichtnahme in Geschäftsprozesse (von Arbeitern) durch den Chef verhindert. Der Eigentümer will sich nicht in die Karten sehen lassen. Kalkulation und somit der Gewinn aus Aufträgen könnten sichtbar werden.« Klaus Böschen, Thesen zur Umsetzung von Prozesskompetenz durch Lernfelder und Ausbildungsrahmenplan am Beispiel Mechatronikerausbildung in Klein- und Mittelbetrieben, Tagungsbericht 2001.

In welcher Form sich auch die subjektiven Voraussetzungen auf Seiten der Individuen zur Mitgestaltung der Arbeitswelt durch die Prozessorientierung und dadurch vermittelte Kompetenzen verbessern, ist eine offene Frage. Und als solche auch eine Herausforderung für die gewerkschaftliche Bildungsarbeit. Der Erwerb arbeits- und prozessorientierten Wissens kann Arbeitnehmern für die berufs- und lebensgeschichtliche Entwicklung wichtige Fortschritte bringen. Es gehört jedoch zu den Widersprüchen dieser Entwicklung, dass die Grundlagen für seine Anwendung im Interesse von Mehrheiten durch die Erosion betrieblicher Sozialstrukturen und des Arbeitnehmerstatus gefährdet erscheinen. Das lässt sich mit der aktuellen Auseinandersetzung über das Berufsprinzip recht gut belegen.

Das Konsensmodell des Berufsprinzips

Der Gefahr einseitiger Instrumentalisierung neuer Leitbilder von Facharbeit für Wettbewerb und Rationalisierungsziele wird bislang in der Neuordnungsarbeit durch die (Selbst-)Verpflichtung aller Beteiligten auf das Berufsprinzip entgegengesteuert.

Im Kern durchzieht die Auseinandersetzung um die Modernisierung von Berufen stets die Frage: Soll sich berufliche Bildung vor allem am aktuellen Qualifikationsbedarf der Wirtschaft ausrichten? Oder – so der gewerkschaftliche Standpunkt – auch auf längerfristige Veränderungen der Arbeitswelt vorbereiten, ja sogar entsprechende Veränderungen im Sinne einer Gestaltung der Arbeitswelt beeinflussen?

Gesellschaftlichen Rückenwind erhält die umfassendere Zielsetzung durch die Verpflichtung auf das Berufsprinzip. Die Orientierung am Berufskonzept ist ein grundlegender Unterschied zum Konzept des »training on the job«. Beim Erlernen eines Ausbildungsberufes sollen nicht nur einzelne Tätigkeiten bis zur Beherrschung trainiert werden. Vielmehr besteht der Anspruch, typische Tätigkeiten eines Berufsfeldes so zu vermitteln, dass die Auszubildenden Systemdenken und Verständnis von Zusammenhängen erlernen.

Entsprechend qualifiziert der Ausbildungsberuf für Handlungsfähigkeit in einer Vielzahl möglicher Beschäftigungen. Qualifikationen in den Ausbildungsordnungen werden definiert entsprechend der Maßgabe, sich in neuen beruflichen Situationen zurechtzufinden, den technologischen und arbeitsorganisatorischen Wandel mitzugestalten und selbständig Weiterbildung aufnehmen zu können.

Dieses Verständnis von Ausbildungsberuf hat sich allerdings erst in langjähriger Praxis herausgebildet, wobei die Auseinandersetzung um das Konzept industrieller Metallberufe in den 1970er Jahren entscheidend dazu beigetragen hat. Dieser Prozess führte letztendlich zur Verfestigung des Berufsprinzips als konstitutives Moment beruflicher Bildung im dualen System.

Berufskonzept und Arbeitsmarkt

Was einen Beruf ausmacht, wird in Deutschland festgelegt durch nationale Ausbildungsordnungen, deren Inhalte zwischen Arbeitgebern, Arbeitnehmern und Vertretern des Staates (BiBB) vereinbart werden. Dabei sind das Berufsprinzip, verbunden mit dem Konsensprinzip, wichtige Orientierungsdaten. Das Berufsprinzip ist fester Bestandteil der Arbeitsbeziehungen, es regelt die Beziehungen zwischen Ausbildung und Beschäftigung auf relativ hohem Niveau. Es ist eng verbunden mit dem Entlohnungssystem und garantiert annähernde Lohngleichheit. Es ist Grundlage für den sozialen Status von Facharbeitern und legitimiert in gewisser Weise die Forderung nach einem Recht aller auf eine anerkannte Berufsausbildung.

Die Vorteile des Berufsprinzips liegen aus Sicht der Betriebe in der Vergleichbarkeit und Transparenz beruflicher Ausbildungsinhalte- und -abschlüsse. Wie Ingrid Drexel in ihrem Beitrag zu diesem Buch bestätigt, ermöglicht das Berufsprinzip durch eine breit angelegte, betriebs- und branchenübergreifende Ausbildung Überblicks- und Zusammenhangswissen. Es ist damit eine wichtige *Voraussetzung betrieblicher Innovation und Flexibilität*, für Anpassung an neue Entwicklungen. Auch für junge Menschen hat es darüber hinaus *sinn- und identitätsstiftende Wirkung.* Wie die europäische vergleichende Berufsforschung herausstellt, sind deutsche Jugendliche mit einer abgeschlossenen Ausbildung, wenn sie arbeitslos sind, zwar unglücklich, aber sie fühlen sich nicht inkompetent (Brown 2001).[5]

Hervorgehoben wird auch die motivierende Wirkung einer Berufsausbildung für *Anschlusslernen* und *Weiterbildung.* Zusammenhängend gilt das Berufsprinzip als Bestandteil *eines sozialen Konsensmodells* mit prinzipiellem Vertrauen auf die Aushandlungsfähigkeit geregelter Vertragsbeziehungen zwischen Arbeitnehmern und Unternehmern.

Facharbeit von Arbeitskraftunternehmern – Ende des Berufsprinzips?

Im Bündnis für Arbeit ebenso wie in der aktuellen Rahmenvereinbarung zwischen Gesamtmetall und IG Metall bzw. ZVEI und IG Metall zu den neuen Berufen wird das Berufsprinzip als Orientierungsrahmen für die künftige Berufsgestaltung festgeschrieben, trotz der seit einigen Jahren

---

[5] Friedemann Stooß, langjähriger Mitarbeiter des IAB, erinnerte einmal daran: viele Menschen haben nichts als ihren Beruf. Wenn wir ihnen den auch noch wegnehmen, bleibt gar nichts. *Eben.*

entbrannten Debatte über die Rückläufigkeit berufsförmig organisierter Arbeit und damit verbundener Erosion des Berufsprinzips (Voß, in diesem Band).

Nach Baetghe/Baethge-Kinsky findet eine auf Kunden- und Innovationsorientierung zugeschnittene Geschäftspolitik ihre Entsprechung in der prozessorientierten Betriebs- und Arbeitsorganisation, welche die funktions- und berufsbezogene abzulösen beginnt. Prozessorientierung beschreibt danach einen allgemeinen organisatorischen Konzeptwandel, der dazu führt, dass die traditionellen Formen der Nutzung und Integration von Arbeitskräften mit unterschiedlicher Berufsbiografie auf den Prüfstand gestellt werden (Baethge u.a. 1998).

Vor diesem Hintergrund wird das Festhalten der »Sozialpartner« am Berufsprinzip von vielen lediglich als *bildungspragmatische Entscheidung* bewertet, weil leistungsfähigere Alternativen schwer zu finden sind und die bereits genannten Vorteile auch aus Sicht der Personalplanung und -entwicklung überwiegen (Sauter 2002). Dagegen setzen wir die These, dass die normative Orientierung am Berufsprinzip notwendig und geeignet ist, die Facharbeit vom Typ des Arbeitskraftunternehmers mit den von Voß und Pongratz beschriebenen zentralen Merkmalen der Selbstkontrolle, Selbstökonomisierung und Selbstrationalisierung vor ihren Risiken zu schützen und darüber hinaus neuen Freiheitsgraden in angemessener Weise zum Durchbruch zu verhelfen.

Facharbeit von Arbeitskraftunternehmern

Die (Diskussion über die) Erosion des Berufsprinzips geht Hand in Hand mit der zur Erosion des Normalarbeitnehmers und wird mit der Entstehung einer (möglichen) neuen Leitfigur von Facharbeit in Zusammenhang gebracht. Der Typus des Arbeitskraftunternehmers stellt den so genannten traditionell beruflich geprägten Arbeitnehmer am weitesten in Frage und scheint eine »maßgeschneiderte« Antwort auf betriebliche Flexibilisierungstendenzen zu sein.

Der entscheidende Unterschied dieser neuen Leitfigur liegt in seiner ausschließlichen Ableitung aus den Erfordernissen des Marktes, in denen er sich – bei Strafe des Untergangs – selbstbewusst und eigenverantwortlich vermarkten und unternehmerisch handeln soll. Nun kann sich unternehmerisches Arbeitshandeln von Facharbeitern auf vieles beziehen. Von unternehmerischen »Arbeitshaltungen« wie kostenverantwortlichem Handeln über die Fähigkeit und Bereitschaft zur Selbstorganisation und Selbstkontrolle der Arbeit hin zur aktiven und flexiblen Zurichtung des eigenen Arbeitsvermögens je nach Marktgegebenheiten. Die Frage stellt sich auch hier: Gibt es Anknüpfungspunkte im neuen Leitbild des Arbeitskraftunternehmers, die in der Neuordnung von Berufen, ja in der beruflichen Bildung generell als Leitvorstellungen aufgegriffen und umgesetzt werden können?

Die Vorstellung von Arbeitnehmern als Unternehmer scheint das Selbstverständnis gewerkschaftlicher Qualifizierungspolitik weitgehend auf den Kopf zu stellen. Ist doch gewerkschaftliche Qualifizierungspolitik per se als Politik im Arbeitnehmerinteresse definiert. *Widersprüche zu unternehmerischem Selbstverständnis*, Denken und Handeln drängen sich geradezu auf:

■ Unternehmerisches Handeln ist in der Regel durch Konkurrenz geprägtes Handeln, sich um jeden Preis und bei Strafe des Untergangs auch auf Kosten anderer durchzusetzen. Gewerkschaftliches Ziel ist Solidarität.

■ Arbeitsmarktfähigkeit ist natürlich auch ein Lernziel der Gewerkschaften, aber nicht in der ökonomischen Verengung, wie es die »Selbstökonomisierung« des Typus des Arbeitskraftunternehmers nahe legt.

■ Im gewerkschaftlichen Begründungszusammenhang ist Arbeitsmarkt- und Beschäftigungfähigkeit (employability) immer verbunden mit dem zeitlichen Horizont, dem Ziel des langfristigen Erhalts und der Sicherung der Reproduktionsfähigkeit der Arbeitnehmer, ihrer Gesundheit, Einkommen und Qualifikationen.

■ Und schließlich orientiert gewerkschaftliche Politik nicht auf individuelle Lösungen, sondern auf kollektive Interessendurchsetzung.

Andererseits erscheint es fast als Skandal: Für die allgemeine und berufliche Bildung sind die Konsequenzen aus der Tatsache, dass immer mehr Arbeitnehmer in ihrem Arbeitsbereich z.B. im Rahmen von Zielvereinbarungen unternehmerisch denken und handeln sollen, oder z.B. im Medien- und IT-Bereich als Scheinselbständige oder freie Mitarbeiter agieren, noch gar nicht als Problem, geschweige denn als Handlungsaufforderung benannt. Und waren nicht selbständige Handlungsfähigkeit, individuelle Persönlichkeitsentwicklung, selbstbestimmtes statt weisungsgebundenes Arbeiten ebenfalls gewerkschaftliche Bildungsziele?

Angesichts tiefgreifender Umbrüche in der Arbeitswelt, von globaler Vernetzung, Outsourcing und Individualisierung muss die Frage danach, was Qualifizierungspolitik im Arbeitnehmerinteresse heute ist und sein kann, zumindest neu gestellt werden. Auch deswegen, weil neue individualisierte Arbeitsformen nicht nur von jungen Menschen auch als Befreiung von den Zwängen entfremdeter Arbeit wahrgenommen werden. Und junge Menschen schicken sich an, die Perspektive häufiger wechselnder Berufstätigkeiten und Beschäftigungsformen, so genannte Patchwork-Biografien, als positiv anzunehmen, sich darauf einzurichten.

Wir verlassen damit die eingefahrenen Pfade vermeintlich klarer Zielsetzungen, was Arbeitnehmerinteressen in der beruflichen Bildung sind und allenfalls sein können – und versuchen dabei, ein Dilemma zu überwinden, mit dem gewerkschaftliche Politik sich zunehmend auseinander zu setzen hat: nicht bei der Abwehr von Deregulierungen stehen zu bleiben, sondern eigene Handlungsansätze zu entwickeln. Dabei kann die Beschreibung eines neuen Typus von Arbeitnehmern, wie sie von Voß und Pongratz vorgenommen wird, trotz aller berechtigten kritischen Anmerkungen durchaus eine Orientierung für eine sich neu herausbildende Sozialfigur sein. Allerdings stellt er aus gewerkschaftlicher Sicht noch eher ein negatives Leitbild in Form einer marktschnittig gezeichneten Karikatur und weniger ein Modell im Sinne eines positiven Leitbildes dar. Es sei erlaubt, ein wenig Hilfestellung bei der Umwandlung von der Karikatur zum positiven Leitbild zu geben.

Thesen zu Arbeitnehmerinteressen von Arbeitskraftunternehmern

1. Arbeitskraftunternehmer sind in besonderem Maße auf die Vorteile beruflicher Kompetenzen und beruflicher Regelungen angewiesen. Wenn von den Menschen erwartet wird, dass sie Selbstmanager, kreative Problemlöser, unternehmerisch Handelnde und lebenslang Lernende werden, genügt es nicht, das»Menschenbild«zu verändern und veränderte Arbeitshaltungen zu propagieren. Dann müssen auch Möglichkeiten geschaffen werden für Menschen mit unterschiedlichen sozialen, bildungsmäßigen und finanziellen Voraussetzungen und damit höchst ungleichen Marktchancen zur gleichberechtigten Positionierung auf den Arbeits-, Bildungs- und Beschäftigungsmärkten. Voraussetzung ist eine Veränderung institutioneller Rahmenbedingungen, der Rechtsbeziehungen, der Bildungseinrichtungen und sozialen Institutionen, die es den Menschen ermöglichen, divergierende Interessenlagen aufgrund ihres veränderten Status auszubalancieren (Brown 2001). Chancengleichheit zu ermöglichen, bleibt eine gesellschaftliche Aufgabe und kann nicht ins Individuum verlegt werden, nach dem Motto:»Du hast keine Chancen, aber wenn Du sie nicht nutzt, bist Du selber schuld.«Wenn die Überlebensfähigkeit von Wirtschaft und Betrieben von unternehmerisch handelnden Beschäftigten abhängen sollte, ist es nicht Bringschuld der Individuen, solche Fähigkeiten zu entwickeln. Es ist allenfalls eine Frage der Balance zwischen individueller und gesellschaftlicher Verantwortung.

2. Zu den vorrangigen Interessen der Arbeitskraftunternehmer gehört der langfristige Erhalt ihres Arbeitsvermögens. Diese können rasch in Widerstreit zu ihren kurzfristigen Unternehmerinteressen, wie schnelles Reagieren auf Marktlücken, Arbeiten bis zum Umfallen usw. geraten. Der unternehmerisch handelnde Arbeitnehmer muss lernen, Zumutungen zurückzuweisen, die seine Reproduktionsfähigkeit gefährden – auch wenn sie von ihm selbst kommen. Schulen und Bildungseinrichtungen, betriebliche und soziale Institutionen müssen darauf vorbereitet und dafür ausgestattet werden, mit solchen Anforderungen umzugehen und Menschen bei einer selbstbestimmten Gestaltung ihres Berufs- und Lebens-

weges zu unterstützen. Möglichkeiten und Fähigkeiten der Individuen zur Sicherung ihrer Reproduktionsfähigkeit, bezogen auf Gesundheit, Einkommen, Qualifikation, müssen entsprechend der spezifischen Lebenslagen von Arbeitskraftunternehmern gestärkt werden.

3. Angesichts der elementaren Bedeutung beruflichen und sozialen Lernens für die Positionierung der »neuen« Arbeitnehmer in betrieblichen und außerbetrieblichen Marktbeziehungen sind Fähigkeiten zur Gestaltung der Berufs- und Arbeitsbiografie als neue Lernziele in den Bildungskanon der Betriebe, Berufsschulen und Einrichtungen der Erwachsenenbildung aufzunehmen. Lernformen und Lernzeiten müssen den Lebensbedingungen und Wünschen der Individuen entsprechen. Hierfür sind geeignete Modelle zu entwickeln, eingebettet in gewerkschaftliche Vorstellungen zu institutionalisierten vertraglichen und staatlichen Regelungen. Es genügt nicht, bei der mentalen Anforderung an die einzelnen Menschen stehen zu bleiben, eigene Qualifizierungsleistungen verstärkt einzubringen. Solche Leistungen werden von den Arbeitnehmern bereits in erheblichem Umfang erbracht, gehen aber oft an den Bedarfen der Betriebe vorbei bzw. finden im Arbeitsleben keine Anerkennung und Anwendungsmöglichkeit. Hier besteht erheblicher Beratungsbedarf, der systematisch und zielgerichtet ausgebaut werden muss.

4. Verbesserung der Fähigkeiten zum Selbstmanagement im Sinne der Ich-Stärkung von Individuen ist kein Widerspruch zu kollektivem Handeln, sondern kann dieses auch begünstigen. Didaktische Modelle der Selbstorganisation und Selbstbestimmung sind als neue Lernformen und Lernziele auszubauen und unter Beteiligung der Lernenden weiterzuentwickeln. Es ist sinnvoll, entsprechende Maßnahmen in schulischen und beruflichen Bildungsgängen zu institutionalisieren und zu geregelten Bestandteilen beruflicher Erst- und Weiterbildung zu machen.

5. Arbeitskraftunternehmer müssen darin unterstützt werden, Forderungen zu entwickeln und durchzusetzen, die ihre unternehmerische Handlungsfähigkeit verbessern. Solche Forderungen betreffen die Gestaltung der Arbeitsverträge, Arbeitszeit- und Vergütungsregelungen sowie Qualifizierungsansprüche. Sie können aber auch unmittelbar die Voraussetzungen unternehmerischen Handelns im Betrieb betreffen. Zum Beispiel Information und Transparenz bei Geschäftsprozessen, Mitbestimmung über Wirtschaftsprinzipien, Einblick in die Finanzverhältnisse, Mitsprache bei Produktentwicklung – all das sind Forderungen, die von Menschen, die unternehmerisch und eigenverantwortlich handeln sollen, mit gutem Recht gestellt werden können.

Durchsetzungschancen sind im Konzept des Arbeitskraftunternehmers durchaus angelegt. Denn danach haben sich die Schnittstellen gemeinsamer Interessen zwischen Unternehmern und Arbeitnehmern insgesamt vergrößert. Sie haben sich aber im konkreten Einzelfall gleichzeitig voneinander entfernt. Daraus bezieht der Arbeitskraftunternehmer seine Verhandlungsmacht. So sehr die Unternehmen in verstärktem Maße auf das unternehmerische Engagement von Individuen angewiesen sein mögen, bei zunehmender Individualisierung geht es logischerweise eher zurück. Teamfähigkeit und Individualisierung passen nicht unbedingt zusammen (Brown 2001). Wenn ich weiß, dass meine zeitlichen Perspektiven in einem Unternehmen beschränkt sein können, wenn ich weiß, dass ich outgesourct werden kann, warum sollte ich mir den Kopf zerbrechen über die Zukunftsfähigkeit dieses Unternehmens? Für unternehmerisch denkende Arbeitnehmer muss zumindest die Balance zwischen »Geben und Nehmen« stimmen – solche Haltungen und Einstellungen können den Arbeitskraftunternehmer zeitweise in eine Position der Stärke versetzen.

6. Es liegt nicht in der Natur unternehmerischer Interessenslagen, als Einzelkämpfer anzutreten. Individualisierung und Vereinzelung des Arbeitskraftunternehmers sind die Schwachstellen, an denen individuelle Schuldzuweisung für Marktversagen und Beschäftigungslosigkeit erfolgreich ansetzt. Dagegen sind Marktabsprachen, Austausch von Markterfahrungen, gemeinsame Produktstrategien und Projekte Themenbereiche, in denen unternehmerische und arbeitnehmerseitige Interessen des neuen Arbeitnehmertyps in der Tat zusammenfallen können. Gewerkschaften können den Rahmen für einen entsprechenden Erfahrungsaustausch herstellen und sie können und werden in Zukunft verstärkt die Interessen von Arbeitskraftunternehmern thematisieren sowie gemeinsam mit ihnen Formen der Selbstorganisation entwickeln und durchsetzen.

In dem so entwickelten Verständnis und in diesen Zusammenhängen kann sich unternehmerisches Handeln zu einem neuen Leitbild für die berufliche Bildung und für die Gestaltung zukunftsfähiger Berufe entwickeln. In gewisser Weise entsprechend dem paradoxen Motto: *Unternehmermacht ist Gegenmacht.*

Literatur

Baethge, M./Baethge-Kinsky, V. (1998): Jenseits von Beruf und Beruflichkeit? Neue Formen von Arbeitsorganisation und Beschäftigung und ihre Bedeutung für eine zentrale Kategorie gesellschaftlicher Integration; in: MittAB 3.

Berliner Memorandum zur Modernisierung der Beruflichen Bildung (1999), hrsg. von der Senatsverwaltung für Arbeit, Berufliche Bildung und Frauen.

Borch, H./Weißmann, H. u.a. (2000): Mechatroniker/Mechatronikerin, ein neuer staatlich anerkannter Ausbildungsberuf. Hrsg. vom Bundesinstitut für Berufsbildung.

Böschen, K. (2001): Thesen zur Umsetzung von Prozesskompetenz durch Lernfelder und Ausbildungsrahmenplan am Beispiel Mechatronikerausbildung in Klein- und Mittelbetrieben, in: Prozesskompetente Facharbeit, Tagungsbericht, hrsg. von IG Metall-Vorstand und Sozialforschungsstelle Dortmund.

Brown, P./Green/Lauder, (2001): High Skills – Globalization, Competitiveness and Skill Formation, New York.

Henninges, Hasso v. (1981): Beschäftigung und Qualifikation in den Metallberufen, in: Berichte zur beruflichen Bildung, Heft 39, Hrsg. vom Bundesinstitut für Berufsbildung, Berlin.

IG Metall (1976): Stellungnahmen zu Grundsatzfragen der Berufsbildung I, Frankfurt a.M.

IG Metall (2001): Industriearbeit im Wandel. Mit neuen Berufen in das dritte Jahrtausend. Rahmenvereinbarung zwischen Gesamtmetall und IG Metall zur Neugestaltung der industriellen Metallberufe, Köln/Frankfurt a.M.

Kruse, W. (2001): Arbeitsprozesswissen – Entstehungsgeschichte und Aktualität eines Konzeptes, in: Prozesskompetente Facharbeit, Tagungsbericht, hrsg. von IG Metall-Vorstand und Sozialforschungsstelle Dortmund.

Qualifizierungspolitik und Arbeitnehmerinteressen, Grundsatzposition der IG Metall (1986), hrsg. vom IG Metall-Vorstand, Frankfurt a.M.

Sachverständigenrat Bildung bei der Hans-Böckler-Stiftung (1998): Ein neues Leitbild für das Bildungssystem – Elemente einer künftigen Berufsbildung, Düsseldorf.

Sauter, E. (2002): Ein neues Paradigma für die Konstruktion von Berufsbildern, in: WSI-Mitteilungen 1/2002.

Schmidt-Hackenberg (1987): Betriebserkundungen und Betriebseinsätze, Leittexte und Projektmethode bei der Veba Oel AG, in: Neue Berufe, anderes Lernen, Schriftenreihe 111 der IG Metall.

Strauss, J. (2001): Forschungsfragen aus sozialwissenschaftlicher Sicht, in: Prozesskompetente Facharbeit, Tagungsbericht, hrsg. von IG Metall-Vorstand und Sozialforschungsstelle Dortmund.

Voß, G.G./Pongratz, H. J. (1998): Der Arbeitskraftunternehmer. Eine neue Grundform der »Ware Arbeitskraft«? Kölner Zeitschrift für Soziologie und Sozialpsychologie, Heft 50.

Wittke, V. (1995) Wandel des deutschen Produktionsmodells: Beschleunigen oder Umsteuern? In: Im Zeichen des Umbruchs – Beiträge zu einer anderen Standortdebatte, hrsg. vom Soziologischen Forschungsinstitut Göttingen, Opladen.

Zukunftsreport der IG Metall, Frankfurt 2001.